Chabepatterns

TIERISCH SÜSSE RUCKSÄCKE & TASCHEN HÄKELN

Elefant, Tiger, Dino:
die perfekten Kindergarten-Begleiter

CV

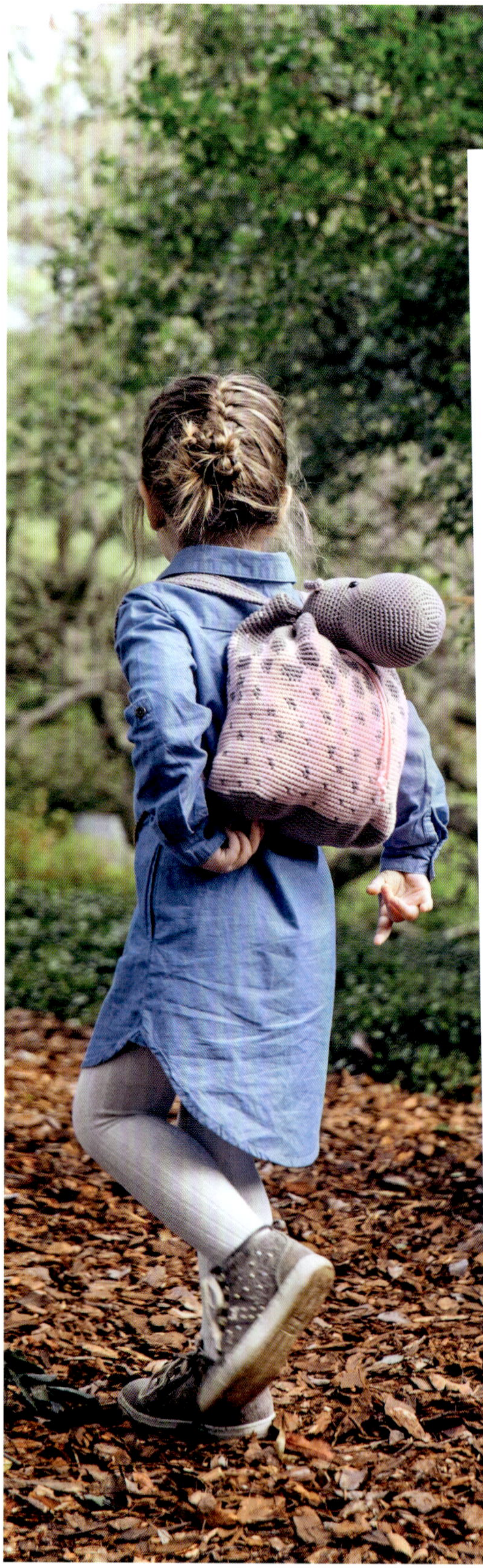

Hallo!

Willkommen in der farbenfrohen Welt der gehäkelten Taschen für Kinder!

Unsere kleinen Abenteurer*innen füllen ihre Tage mit Lachen, Spaß und Neugier und lieben dabei alle ein weiches Kuscheltier als Begleitung. Wenn sie durch Pfützen und Büsche rennen und ihre ganz eigenen Welten erfinden, lernen sie auch, Tiere, Farben und Formen um sie herum mit einer frischen, tiefen Faszination wahrzunehmen. Für all die Schätze, die sie finden, und all die Ausflüge, die sie unternehmen, ist eine niedliche Häkeltasche ein praktischer Begleiter!

Zur Geburt meines ersten Neffen und meiner ersten Nichte habe ich erstmals einen gehäkelten Rucksack entworfen. Sofort hatte ich das Gefühl, mir eine riesige Welt der Ideen und Möglichkeiten erschlossen zu haben. Traditionelle Häkeltechniken mit Amigurumi in praktischen Projekten zu kombinieren, erwies sich als riesiger Hit. Meteoor Books hat diese positive Energie bemerkt und mich eingeladen, meinen kreativen Horizont noch zu erweitern. So habe ich mir dann eine ganze Kollektion lustiger Figuren und Designs ausgedacht.

Dieses Buch zeigt 17 fröhliche, verspielte Taschen von klein bis groß für verschiedene Einsatzmöglichkeiten. Es gibt eine Auswahl unterschiedlicher Level und die Anleitungen sind in Gruppen aus 2–3 aufgeteilt, sodass jedes Kind sein Lieblingsmodell wählen kann.

Kinder dabei zu beobachten, wie sie ihr Spielzeug und ihr Hab und Gut für Verabredungen, Schule, Übernachtungen oder zu Hause zusammensuchen, ist einfach entzückend. Also packe deine Häkelsachen in die Tasche und unternimm mit deinen Kleinen ein neues kreatives Abenteuer.

Viel Spaß beim Häkeln!

Maria Isabel (aka Chabepatterns)

PS: Weitere Arbeiten von mir findest du auf www.chabepatterns.com!

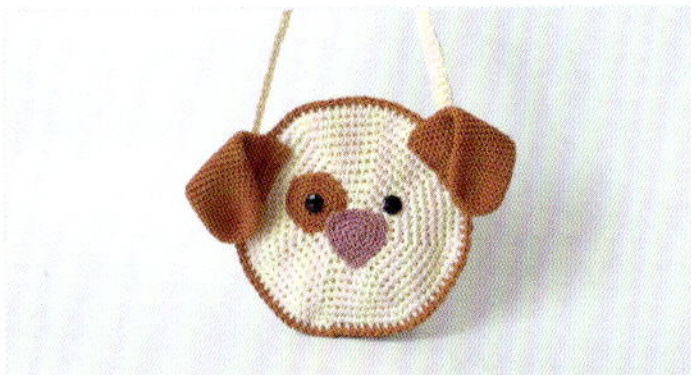

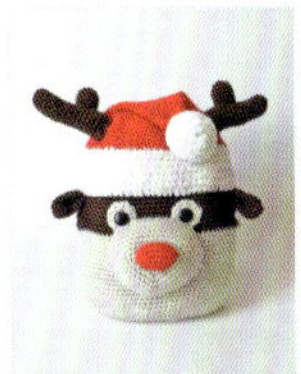

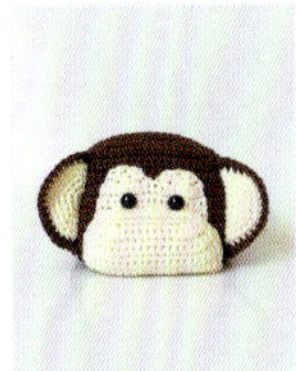

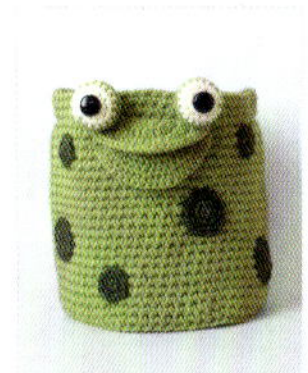

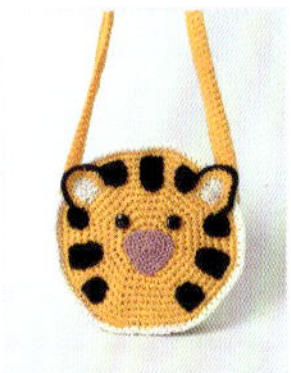

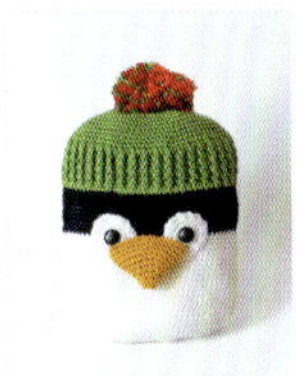

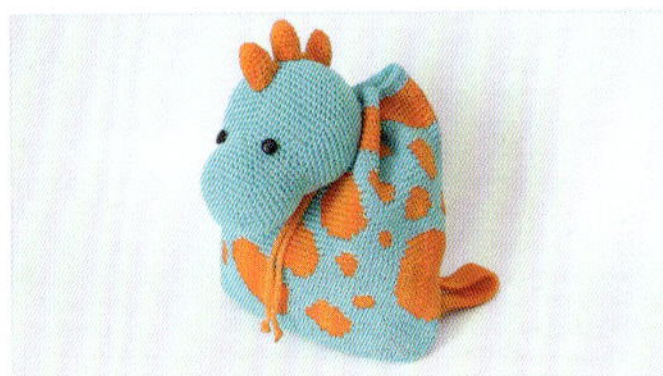

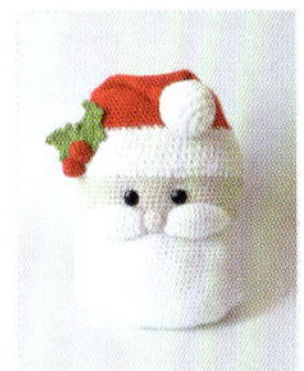

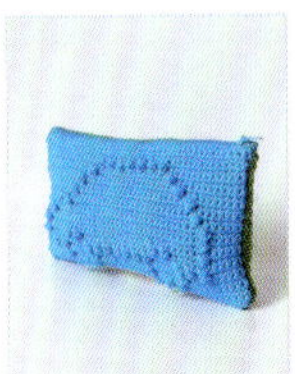

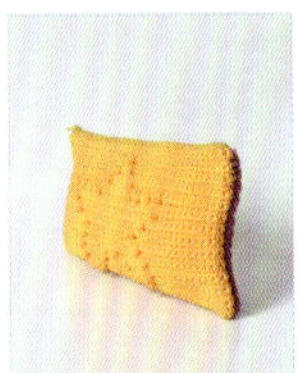

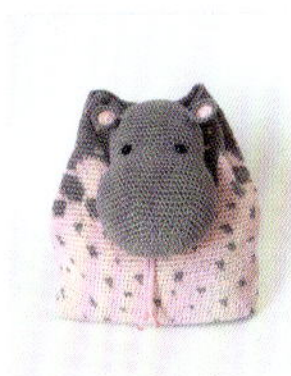

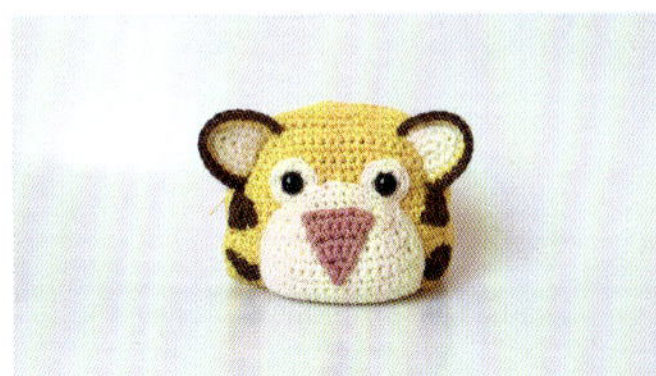

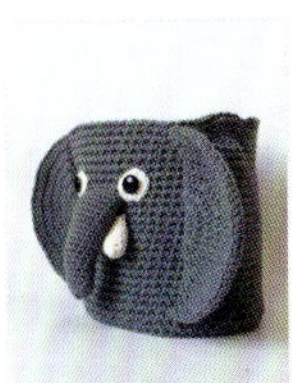

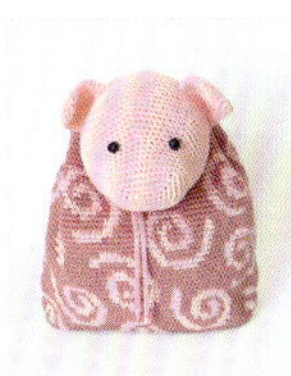

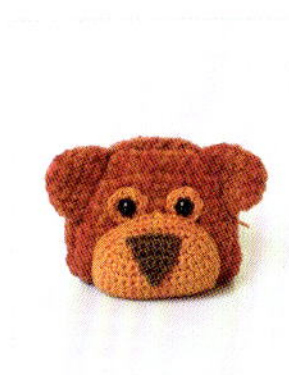

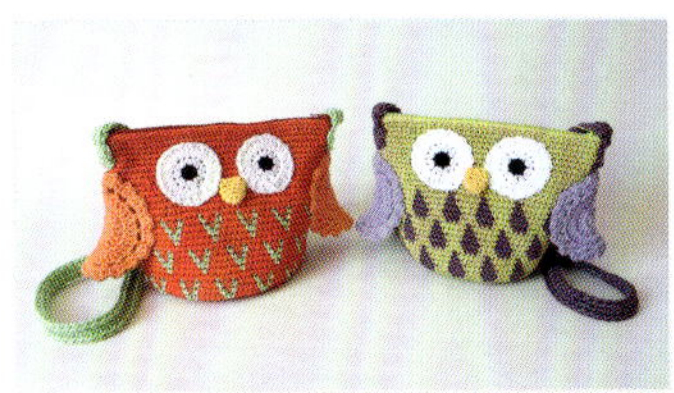

GRUNDMATERIAL

BUNTES GARN

Bei allen Anleitungen in diesem Buch habe ich die Materialien aufgeführt, die ich für das jeweilige Modell verwendet habe. Du kannst jede Art von Baumwoll-, Acryl- oder Wollgarn nehmen, solange du die Garnstärke berücksichtigst. Das heißt, das verwendete Garn sollte etwa dieselbe Lauflänge haben und mit derselben Nadelstärke verarbeitet werden wie das angeführte. Die erforderliche Garnmenge ist für jedes Modell angegeben. Sie kann jedoch variieren, je nachdem, wie fest oder locker du häkelst. Wenn du möchtest, kannst du auch Wollreste von anderen Projekten aufbrauchen.

Bei einigen Modellen ist die Größe der fertigen Arbeit wichtig, weshalb ich dort die Maschenprobe angebe. Fertige die Maschenprobe mit demselben Garn an, das du für das Projekt gewählt hast. Häkele dafür genug Luftmaschen und arbeite die angegebene Reihenanzahl, um ein Quadrat anzufertigen. So kannst du abschätzen, ob du die Fadenspannung oder die Nadelstärke ändern musst, um das gewünschte Ergebnis zu erhalten.

HÄKELNADELN

Nicht nur beim Garn, sondern auch bei den Häkelnadeln gibt es unterschiedliche Arten und Stärken. Mit dickeren Häkelnadeln werden die Maschen größer als mit dünneren. Es ist wichtig, die richtige Nadel für das jeweilige Garn zu verwenden. Beim Häkeln von Teilen, die später ausgestopft werden, sollten die Maschen eng und dicht sein, damit keine Füllung austritt. Dafür verwendest du besser eine um eine Größe kleinere Nadel als auf der Banderole angegeben.Häkelnadeln sind meist aus Aluminium oder Stahl. Metallnadeln gleiten leichter zwischen die Maschen. Wähle möglichst eine Häkelnadel mit einem ergonomischen oder Gummigriff.

MASCHENMARKIERER

Ein Maschenmarkierer ist eine kleine Klammer aus Metall oder Kunststoff und ein einfaches Hilfsmittel zum Markieren des Anfangs, damit du sicher sein kannst, dass du in jeder Runde die richtige Maschenzahl gearbeitet hast. Ich markiere immer die 1. Masche jeder Runde mit einem Maschenmarkierer.

Bei mehreren Modellen in diesem Buch werden Maschenmarkierer für Zunahmen eingesetzt. Sie dienen als visuelles Hilfsmittel, um eine gewünschte Form zu erreichen. Du musst sie jedoch nicht verwenden, wenn sie dich beim Häkeln stören. Auch ohne sie kannst du das gleiche Ergebnis erzielen.

GARNSCHALE

Wenn du mit verschiedenen Garnfarben arbeitest und regelmäßig die Farbe wechselst, kann es passieren, dass sich das Garn verwickelt. Damit das nicht passiert, lege jedes Knäuel in eine eigene Garnschale, sodass sich die Fäden nicht verheddern.

FÜLLMATERIAL

Zum Ausstopfen wird Füllwatte aus Polyester empfohlen, die man in jedem Bastelgeschäft erhält. Sie ist preisgünstig, waschbar und nicht allergen. Achte darauf, die Modelle nicht zu fest auszustopfen, damit die Maschen nicht gedehnt werden und das Füllmaterial nicht zu sehen ist.

SICHERHEITSAUGEN

Bei manchen Modellen werden Sicherheitsaugen verwendet. Diese sind in vielen Bastelgeschäften erhältlich. Beachte, dass du die Sicherheitsaugen nicht mehr entfernen kannst, wenn der Verschluss aufgesetzt ist. Positioniere die Augen daher genau dort, wo du sie haben willst, bevor du den Verschluss anbringst. Die Augen können auch aufgestickt werden, was für Arbeiten für Kinder unter drei Jahren empfehlenswert ist. Zum Besticken eine Sticknadel mit stumpfer Spitze verwenden.

REISSVERSCHLÜSSE

Bei einigen Modellen im Buch werden Reißverschlüsse verwendet. Ich gebe immer die jeweilige Länge an. Diese Längen passen, wenn deine Garnstärke den Angaben recht genau entspricht. Bei einer anderen Garnstärke muss der Reißverschluss eventuell kürzer oder länger sein. Am besten ermittelt man die Länge, wenn die Häkelarbeit fertig ist.

NÜTZLICHE ANGABEN

LEVEL

einfach ●○○
mittel ●●○
fortgeschritten ●●●

Über jeder Anleitung zeigt das Level an, wie anspruchsvoll die jeweilige Arbeit ist. Wenn du zum ersten Mal eine Tasche häkelst, empfiehlt es sich, mit einem einfachen Modell zu beginnen und dich dann über mittel zu fortgeschrittenen vorzuarbeiten.

STRUKTUR

Die meisten Modelle in diesem Buch werden in Spiralrunden gearbeitet, nicht in geschlossenen Runden. Das Häkeln von Spiralen kann verwirrend sein, da nicht leicht zu erkennen ist, wo eine neue Runde beginnt und wo die vorherige endet. Daher ist es hilfreich, den Anfang einer Runde mit einem Maschenmarkierer oder einer Sicherheitsnadel zu markieren. Wenn du die nächste Runde gehäkelt hast, solltest du genau über deinem Maschenmarkierer ankommen. Versetze deinen Maschenmarkierer an den Anfang jeder Runde, damit du weißt, wie weit du in der Anleitung bist.

Zu Beginn jeder Zeile ist die Rundenzahl angegeben, damit du weißt, in welcher Runde du dich befindest. Wenn eine Runde wiederholt wird, steht dort z. B. »9.–12. Rd«. In diesem Fall wiederholst du diese Runde viermal und arbeitest so die Maschen der 9., 10., 11. und 12. Runde.

Auch wenn in der Regel in Runden gehäkelt wird, wird gelegentlich in Reihen gearbeitet. Dann häkelt man hin und zurück anstatt in einer fortlaufenden Spirale. Beim Wechsel zu Reihen wird dies mit »R« angegeben.

Am Ende jeder Zeile findest du die Maschenzahl, die du arbeiten solltest, in eckigen Klammern, z. B. [9]. Nimm dir im Zweifelsfall die Zeit, deine Maschen zu zählen.

Wenn ein Teil der Anweisungen innerhalb der Runde wiederholt wird, steht dieser Teil zwischen runden Klammern und dahinter die Zahl, wie oft er gearbeitet werden soll. So wird die Anleitung nicht zu lang oder unübersichtlich.

Wenn verschiedene Größen verfügbar sind, hast du die Wahl: {Größen 3, 4, 5, 6 Jahre}. Befolge die Anleitung für die gewünschte Größe.

In der Anleitung findest du die Anweisungen für die verschiedenen Größen in der gleichen Reihenfolge in Klammern. Zum Beispiel steht da »fM in nächste {97, 104, 111, 118} M«. Wenn du eine Tasche für einen 5–Jährigen häkelst, solltest du in diesem Beispiel 111 fM häkeln.

HÄKELSCHRIFT

Bei einigen Anleitungen werden schwierige Teile mit einer Häkelschrift veranschaulicht. Dabei werden folgende Symbole verwendet:

o Luftmasche
| feste Masche
∨ 3 feste Maschen in eine Masche

Man liest die Häkelschrift spiralförmig gegen den Uhrzeigersinn und folgt dabei der gepunkteten Linie.

FARBÜBERSICHT FÜR TAPESTRY-HÄKELN

Beachte bei den Tapestry-Projekten, dass ich dabei in Spiralrunden häkele und bei jeder Masche beide Glieder mit der Häkelnadel aufnehme. Da in diesen Abschnitten oft die Farbe gewechselt wird, um ein Bild zu »malen«, wird in meiner Häkelschrift die Farbe angegeben, mit der man gerade arbeitet. Auch wenn die Häkelschriften in Zeilen abgedruckt sind, wird in Spiralrunden gehäkelt. Die Häkelschrift wird von rechts nach links gelesen.
Die Rundenzahl wird vorne angegeben. Am Ende einer Runde beginnst du direkt mit der nächsten Runde, indem du die nächste Zeile liest, ohne die Runde zuvor zu schließen.

HÄKELSCHRIFT FÜR NOPPEN

Für Anleitungen mit Noppen, wie die Stiftemäppchen, habe ich eine Häkelschrift als visuelles Hilfsmittel eingefügt. In diesen Häkelschriften wird jede Reihe von rechts nach links gelesen.

TIPP

Linkshänder arbeiten am besten nach den schriftlichen Anweisungen oder verwenden einen Spiegel, um die Häkelschriften von links nach rechts beziehungsweise im Uhrzeigersinn zu lesen.

MASCHEN

Für Anfänger ist eine Erklärung der Häkelmaschen sicher hilfreich. Mit den Maschen (abgeküzt M), die ich auf den nächsten Seiten erkläre, kannst du alle Projekte in diesem Buch nacharbeiten. Am besten übst du die Maschen, bevor du eine Tasche in Angriff nimmst. Das erleichtert dir das Lesen der Anleitungen und Abkürzungen, und du brauchst nicht zu diesen Seiten zurückzublättern.

Luftmasche (Abkürzung: LM)

Diese Masche ist die Grundlage für viele Häkelanleitungen. Wenn du in Reihen arbeitest, besteht deine erste Reihe aus Luftmaschen. Ziehe das Garn mit der Häkelnadel durch die Schlaufe ❶ und ziehe die Schlaufe fest ❷. Lege den Faden von hinten nach vorne um die Häkelnadel. Ziehe die Häkelnadel mit dem Faden durch die Schlaufe, die sich bereits auf der Nadel befindet ❸. Die 1. Luftmasche ist fertig. Wiederhole Schritt 3 so oft, wie in der Anleitung angegeben, um eine Luftmaschenkette zu arbeiten ❹.

Kettmasche (Abkürzung: Kett-M)

Kettmaschen werden verwendet, um über eine oder mehrere Maschen gleichzeitig zu arbeiten oder um eine Arbeit abzuschließen. Führe die Häkelnadel in die nächste Masche ❶. Lege den Faden um die Nadel und ziehe ihn durch die Masche und gleichzeitig durch die Schlaufe auf der Häkelnadel ❷.

Feste Masche (Abkürzung: fM)

Die feste Masche ist die in diesem Buch am häufigsten verwendete Masche. Führe die Nadel in die nächste Luftmasche ein ❶ und lege den Faden um die Nadel. Ziehe den Faden durch die Masche ❷. Jetzt liegen zwei Schlaufen auf der Nadel. Lege den Faden erneut um die Nadel und ziehe ihn durch beide Schlaufen gleichzeitig ❸. Die 1. feste Masche ist fertig ❹. Führe die Nadel in die nächste Luftmasche ein, um die Reihe fortzusetzen ❺ ❻.

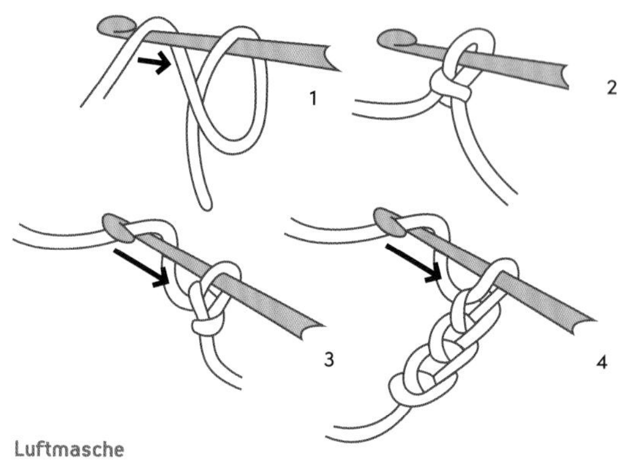

Luftmasche

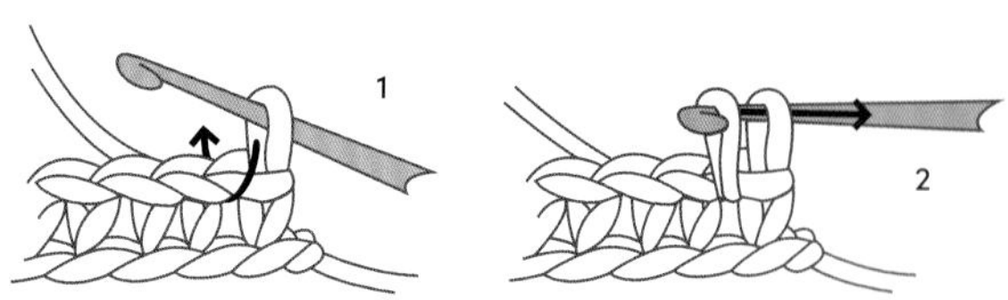

Kettmasche

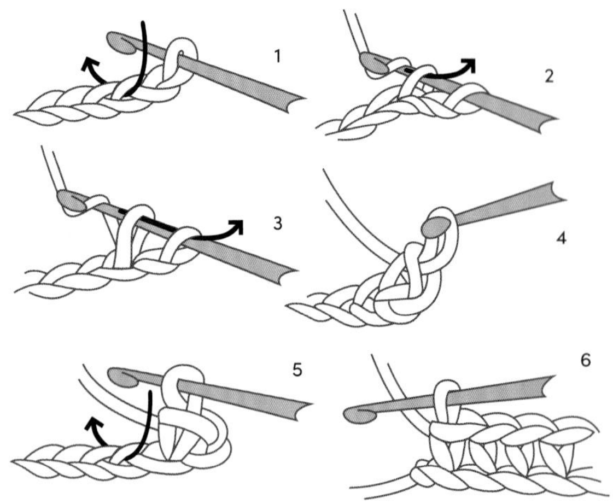

Feste Masche

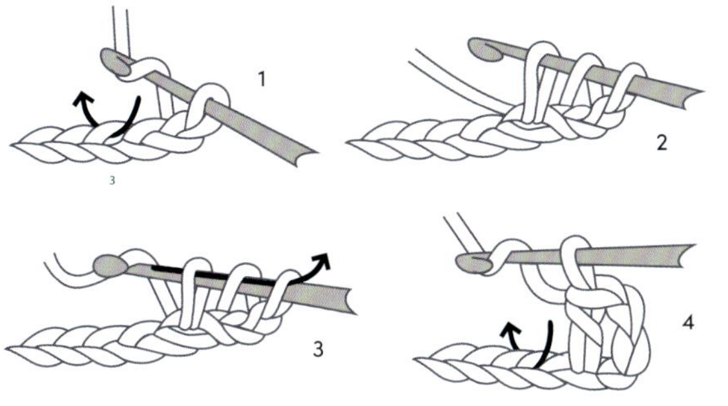

Halbes Stäbchen

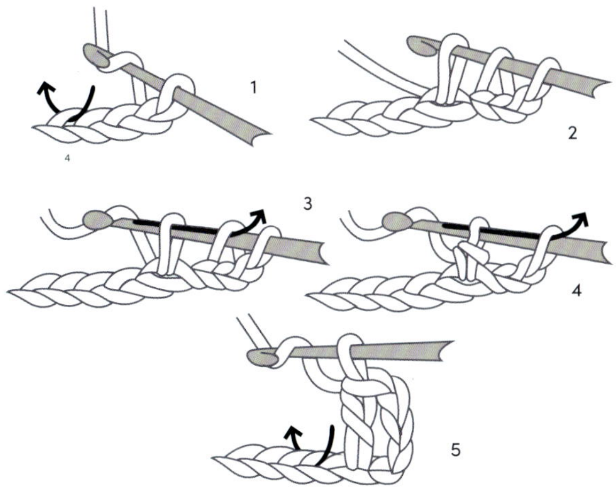

Stäbchen

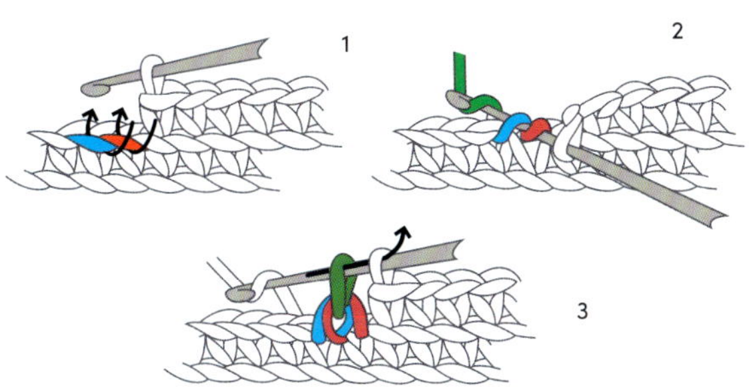

Unsichtbares Abnehmen

Halbes Stäbchen (Abkürzung: Halb-Stb)
Bevor du die Häkelnadel in die Masche einführst, lege den Faden von hinten nach vorne um die Nadel. Führe die Nadel jetzt in die dritte Luftmasche ein, die Schlaufe auf der Nadel zählst du dabei nicht mit ❶. Lege den Faden um die Nadel und ziehe den Faden durch die Luftmasche. Jetzt liegen drei Schlaufen auf der Nadel ❷. Lege den Faden erneut um die Nadel und ziehe ihn durch alle drei Schlaufen auf der Nadel ❸. Das erste halbe Stäbchen ist fertig. Lege zum Fortfahren den Faden um die Nadel und führe die Nadel in die nächste Luftmasche ❹.

Stäbchen (Abkürzung: Stb)
Bevor du die Nadel in die Masche einführst, lege zunächst den Faden von hinten nach vorne um die Nadel. Führe jetzt die Häkelnadel in die vierte Luftmasche ein, die Schlaufe auf der Nadel zählst du dabei nicht mit ❶. Lege den Faden um die Nadel und ziehe den Faden durch die Luftmasche. Jetzt liegen drei Schlaufen auf der Nadel ❷. Lege den Faden erneut um die Nadel und ziehe ihn durch die ersten zwei Schlaufen auf der Nadel ❸. Jetzt liegen zwei Schlaufen auf der Nadel. Lege den Faden noch einmal um die Nadel und ziehe ihn durch beide Schlaufen auf der Nadel ❹. Das erste Stäbchen ist fertig. Lege zum Fortfahren den Faden um die Nadel und führe die Nadel in die nächste Luftmasche ein ❺.

Unsichtbares Abnehmen (Abkürzung: abn. Wir verwenden 3 fM zus, um mit 3 Maschen abzunehmen)
Bei der üblichen Methode zum Abnehmen kann eine kleine Unebenheit oder Lücke entstehen. Das unsichtbare Abnehmen ist eine andere Methode zum Abnehmen, bei der die Abnahme wie die anderen Maschen in der Reihe aussieht. Dadurch wirkt deine Arbeit glatter und gleichmäßiger.
Führe die Nadel in das vordere Glied der 1. Masche ein und dann gleich in das vordere Glied der 2. Masche ❶. Jetzt liegen drei Schlaufen auf der Nadel. Lege den Faden um die Nadel und ziehe ihn durch die beiden ersten Schlaufen auf deiner Nadel ❷. Lege den Faden erneut um die Nadel und ziehe ihn durch die beiden verbleibenden Schlaufen auf der Nadel ❸.

ZUNEHMEN (Abkürzung: zun)

Zum Zunehmen häkelst du zwei feste Maschen in die nächste Masche ❶ ❷.

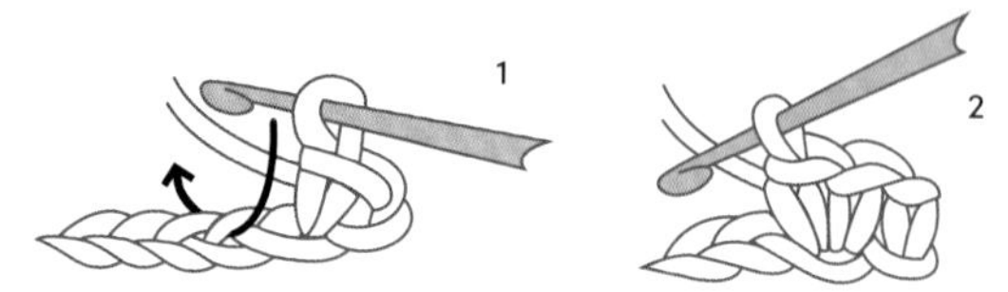

Zunehmen

Magischer Ring

Ein Magischer Ring ist ideal, um mit dem Häkeln in der Runde zu beginnen. Dazu häkelst du zunächst um einen verstellbaren Ring und ziehst den Ring am Ende, wenn du die erforderliche Maschenzahl gearbeitet hast, zusammen. Der Vorteil bei dieser Methode ist, dass kein Loch in der Mitte der Anfangsrunde verbleibt, durch das Füllmaterial austreten kann.

Bilde einen Kreis, indem du den Faden überkreuzt ❶. Ziehe mit der Nadel eine Schlaufe hindurch, ohne sie festzuziehen ❷. Halte den Kreis zwischen Mittelfinger und Daumen und lege den Arbeitsfaden über den Zeigefinger ❸. Häkele eine Luftmasche, indem du das Garn um die Nadel legst und durch die Schlaufe auf deiner Nadel ziehst ❹ ❺. Führe die Nadel jetzt in die Schlaufe und unter dem Fadenende hindurch. Lege den Faden um die Nadel und ziehe eine Schlaufe hindurch ❻. Lege den Faden erneut um die Nadel ❼ und ziehe ihn durch beide Schlaufen auf der Nadel. Die 1. feste Masche ist nun fertig ❽ . Häkele weiter (und wiederhole die Schritte 6, 7 und 8), bis du die laut Anleitung erforderlichen Maschen gearbeitet hast. Nimm nun das Fadenende und ziehe daran, um die Mitte des Rings fest zu schließen ❾ ❿.

Du kannst jetzt deine 2. Runde beginnen, indem du in die 1. feste Masche des Magischen Rings arbeitest. Du kannst den Beginn der Runde mit einem Maschenmarkierer markieren.

Wenn du diese Technik nicht verwenden möchtest, kannst du auch mit der folgenden Methode beginnen: 2 LM, x Kett-M in die 2. LM ab Nadel. Dabei ist x die Anzahl von Kett-M, die du im Magischen Ring arbeiten würdest.

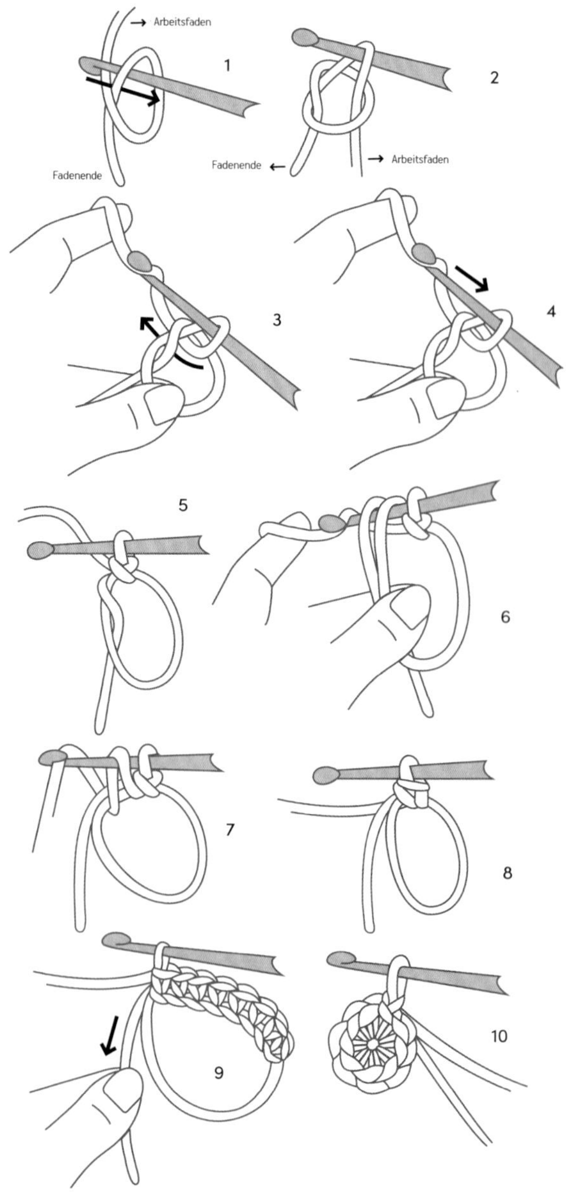

Magischer Ring

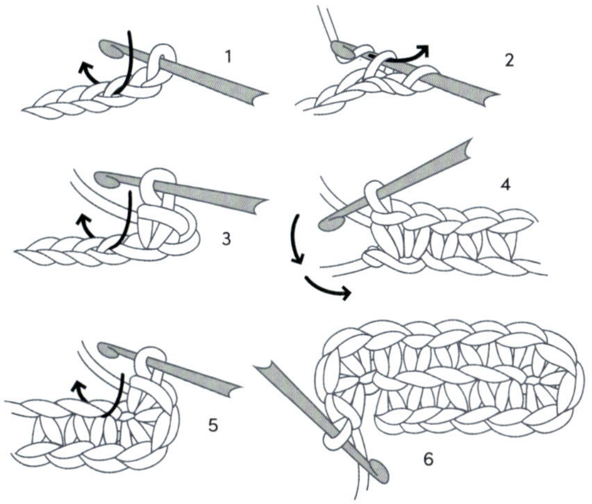

Um eine Luftmaschenkette häkeln

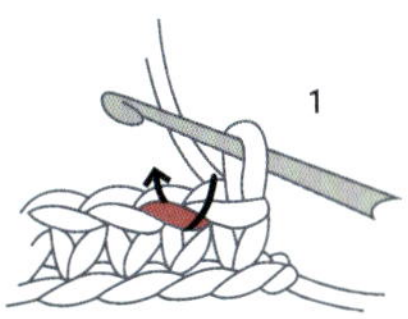

Nur vordere Maschenglieder

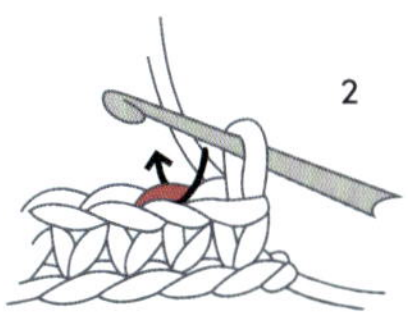

Nur hintere Maschenglieder

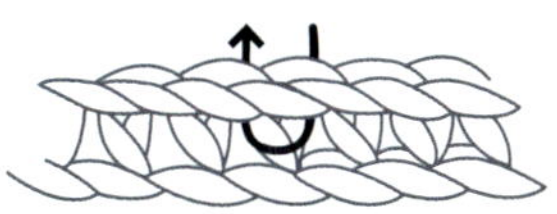
Vorderes Reliefstäbchen

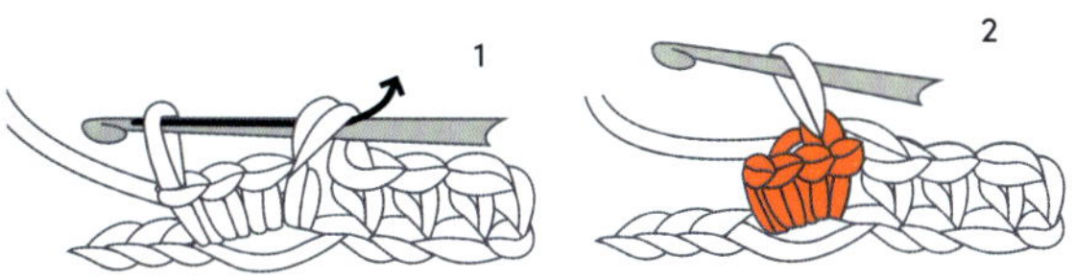

Noppe aus festen Maschen

UM EINE LUFTMASCHENKETTE HÄKELN

Einige Arbeiten beginnen mit einem Oval statt mit einem Kreis. Das Oval entsteht, indem du um eine Luftmaschenkette statt in einen Magischen Ring häkelst. Häkele eine Luftmaschenkette mit der in der Anleitung angegebenen Maschenzahl. Beginne in der 2. Luftmasche ab der Nadel ❶ und arbeite eine feste Masche in diese Luftmasche ❷. Häkele in jede Luftmasche, wie in der Anleitung angegeben ❸. In der letzten Masche vor dem Wenden wird meist zugenommen ❹. Drehe die Arbeit jetzt zum Arbeiten in die Unterseite der Luftmaschen um. Wie du siehst, gibt es hier nur einfache Maschenglieder. Führe die Nadel einfach in diese einfachen Maschenglieder ein ❺. Arbeite in jede Masche der Luftmaschenkette. Am Ende sollte deine letzte Masche neben der 1. Masche liegen ❻. Du kannst jetzt spiralförmig weiterarbeiten.

NUR VORDERE MASCHENGLIEDER (Abkürzung: nur vMg)
NUR HINTERE MASCHENGLIEDER (Abkürzung: nur hMg)

Bei einer Häkelmasche entstehen oben zwei Maschenglieder, ein vorderes, zu dir zeigendes Maschenglied ❶ und ein hinteres Maschenglied ❷. Wenn du nur vMg oder nur hMg häkeln sollst, arbeitest du dieselbe Masche, aber lässt dabei ein Maschenglied unberührt.

VORDERES RELIEFSTÄBCHEN
(Abkürzung: vorderes Relief-Stb)

Um ein vorderes Reliefstäbchen zu arbeiten, führst du die Nadel wie in der Abbildung gezeigt von rechts nach links um den vertikalen Teil der nächsten Masche. Schlage den Faden um die Nadel und ziehe eine Schlaufe hindurch. Arbeite das Stäbchen dann wie gewohnt.

NOPPE AUS FESTEN MASCHEN

Arbeite vier fM in die nächste Masche. Ziehe die Häkelnadel aus der Schlaufe. Führe die Nadel in die 1. fM ein. Nimm die Schlaufe wieder auf und ziehe sie durch die Masche ❶. Die Noppe aus festen Maschen ist jetzt fertig ❷.

UNSICHTBARER FARBWECHSEL

Wenn du von einer Farbe zur nächsten wechseln möchtest, häkelst du bis zwei Maschen vor einem Farbwechsel. Arbeite die nächste Farbe wie gewohnt, aber ziehe die letzte Schlaufe nicht hindurch ❶. Schlage stattdessen den Faden der nächsten Farbe um deine Nadel und ziehe den Faden durch die Schlaufen auf der Nadel ❷. Für einen sauberen Farbwechsel kannst du die 1. Masche in der neuen Farbe als Kettmasche statt als feste Masche arbeiten. Ziehe die Kettmasche nicht zu fest, da es sonst schwierig ist, in der nächsten Runde in diese Masche zu häkeln. Verknote die Fadenenden und lasse sie auf der Innenseite hängen.

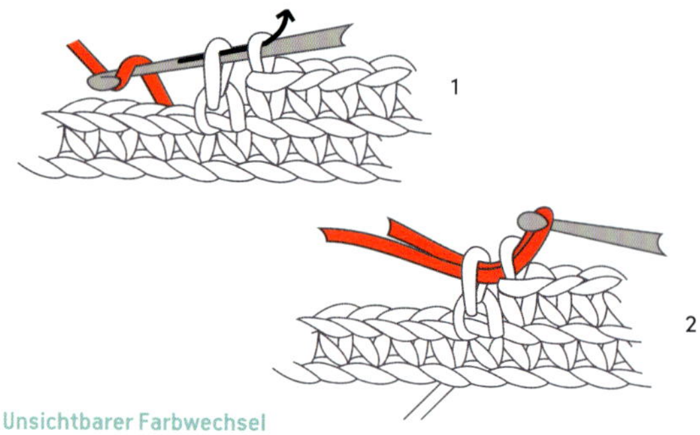

Unsichtbarer Farbwechsel

ARBEIT BEENDEN

Wenn du mit dem Häkeln fertig bist, schneide den Faden einige Zentimeter nach der letzten Masche ab. Ziehe den Faden ganz durch die letzte Schlaufe ❶. Jetzt hast du einen Knoten. Fädele das Fadenende in eine Stopfnadel und führe sie durch das hintere Maschenglied der nächsten Masche ❷. Dadurch ist der Abschlussknoten in deiner fertigen Arbeit nicht zu sehen. Du kannst die Taschenteile mit diesem Fadenende zusammennähen.

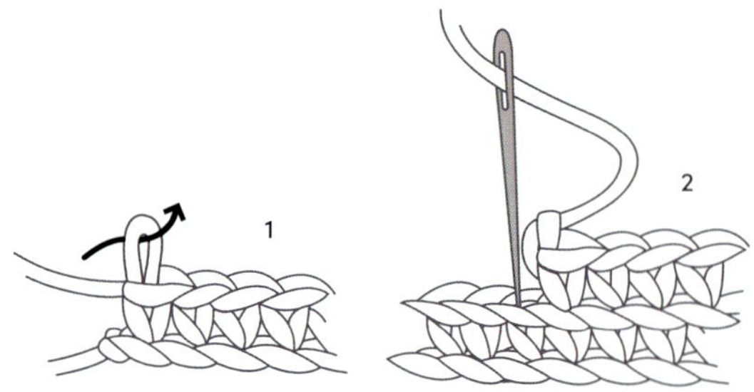

Arbeit beenden

TEILE ZUSAMMENNÄHEN

Stecke zunächst die Teile aufeinander, die du zusammennähen willst, damit du die Ergebnisse vorab begutachten und bei Bedarf Änderungen vornehmen kannst. Verwende möglichst das Fadenende vom Ende der Arbeit. Alternativ kannst du auch einen Faden in derselben Garnfarbe wie die Teile verwenden, die zusammengenäht werden sollen. Wenn die Teile offen sind, positioniere das Teil und nähe um es herum, indem du durch die vorderen Maschenglieder beider Teile stichst. Wenn die Öffnung der Teile vor dem Anbringen zugenäht wird, richte die Maschen auf beiden Seiten aneinander aus und nähe durch das vordere Maschenglied auf der einen und das hintere Maschenglied auf der anderen Seite. Verwende dieselbe Garnfarbe wie die Teile, die du zusammennähen möchtest. Achte immer darauf, dass die Teile fest angebracht sind und nicht abgezogen werden können. Nähe in sauberen kleinen Stichen, die möglichst wenig zu sehen sind.

TAPESTRY-HÄKELN

Bei dieser Technik häkelst du mit einem Faden, während ein oder mehrere andere Fäden in den Maschen mitgeführt werden. Dann werden Farben in den Reihen/Runden gewechselt, um ein Motiv zu bilden. Je nach Projekt arbeitest du die Grundreihe/-runde in der Hauptfarbe (HF) und wechselst dann zum Tapestry-Teil des Projekts. Tapestry kann mit festen Maschen, Stäbchen und halben Stäbchen gehäkelt werden. Die Anleitungen in diesem Buch verwenden Tapestry mit festen Maschen in der Runde, gearbeitet als Spiralrunden, wobei eine weitere Farbe mitgeführt wird. In manchen Anleitungen wird eine Zweitfarbe (ZF) mitgeführt, um den Taschenboden zu verstärken.

Farbwechsel: Um zu verhindern, dass sich Fäden bei den Farbwechseln für Tiermuster verheddern, wickele dein Garn zu Knäueln und lege jede Farbe in eine andere Schale oder einen anderen Behälter. Wenn du keine Garnschalen verwendest, gehe bei Farbwechseln wie folgt vor:

- **Von HF zu ZF:** Lege den ZF-Faden vor die HF, Umschlag mit ZF und Masche fertigstellen. Erforderliche Maschen mit ZF häkeln und dabei HF mitführen (Abb. 1–4, S. 44).
- **Von ZF zu HF:** Lege den HF-Faden hinter die ZF, Umschlag mit HF und Masche fertigstellen. Erforderliche Maschen mit HF häkeln und dabei ZF mitführen (Abb. 5–8, S. 44).

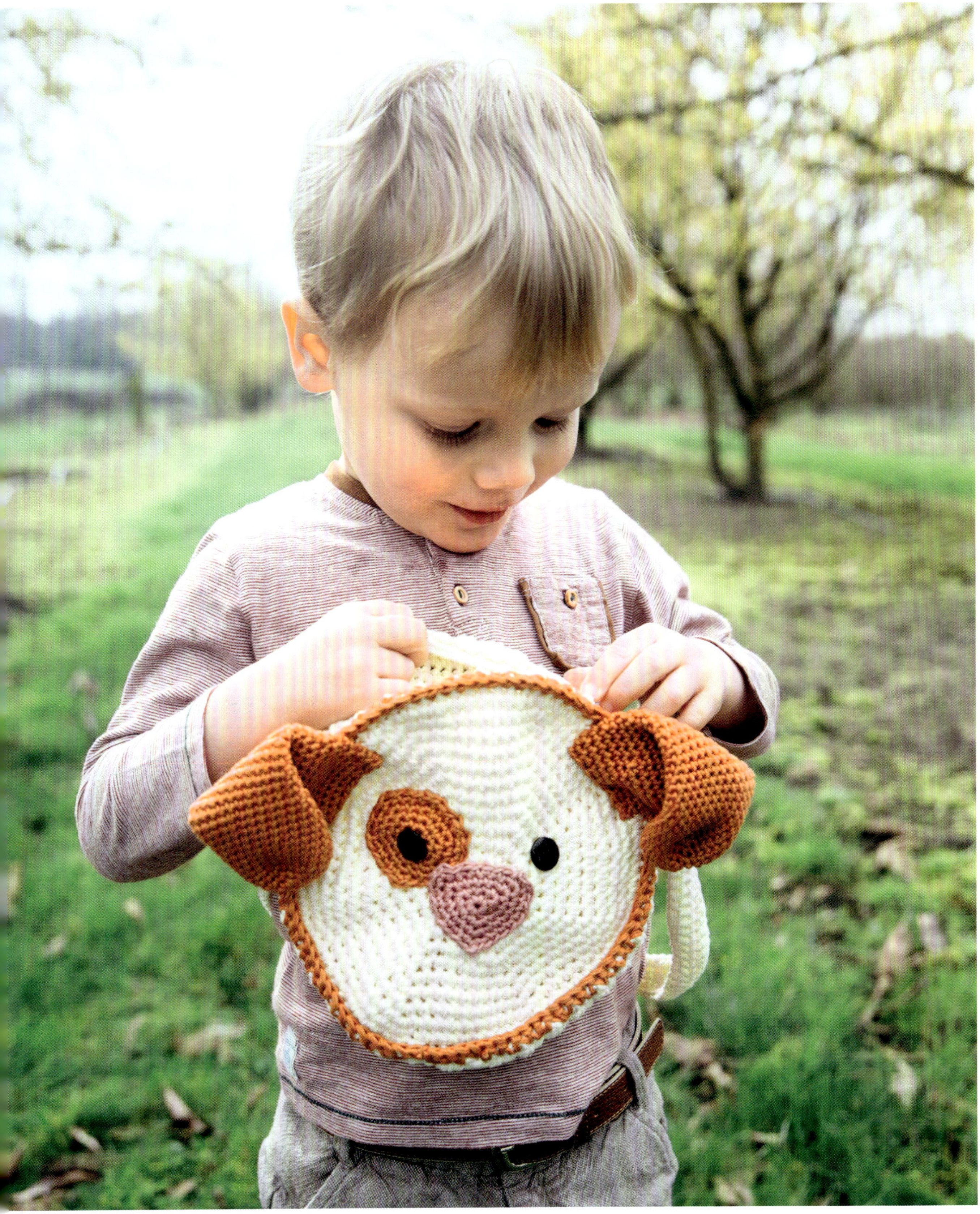

UMHÄNGETASCHE HUND

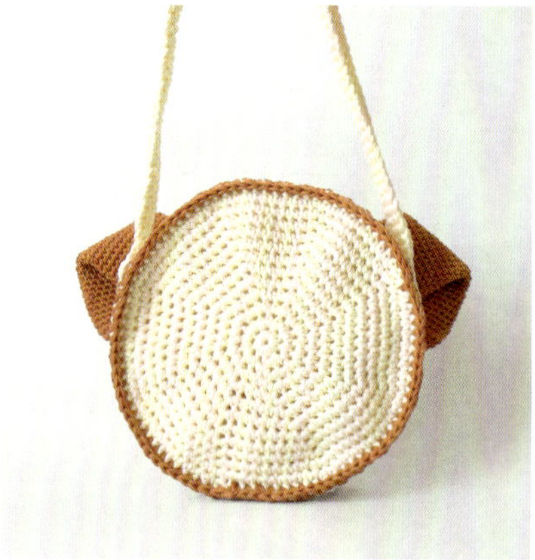
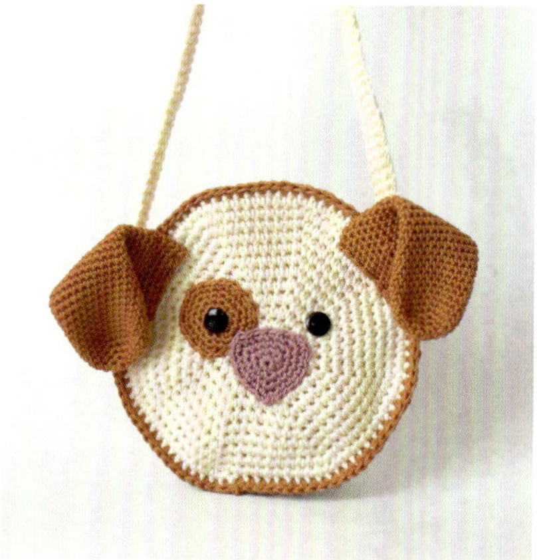
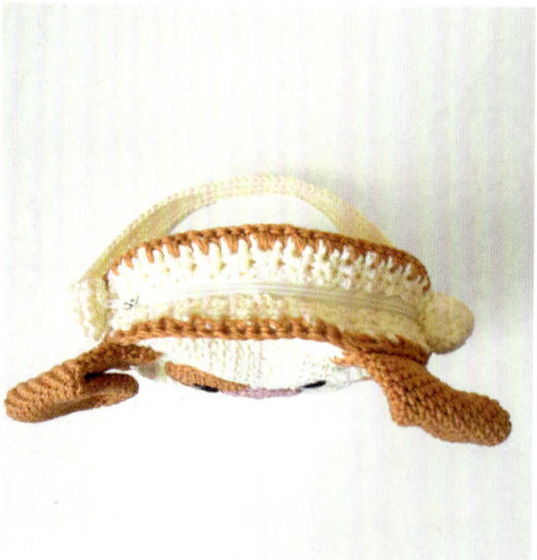

LEVEL ●○○
GRÖSSE 19 x 19 cm
MASCHENPROBE (fM)
Einfädig: 22 M x 24 R = 10 cm
Zweifädig: 14 M x 15 R = 10 cm
MATERIAL
- Feines Garn in Naturweiß (LL 300 m/150 g), Braun (LL 200 m/100 g) und Rosa (Wollrest)
- Häkelnadel in Nadelstärke 3,5 mm
- Häkelnadel in Nadelstärke 5 mm
- 18 cm langer Reißverschluss in Naturweiß (sofern du mit einer ähnlichen Garnstärke wie in der Anleitung arbeitest)
- Sicherheitsaugen (15 mm ⌀)
- Stopfnadel
- Maschenmarkierer
- Nähgarn in Naturweiß

HAUPTTEIL (2x arbeiten, zweifädig in naturweißem Garn, mit 5-mm-Häkelnadel)
1. Rd: Mit 8 fM in Magischem Ring beginnen [8].
2. Rd: 8x zun [16].
3. Rd: (fM in nächste M, in nächster M zun) 8x wdh [24].
4. Rd: (fM in nächste 2 M, in nächster M zun) 8x wdh [32].
5. Rd: (fM in nächste 3 M, in nächster M zun) 8x wdh [40].
6. Rd: (fM in nächste 4 M, in nächster M zun) 8x wdh [48].
7. Rd: (fM in nächste 5 M, in nächster M zun) 8x wdh [56].
8. Rd: (fM in nächste 6 M, in nächster M zun) 8x wdh [64].
9. Rd: (fM in nächste 7 M, in nächster M zun) 8x wdh [72].
10. Rd: (fM in nächste 8 M, in nächster M zun) 8x wdh [80].
11. Rd: (fM in nächste 9 M, in nächster M zun) 8x wdh [88].
12. Rd: fM in alle 88 M [88].
Kett-M in nächste M. Arbeit beenden ❶.

REISSVERSCHLUSSLEISTE (zweifädig in naturweißem Garn, mit 5-mm-Häkelnadel) (Abb. 1–11, S. 35)
6 LM. In Reihen häkeln.
1. R: In 2. LM ab Nadel beginnen, fM in alle 5 M, wenden [5].
2.–26. R: 1 LM, fM in alle 5 M, wenden [5].
27.–52. R, Teil 1: 1 LM, fM in nächste 2 M, wenden [2].
53. R, Teil 1: 1 LM, fM in nächste 2 M [2].
Arbeit beenden. Nicht wenden. Auf derselben Seite die beiden Fäden wieder anbringen, 1 M neben dem ersten Teil der 27. Reihe.
27.–53. R, Teil 2: 1 LM, fM in nächste 2 M, wenden [2].
54. R: 1 LM, fM in nächste 2 M, 1 LM, fM in nächste 2 M (über ersten Teil der 53. Reihe), wenden [5].
55. R: 1 LM, fM in nächste 2 M, fM in nächste LM, fM in nächste 2 M, wenden [5].

56.–79. R: 1 LM, fM in alle 5 M, wenden [5].
80. R: 1 LM, fM in alle 5 M [5].
Arbeit beenden ❷.

RIEMEN (zweifädig in naturweißem Garn, mit 5-mm-Häkelnadel)
(optional Maschenmarkierer)
{Größen: 3, 4, 5, 6 Jahre}
Langen Faden zum Annähen hängen lassen. {103, 107, 111, 115} LM. Maschen werden auf beiden Seiten der Luftmaschenkette gearbeitet.
1. Rd: In 2. LM ab Nadel beginnen, in 1. M zun (Maschenmarkierer Farbe A und Farbe B in 1. M anbringen), fM in nächste {100, 104, 108, 112} M, 3 fM in nächste M (Maschenmarkierer in Farbe B in 2. M anbringen). Auf der anderen Seite der Luftmaschenkette fortfahren, fM in nächste {101, 105, 109, 113} M [206, 214, 222, 230].
Maschenmarkierer in Farbe A in die 1. M dieser Runde umsetzen. Du arbeitest 3 fM in eine Masche in den Maschen mit dem Maschenmarkierer Farbe B.
2. Rd: 3 fM in 1. M, fM in nächste {102, 106, 110, 114} M, 3 fM in nächste M, fM in nächste {102, 106, 110, 114} M [210, 218, 226, 234].
Kett-M in nächste M. Arbeit beenden, dabei einen langen Faden zum Annähen hängen lassen.

NASE (in rosafarbenem Garn, mit 3,5-mm-Häkelnadel)
1. Rd: Mit 9 fM in Magischem Ring beginnen [9].
2. Rd: (fM in nächste 2 M, 3 fM in nächste M) 3x wdh [15].
3. Rd: fM in nächste 3 M, (3 fM in nächste M, fM in nächste 4 M) 2x wdh, 3 fM in nächste M, fM in nächste M [21].
4. Rd: fM in nächste 4 M, (3 fM in nächste M, fM in nächste 6 M) 2x wdh, 3 fM in nächste M, fM in nächste 2 M [27].
5. Rd: fM in nächste 6 M (um die Ecke der Nase zu erreichen) [6].
Kett-M in nächste M. Arbeit beenden, dabei einen langen Faden zum Annähen hängen lassen (Abb. 13, S. 35).

OHR (2x arbeiten, in braunem Garn, mit 3,5-mm-Häkelnadel)
1. Rd: Mit 6 fM in Magischem Ring beginnen [6].
2. Rd: 6x zun [12].
3. Rd: (fM in nächste M, in nächster M zun) 6x wdh [18].
4. Rd: (fM in nächste 2 M, in nächster M zun) 6x wdh [24].
5.–32. Rd: fM in alle 24 M [24].
Kett-M in nächste M. Arbeit beenden, langen Faden zum Annähen hängen lassen ❸.

AUGENFLECK (in braunem Garn, mit 3,5-mm-Häkelnadel)
1. Rd: Mit 6 fM in Magischem Ring beginnen [6] (beim Zusammenziehen des Magischen Rings ein kleines Loch lassen).
2. Rd: 6x zun [12].
3. Rd: (fM in nächste M, in nächster M zun) 6x wdh [18].

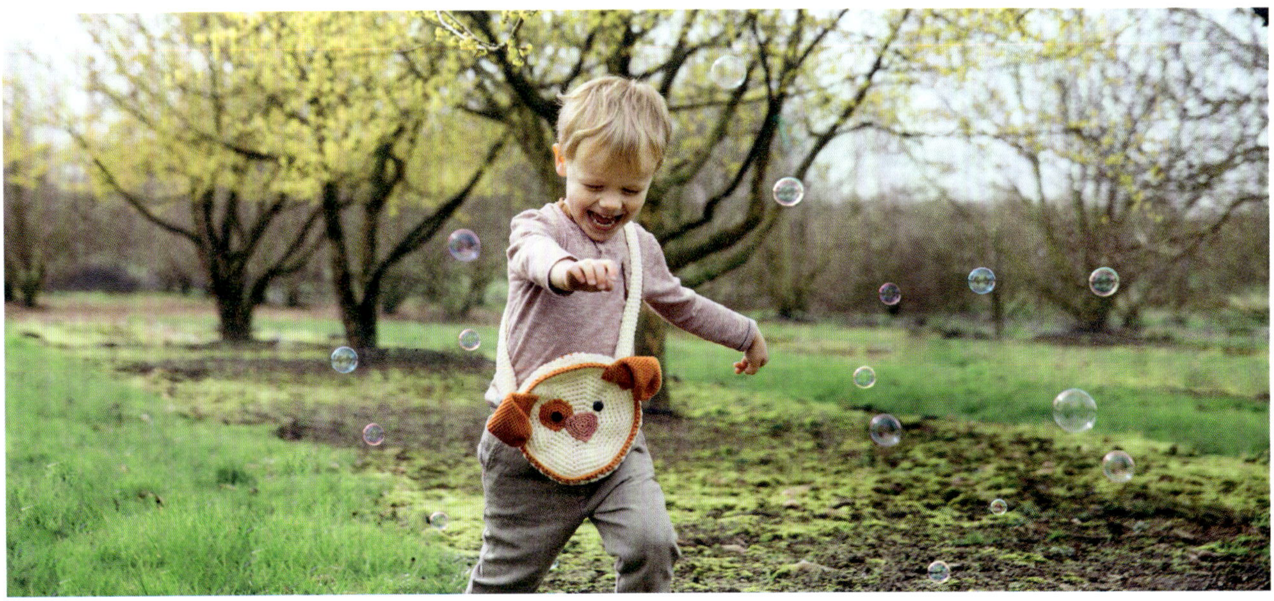

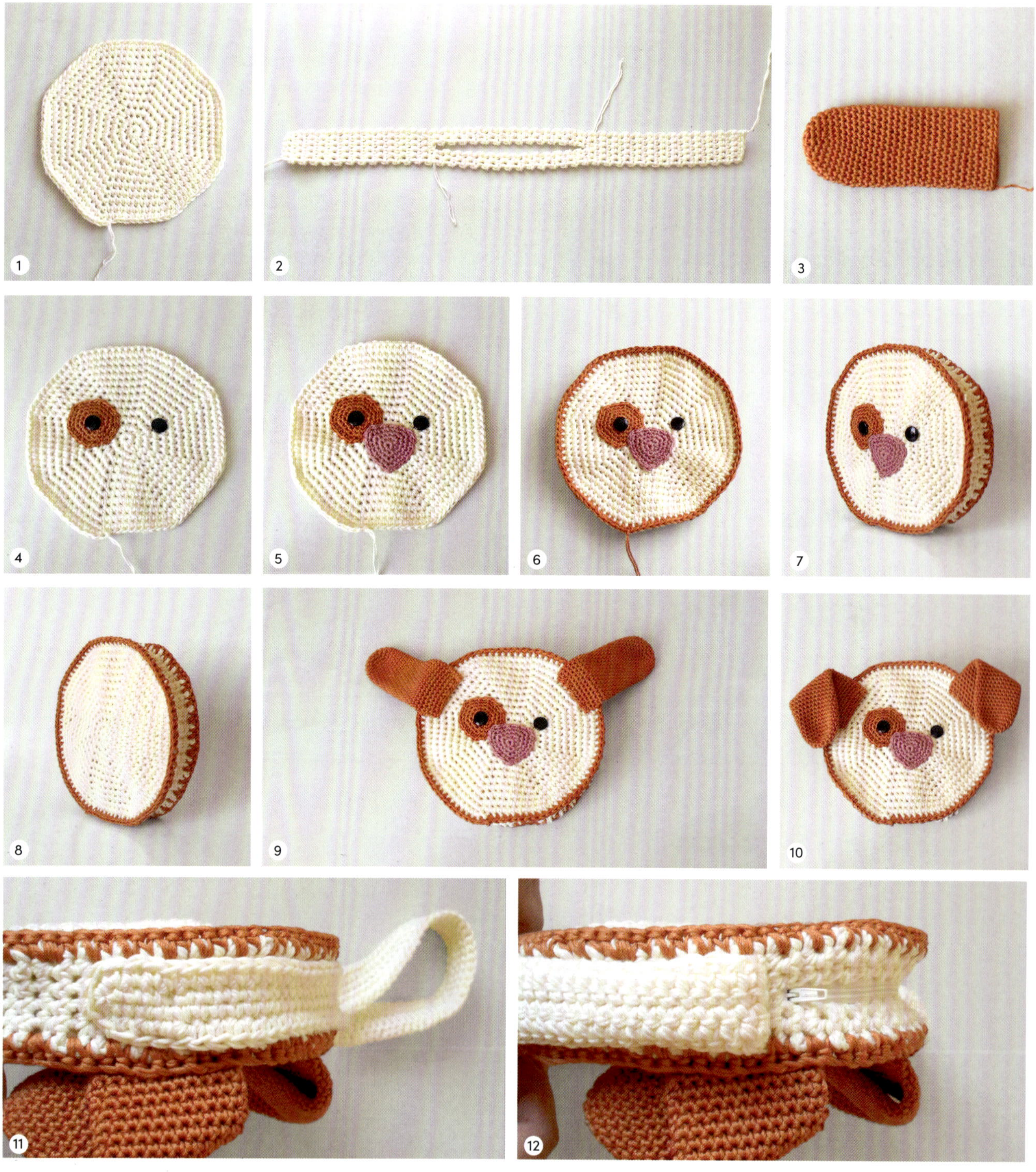

4. Rd: (fM in nächste 2 M, in nächster M zun) 6x wdh [24].
5. Rd: (fM in nächste 3 M, in nächster M zun) 6x wdh [30].
Kett-M in nächste M. Arbeit beenden, langen Faden zum Annähen hängen lassen.
Den Magischen Ring nicht vollständig schließen, damit später die Augen in der Mitte angebracht werden können.

GESICHT FERTIGSTELLEN

- Ein Sicherheitsauge im Augenfleck anbringen.
- Den Augenfleck auf dem Gesicht feststecken und das andere Sicherheitsauge 3 Runden von der Mitte entfernt einführen ❹.
- Die Nase mittig im Gesicht annähen, von der 1. Runde nach unten ❺.

TASCHE FERTIGSTELLEN

- Den Reißverschluss in die Öffnung der Leiste nähen (Abb. 22–25, S. 27). Den Reißverschluss an die Reißverschlussleiste stecken. Einen Heftstich in Kontrastfarbe nähen, um den Reißverschluss zu fixieren, bevor du ihn endgültig einnähst. Dann den Reißverschluss mit einem Steppstich rundherum festnähen. Den Heftstich entfernen.
- Die Enden der Reißverschlussleiste zu einem Ring verbinden.
- Dieses Teil wird mit fM an der Vorder- und Rückseite der Tasche befestigt. Für eine bessere Passung vor dem endgültigen Verbinden feststecken oder -heften. Der Reißverschluss sollte mittig über dem Tiergesicht liegen.
- Mit braunem Garn zweifädig und mit 5-mm-Häkelnadel rundherum eine Runde fM arbeiten, um die Vorderseite mit der Reißverschlussleiste zu verbinden. Dabei die Häkelnadel durch beide Teile einführen ❻. Darauf achten, dass das Hundegesicht zu dir zeigt. Arbeit beenden. Für die Rückseite wiederholen und auch dabei die Häkelnadel durch beide Teile einführen ❼ ❽. Darauf achten, dass die Taschenrückseite zu dir zeigt.
- Die Hundeohren 3 Runden unter dem Rand an der Vorderseite der Tasche festnähen ❾. Die Ohren nach vorne legen und am Rand der Tasche festnähen, damit sie ihre Form behalten ❿.
- 3 cm des Riemens auf beiden Seiten eine Runde unterhalb der Reißverschlussöffnung an der Reißverschlussleiste festnähen ⓫ ⓬.

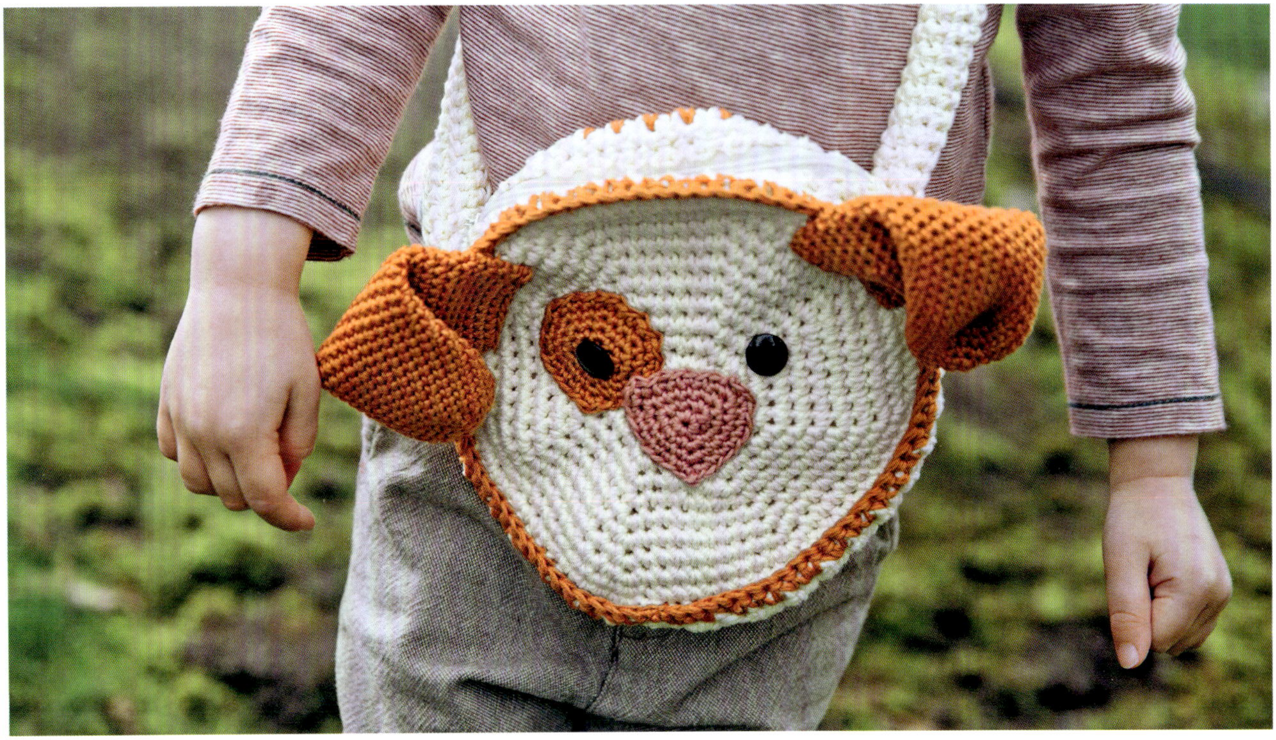

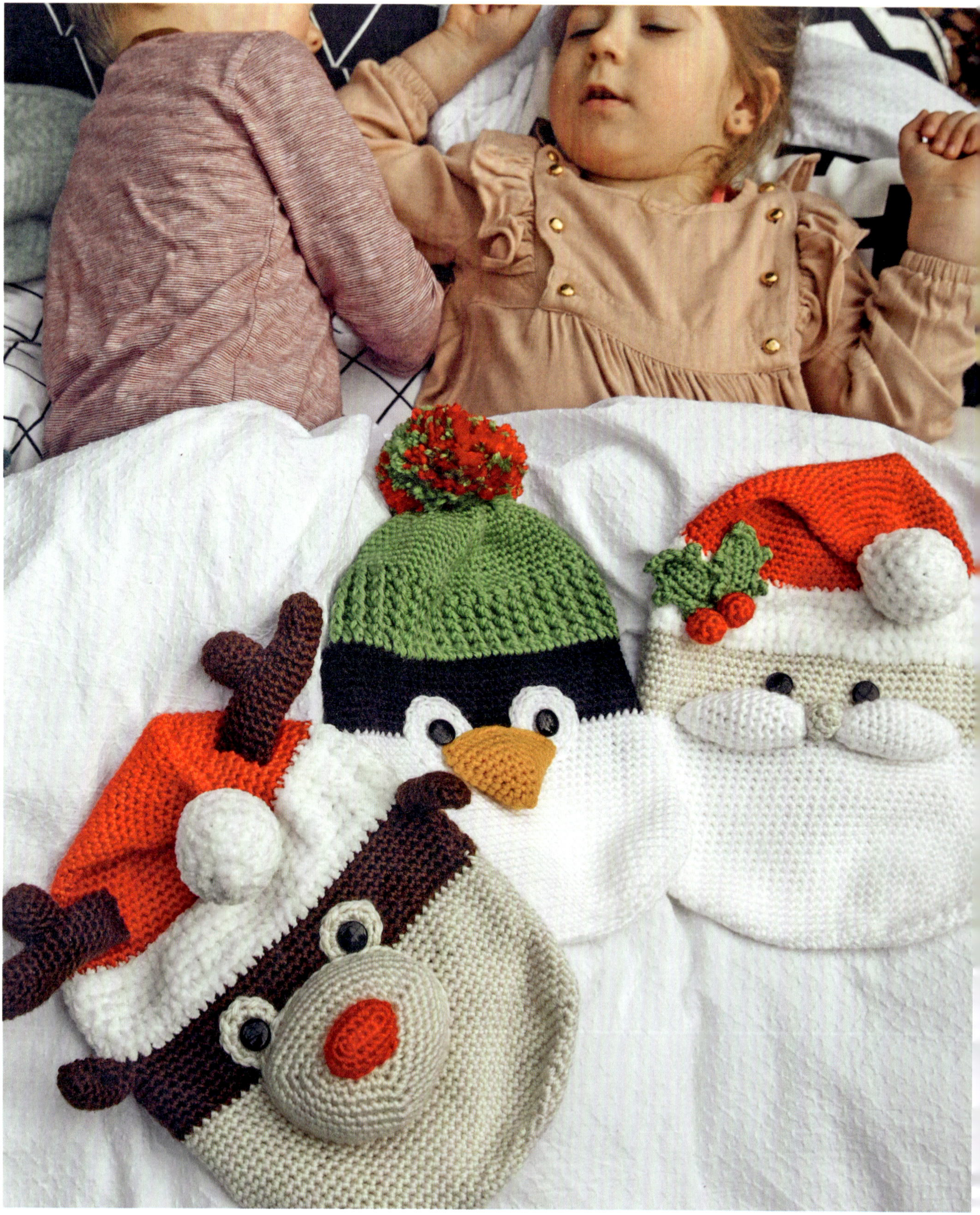

SCHLAFANZUGTASCHE RUDOLPH

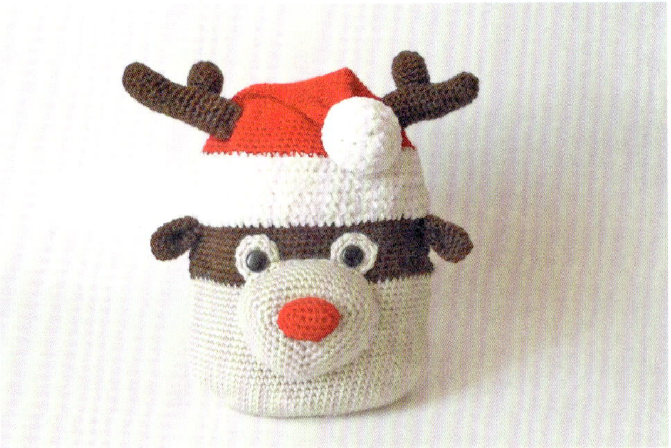

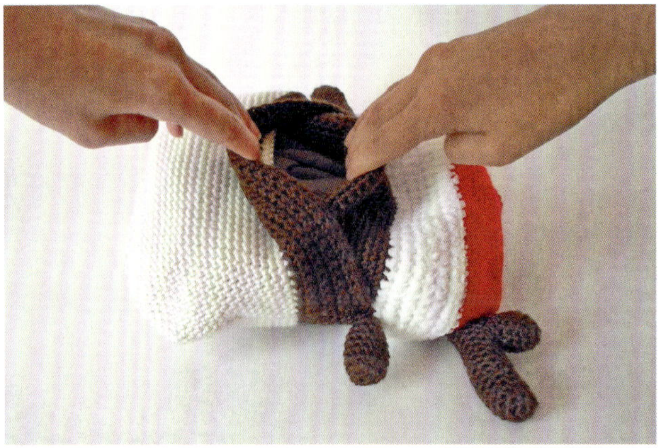

LEVEL ●●○
GRÖSSE 21, 5 x 27, 5 cm
MASCHENPROBE (fM)
Mitteldickes Garn: 19 M x 20 R = 10 cm
Plüschgarn: 15 M x 13 R = 10 cm
MATERIAL
- Mitteldickes Garn in Beige (LL 235 m/140 g), Braun (LL 165 m/100 g) und Rot (LL 165 m/100 g)
- Plüschgarn in Weiß (LL 30 m/25 g)
- Häkelnadel in Nadelstärke 5 mm
- Sicherheitsaugen (15 mm ⌀)
- Füllwatte als Füllmaterial
- Stopfnadel
- Optional Maschenmarkierer (1 in Farbe A, 2 in Farbe B)

KOPF (mit beigefarbenem Garn beginnen) (Abb. 1–14, S. 57) (optional Maschenmarkierer)
14 LM. Maschen werden auf beiden Seiten der Luftmaschenkette gearbeitet.
1. Rd: in 2. LM ab Nadel beginnen, 3 fM in 1. M (Maschenmarkierer in Farbe A und in Farbe B in der 1. M anbringen), fM in nächste 11 M, 5 fM in nächste M (Maschenmarkierer in Farbe B in der 3. M anbringen). Auf der anderen Seite der Luftmaschenkette fortfahren, fM in nächste 11 M, in nächster M zun [32].
Maschenmarkierer in Farbe A in die 1. M jeder Runde umsetzen und Maschenmarkierer in Farbe B in der mittleren M anbringen, wenn du 5 oder 3 fM in einer M arbeitest.
2. Rd: 5 fM in 1. M, fM in nächste 15 M, 5 fM in nächste M, fM in nächste 15 M [40].
3. Rd: fM in nächste 2 M, 5 fM in nächste M, fM in nächste 19 M, 5 fM in nächste M, fM in nächste 17 M [48].
4. Rd: fM in nächste 4 M, 5 fM in nächste M, fM in nächste 23 M, 5 fM in nächste M, fM in nächste 19 M [56].
5. Rd: fM in nächste 6 M, 3 fM in nächste M, fM in nächste 27 M, 3 fM in nächste M, fM in nächste 21 M [60].
6. Rd: fM in nächste 7 M, 3 fM in nächste M, fM in nächste 29 M, 3 fM in nächste M, fM in nächste 22 M [64].
7. Rd: fM in nächste 8 M, 3 fM in nächste M, fM in nächste 31 M, 3 fM in nächste M, fM in nächste 23 M [68].
8. Rd: fM in nächste 9 M, 3 fM in nächste M, fM in nächste 33 M, 3 fM in nächste M, fM in nächste 24 M [72].
9. Rd: fM in nächste 10 M, 3 fM in nächste M, fM in nächste 35 M, 3 fM in nächste M, fM in nächste 25 M [76].
Maschenmarkierer in Farbe B entfernen.
10.–25. Rd: fM in alle 76 M [76].
26. Rd: fM in nächste 16 M (um die Faltkante zu erreichen) [16].
Zu braunem Garn wechseln.
Maschenmarkierer in Farbe A in die 1. M der nächsten Runde umsetzen.

27. Rd: fM in nächste 38 M, 38 LM (die Luftmaschen nicht zu locker arbeiten), 38 M überspringen [76].
28. Rd: fM in nächste 38 M, fM in nächste 38 LM [76].
29.–35. Rd: fM in alle 76 M [76].
Zum weißen Plüschgarn wechseln.
36. Rd: (fM in nächste 7 M, abn, fM in nächste 8 M, abn) 4x wdh [68].
37. Rd: (fM in nächste 15 M, abn) 4x wdh [64].
38.–41. Rd: fM in alle 64 M [64].
Zu rotem Garn wechseln.
42. Rd: nur hMg fM in alle 64 M [64].
43.–49. Rd: fM in alle 64 M [64].
50. Rd: (fM in nächste 6 M, abn) 8x wdh [56].
51. Rd: (fM in nächste 5 M, abn) 8x wdh [48].
52. Rd: (fM in nächste 4 M, abn) 8x wdh [40].
53.–54. Rd: fM in alle 40 M [40].
55. Rd: (fM in nächste 3 M, abn) 8x wdh [32].
56.–57. Rd: fM in alle 32 M [32].
58. Rd: (fM in nächste 2 M, abn) 8x wdh [24].
59.–62. Rd: fM in alle 24 M [24].
63. Rd: (fM in nächste M, abn) 8x wdh [16].
64.–67. Rd: fM in alle 16 M [16].
68. Rd: 8x abn [8].
Kett-M in nächste M. Arbeit beenden, langen Faden zum Zusammennähen hängen lassen ❶.

ÄUSSERE KLAPPE (in braunem Garn)

Auf der Rückseite der Tasche rechts über dem beigefarbenen Rand der Öffnung ab der 1. übersprungenen M von Runde 27 beginnen. Eine Schlaufe braunes Garn hindurchziehen ❷ und am Anfang zum Zusammennähen einen langen Faden hängen lassen. In Reihen häkeln.
1. R: fM in alle 38 M, wenden [38] ❸ ❹.
2.–9. R: 1 LM, fM in alle 38 M, wenden [38].
Arbeit beenden, langen Faden hängen lassen ❺.

INNERE KLAPPE (in braunem Garn)

Den Kopf umdrehen. Auf der Rückseite der Tasche rechts über dem braunen Luftmaschenrand der Öffnung mit der letzten LM der 28. Runde des Kopfes beginnen. Eine Schlaufe braunes Garn hindurchziehen und am Anfang einen langen Faden zum Zusammennähen hängen lassen. In Reihen häkeln ❻.
1. R: fM in alle 38 M, wenden [38].
2.–9. R: 1 LM, fM in alle 38 M, wenden [38].

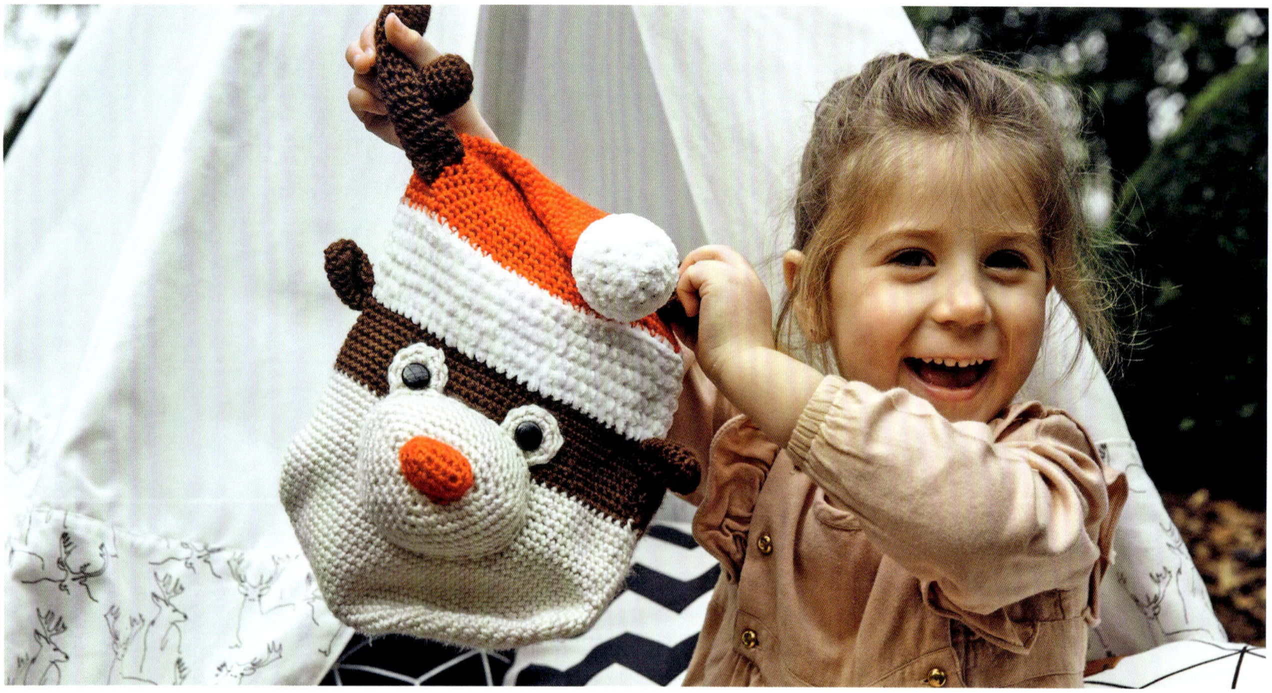

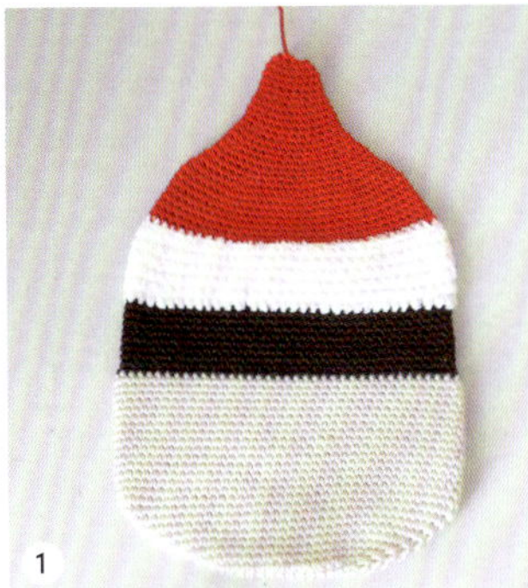
1

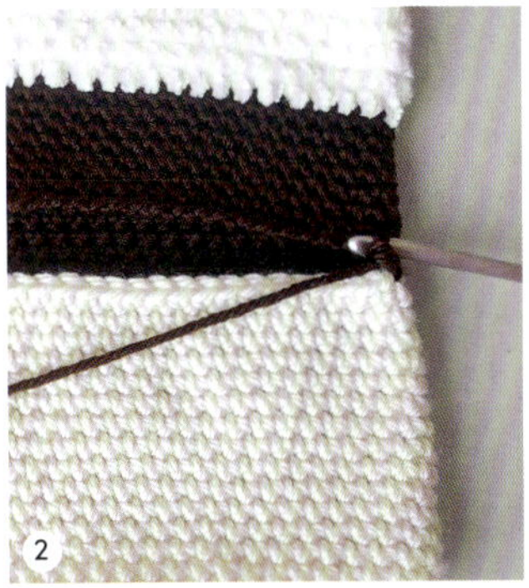
2

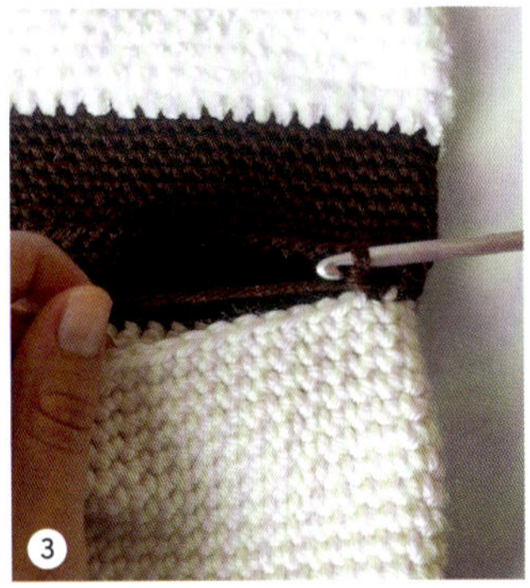
3

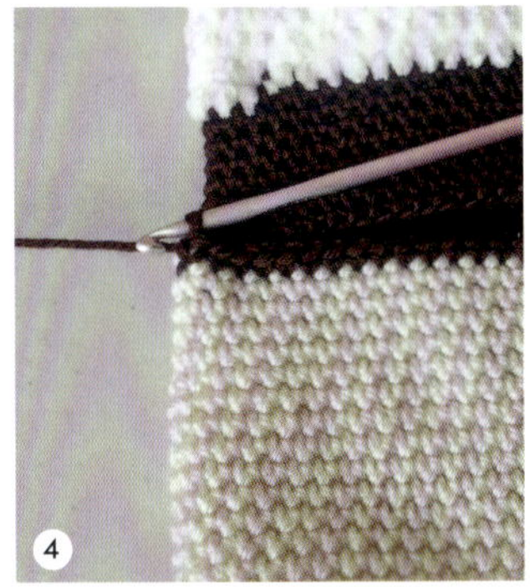
4

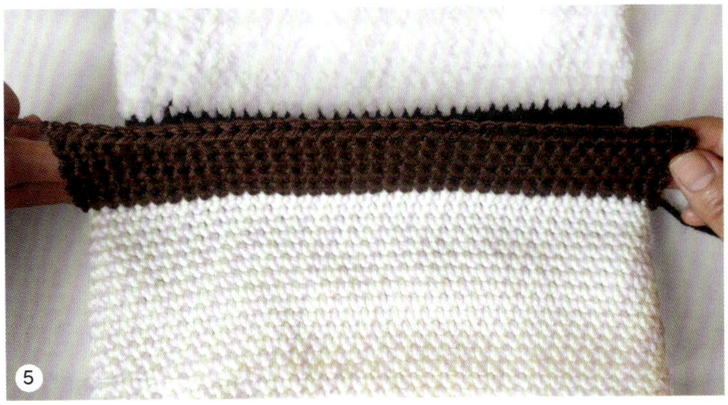
5

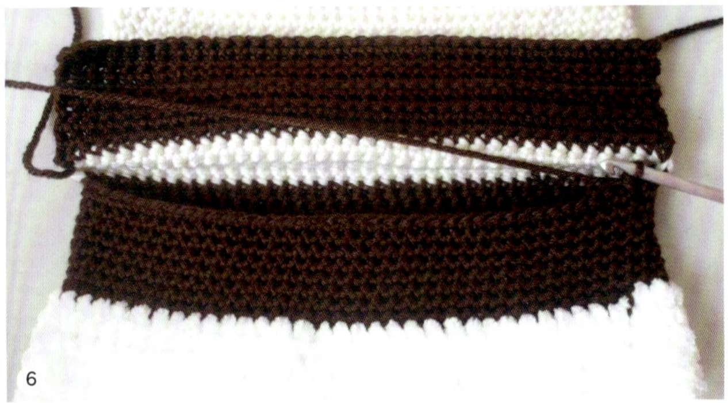
6

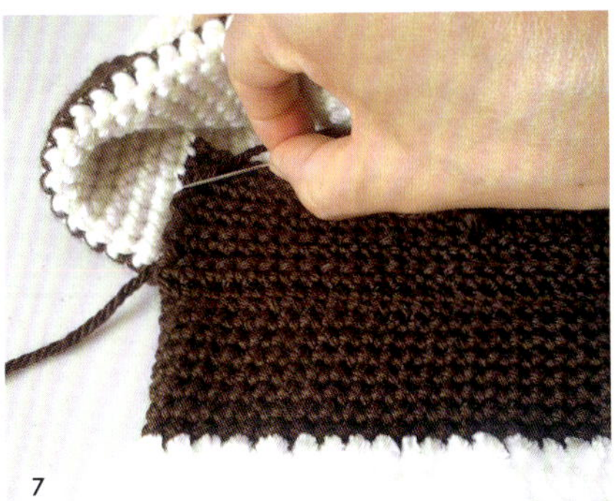
7

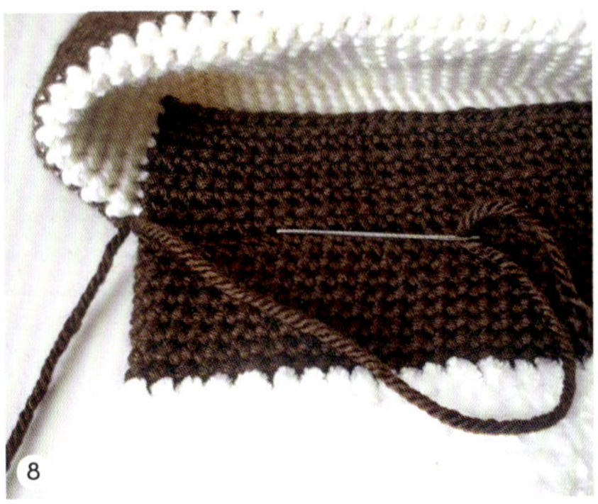
8

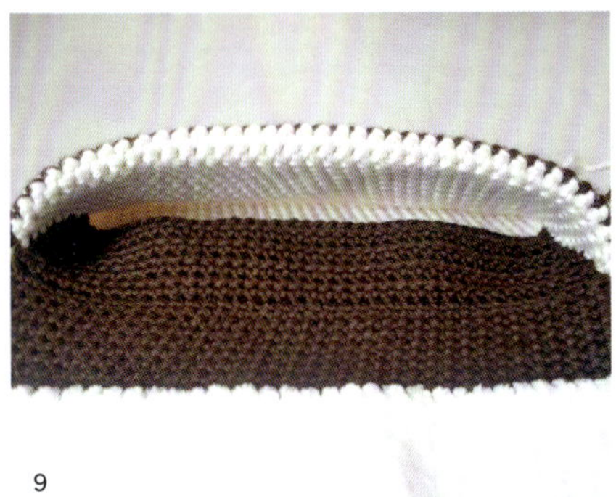
9

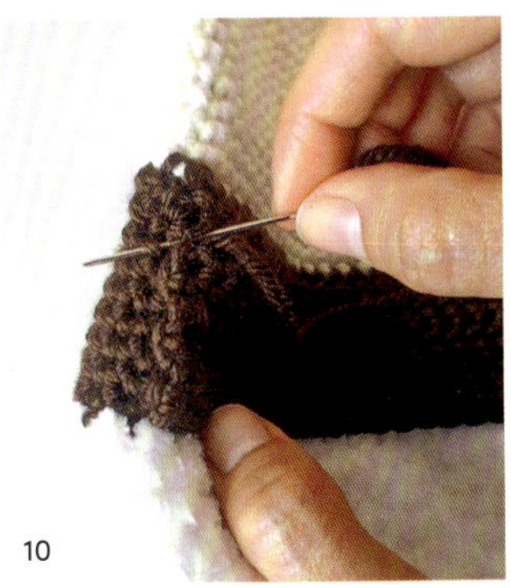
10

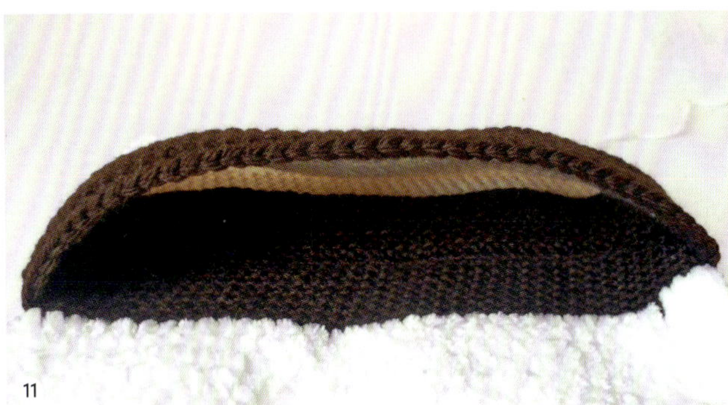
11

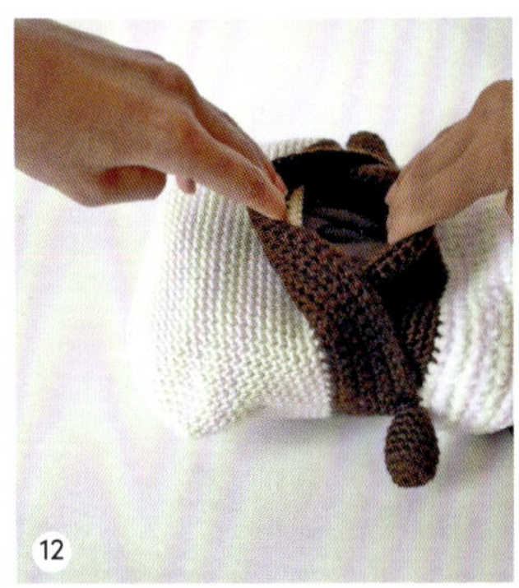
12

Arbeit beenden, dabei einen langen Faden zum Zusammennähen hängen lassen.

Die Seiten der inneren Klappe innen an den Seiten der Tasche festnähen. Die 9 Reihen an den Seiten der inneren Klappe werden an die 9 Runden von der Öffnung am Kopf nach unten genäht 7 8 9. Dann die Seiten der äußeren Klappe außen an den Seiten der Tasche festnähen. Die 9 Reihen an den Seiten der äußeren Klappe werden an die 9 Runden von der Öffnung am Kopf nach oben genäht, bis kurz unter die Krempe der Mütze 10 11 12.

POMPON (in weißem Plüschgarn)

2 LM.

1. Rd: In 2. LM ab Nadel beginnen, 6 fM in 1. M [6].

2. Rd: 6x zun [12].

3. Rd: (fM in nächste M, in nächster M zun) 6x wdh [18].

4.–6. Rd: fM in alle 18 M [18].

7. Rd: (fM in nächste M, abn) 6x wdh [12].

8. Rd: 6x abn [6].

Mit Füllmaterial ausstopfen.

9. Rd: (fM in nächste M, 1 M überspringen) 3x wdh [3].

Kett-M in nächste M. Arbeit beenden.

NASE (in rotem Garn) (optional Maschenmarkierer)

6 LM. Die Maschen werden entlang beider Seiten der Luftmaschenkette gearbeitet.

1. Rd: In 2. LM ab Nadel beginnen, in 1. M zun (Maschenmarkierer in Farbe A und Farbe B in der 1. M anbringen), fM in nächste 3 M, 3 fM in nächste M (Maschenmarkierer in Farbe B in 2. M anbringen). Auf der anderen Seite der Luftmaschenkette fortfahren, fM in nächste 4 M [12].

Maschenmarkierer in Farbe A in die 1. M jeder Runde umsetzen. In die Maschen mit dem Maschenmarkierer in Farbe B arbeitest du 3 fM in eine M.

2. Rd: 3 fM in 1. M, fM in nächste 5 M, 3 fM in nächste M, fM in nächste 5 M [16]. Maschenmarkierer in Farbe B entfernen.

3.–4. Rd: fM in alle 16 M [16].

Kett-M in nächste M. Arbeit beenden, langen Faden zum Annähen hängen lassen.

DAS WEISSE AUGE (2x arbeiten, in beigefarbenem Garn)

1. Rd: Mit 8 fM in einem Magischen Ring beginnen [8] (beim Zusammenziehen des Magischen Rings ein kleines Loch lassen).

2. Rd: 8x zun [16].

Kett-M in nächste M. Arbeit beenden, dabei einen langen Faden zum Annähen hängen lassen. Den Magischen Ring nicht vollständig schließen, damit die Augen später in der Mitte eingefügt werden können.

OHR (2x arbeiten, in braunem Garn)

1. Rd: Mit 6 fM in einem Magischen Ring beginnen [6].

2. Rd: 6x zun [12].

3.–8. Rd: fM in alle 12 M [12].

Kett-M in nächste M. Arbeit beenden, dabei einen langen Faden zum Annähen hängen lassen.

KLEINES GEWEIH (2x arbeiten, in braunem Garn)

1. Rd: Mit 6 fM in einem Magischen Ring beginnen [6].

2. Rd: 6x zun [12].

3.–8. Rd: fM in alle 12 M [12].

Kett-M in nächste M. Arbeit beenden, dabei einen langen Faden zum Annähen hängen lassen.

GROSSES GEWEIH (2x arbeiten, in braunem Garn)

1. Rd: Mit 6 fM in einem Magischen Ring beginnen [6].

2. Rd: 6x zun [12].

3.–4. Rd: fM in alle 12 M [12].

5. Rd: abn, fM in nächste 3 M, in nächsten 2 M zun, fM in nächste 3 M, abn [12].

6. Rd: fM in alle 12 M [12].

7.–12. Rd: 5–6. Rd. noch 3x wdh.

13.–18. Rd: fM in alle 12 M [12].

Kett-M in nächste M. Arbeit beenden, dabei einen langen Faden zum Annähen hängen lassen.

SCHNAUZE (in beigefarbenem Garn) (optional Maschenmarkierer)

8 LM. Auf beiden Seiten der Luftmaschenkette arbeiten.

1. Rd: In 2. LM ab Nadel beginnen, in 1. M zun (Maschenmarkierer in Farbe A und Farbe B in 1. M anbringen), fM in nächste 5 M (Maschenmarkierer in Farbe B in 3. M anbringen), 3 fM in nächste M (Maschenmarkierer in Farbe B in 2. M anbringen). Auf der anderen Seite der Luftmaschenkette fortfahren, fM in nächste 6 M [16] 13.

Maschenmarkierer in Farbe A in die 1. M jeder Runde umsetzen. Maschenmarkierer in Farbe B jedes Mal in der mittleren M anbringen, wenn du 3 fM in eine M häkelst.

2. Rd: 3 fM in 1. M, fM in nächste 3 M, 3 fM in nächste M, fM in nächste 3 M, 3 fM in nächste M, fM in nächste 7 M [22] (14).

3. Rd: fM in 1. M, 3 fM in nächste M, fM in nächste 5 M, 3 fM in nächste M, fM in nächste 5 M, 3 fM in nächste M, fM in nächste 8 M [28].

4. Rd: fM in nächste 2 M, 3 fM in nächste M, fM in nächste 7 M, 3 fM in nächste M, fM in nächste 7 M, 3 fM in nächste M, fM in nächste 9 M [34].

5. Rd: fM in nächste 3 M, 3 fM in nächste M, fM in nächste 9 M, 3 fM in nächste M, fM in nächste 9 M, 3 fM in nächste M, fM in nächste 10 M [40].

6. Rd: fM in nächste 4 M, 3 fM in nächste M, fM in nächste 11 M, 3 fM in nächste M, fM in nächste 11 M, 3 fM in nächste M, fM in nächste 11 M [46] (15).

Maschenmarkierer in Farbe B entfernen.

7.–10. Rd: fM in alle 46 M [46].

11. Rd: fM in nächste 21 M (um den Punkt zu erreichen, der die untere Mitte der Schnauze bilden wird) [21] (16).

Kett-M in nächste M. Arbeit beenden, Faden hängen lassen.

GESICHT FERTIGSTELLEN

- Die Sicherheitsaugen mittig in die Augen setzen (Verschlüsse noch nicht anbringen).
- Die Augen auf die Vorderseite der Tasche nähen, eine Runde unterhalb der Mütze und mit einem Abstand von 7 M (17). Die Sicherheitsaugen auf der Rückseite schließen.
- Die Schnauze ausstopfen und mittig auf das Gesicht nähen, dabei den unteren Teil der Augen bedecken.
- Die Nase ausstopfen und mittig auf die Schnauze nähen, sodass sie mittig darauf liegt (18).
- Die Ohren auf die Hälfte falten und auf beiden Seiten direkt unter der Mütze annähen.
- Das große und kleine Geweih ausstopfen. Das kleine Geweih an das große Geweih nähen, direkt über der »Beule« am großen Geweih.
- Die zusammengesetzten Geweihe auf beiden Seiten der Mütze annähen, 6 M neben der Kante und 2 Runden über der Krempe der Mütze (19). Dabei jeweils das gerade Ende und die ersten 5 Runden, die auf der Mütze liegen, festnähen, damit die Geweihe nicht nach vorne kippen
- Den Pompon oben an die Mütze nähen. Die Spitze der Mütze nach vorne kippen und in dieser Position festnähen (20).

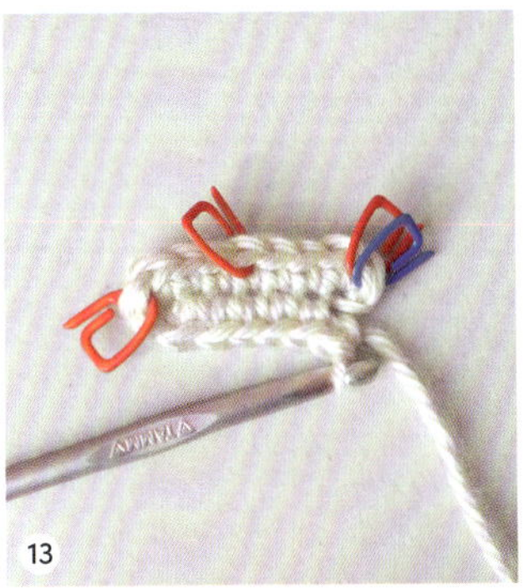

13

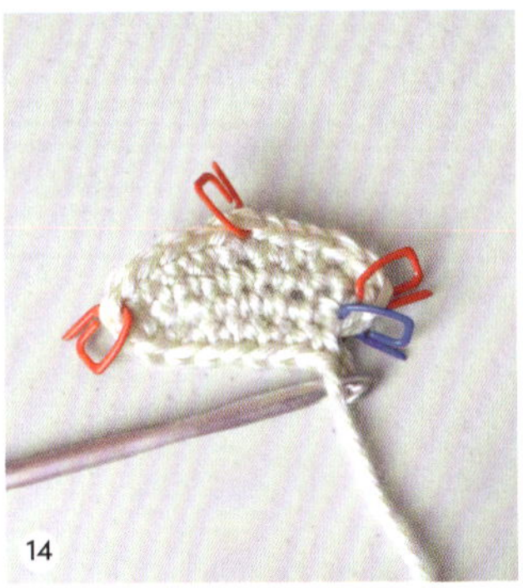

14

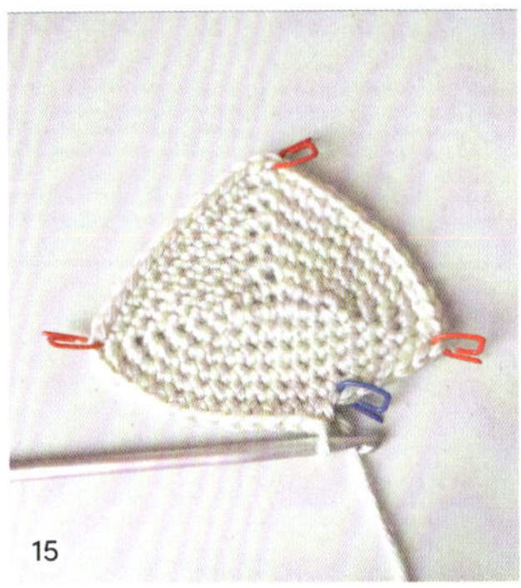

15

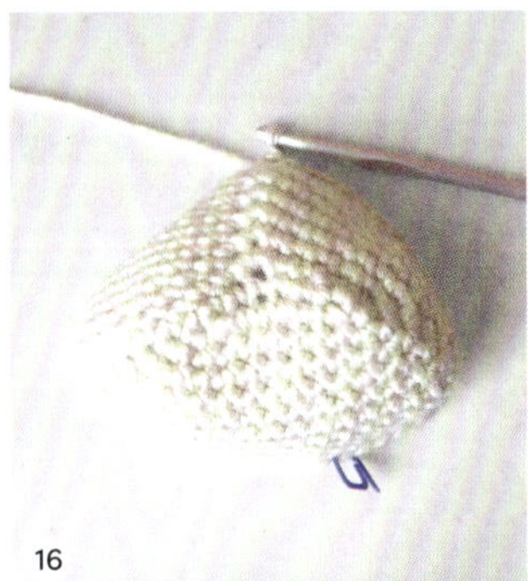

16

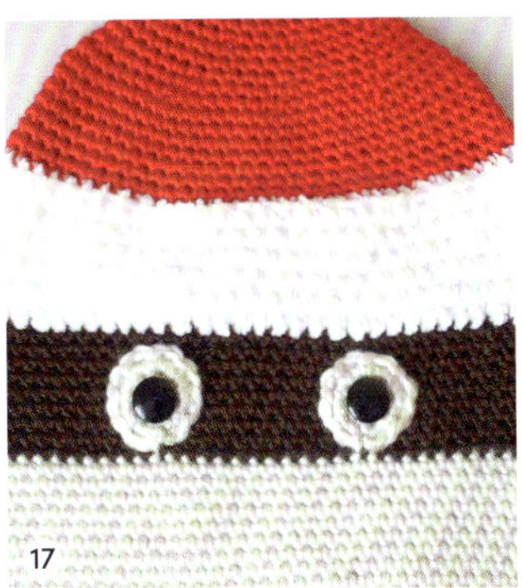

17

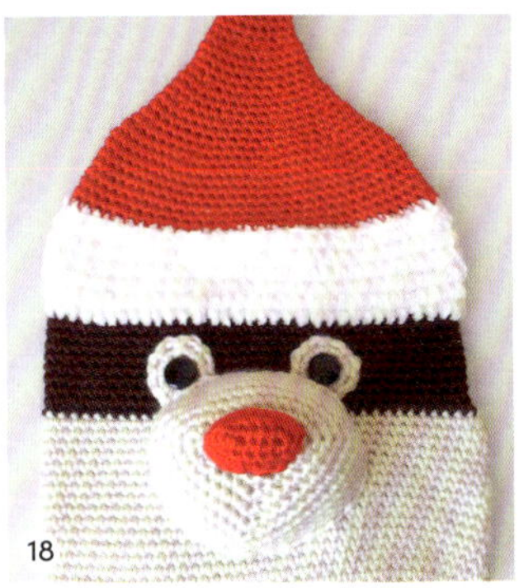

18

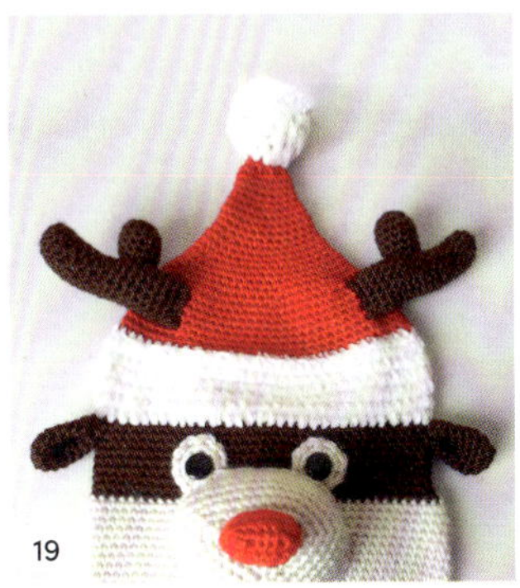

19

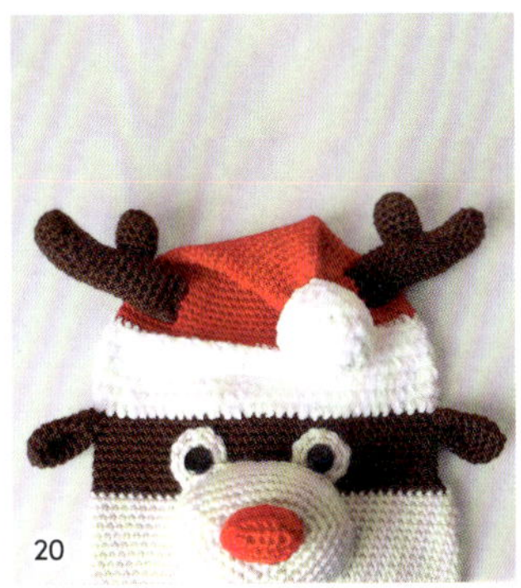

20

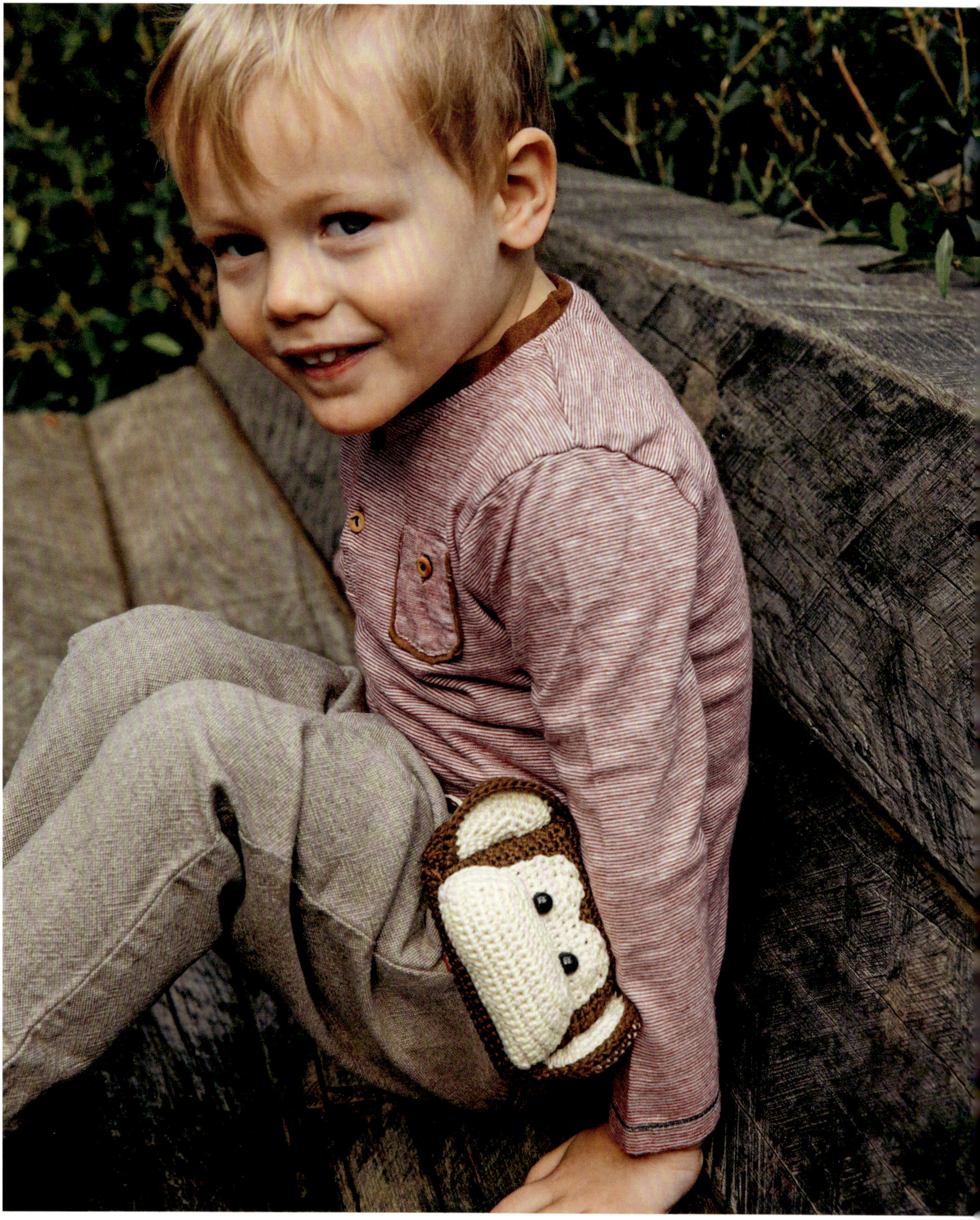

GÜRTELTASCHE AFFE

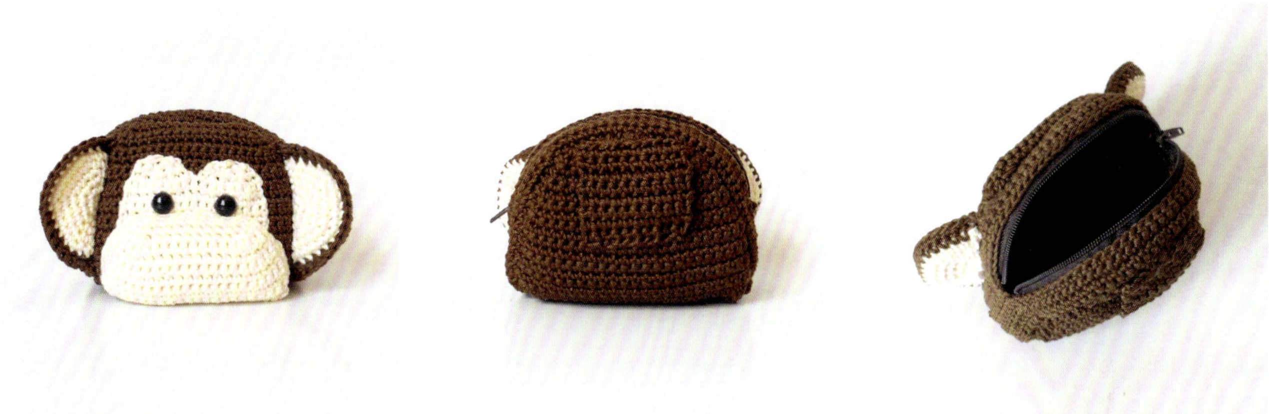

LEVEL ●●○
GRÖSSE 11 x 8 cm
MASCHENPROBE (fM) 23 M x 25 R = 10 cm
MATERIAL

- Feines Garn in Braun (LL 200 m/100 g) und Naturweiß (LL 100 m/50 g)
- Häkelnadel in Nadelstärke 3,5 mm
- 15 cm langer Reißverschluss in Braun (sofern du mit einer ähnlichen Garnstärke wie in der Anleitung arbeitest)
- Sicherheitsaugen (10 mm ∅)
- Füllwatte zum Ausstopfen
- Stopfnadel
- Nähgarn in Braun
- Maschenmarkierer

HAUPTTEIL (in braunem Garn)

13 LM. In Reihen häkeln.

1. R: In 2. LM ab Nadel beginnen, fM in alle 12 M, wenden [12].

2. R: 1 LM, fM in nächste M, 3 fM in nächste M, fM in nächste 8 M, 3 fM in nächste M, fM in nächste M, wenden [16].

3. R: 1 LM, fM in alle 16 M, wenden [16].

4. R: 1 LM, fM in nächste M, in nächster M zun, fM in nächste 12 M, in nächster M zun, fM in nächste M, wenden [18].

5. R: 1 LM, fM in alle 18 M, wenden [18].

6. R: 1 LM, fM in nächste M, in nächster M zun, fM in nächste 14 M, in nächster M zun, fM in nächste M, wenden [20].

7. R: 1 LM, fM in alle 20 M, wenden [20].

8. R: 1 LM, fM in nächste M, in nächster M zun, fM in nächste 16 M, in nächster M zun, fM in nächste M, wenden [22].

9. R: 1 LM, fM in alle 22 M, wenden [22].

10. R: 1 LM, fM in nächste M, in nächster M zun, fM in nächste 18 M, in nächster M zun, fM in nächste M, wenden [24].

11.–41. R: 1 LM, fM in alle 24 M, wenden [24] (Maschenmarkierer in der 1. und letzten M der 20. und 30. R anbringen).

42. R: 1 LM, fM in nächste M, abn, fM in nächste 18 M, abn, fM in nächste M, wenden [22].

43. R: 1 LM, fM in alle 22 M, wenden [22].

44. R: 1 LM, fM in nächste M, abn, fM in nächste 16 M, abn, fM in nächste M, wenden [20].

45. R: 1 LM, fM in alle 20 M, wenden [20].

46. R: 1 LM, fM in nächste M, abn, fM in nächste 14 M, abn, fM in nächste M, wenden [18].

47. R: 1 LM, fM in alle 18 M, wenden [18].

48. R: 1 LM, fM in nächste M, abn, fM in nächste 12 M, abn, fM in nächste M, wenden [16].

49. R: 1 LM, fM in alle 16 M, wenden [16].

50. R: 1 LM, fM in nächste M, 3 fM zus, fM in nächste 8 M, 3 fM zus, fM in nächste M [12]. Arbeit beenden ❶.

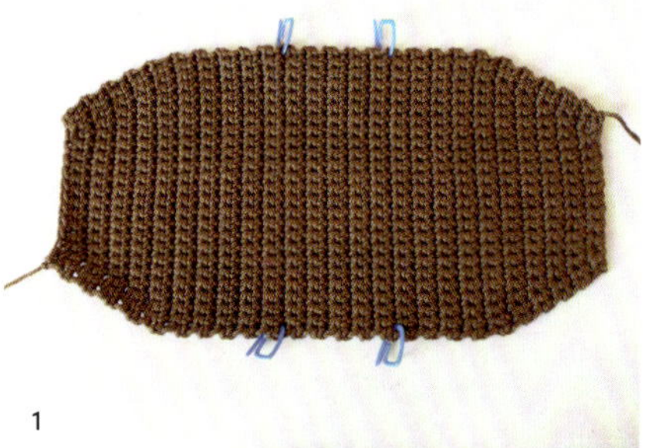
1

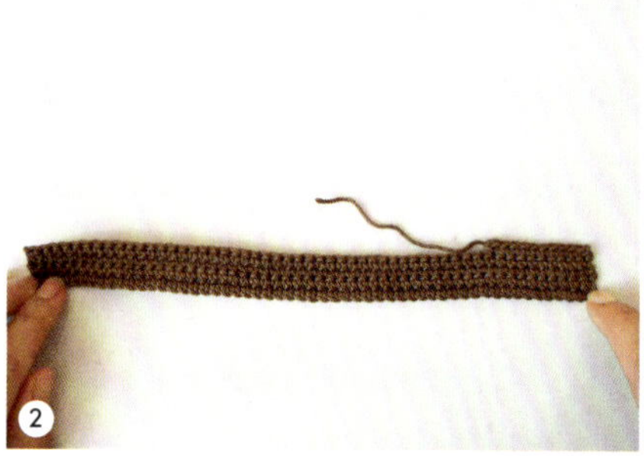
2

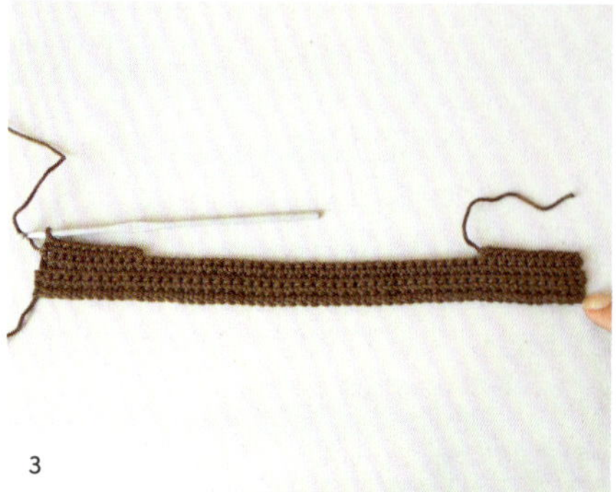
3

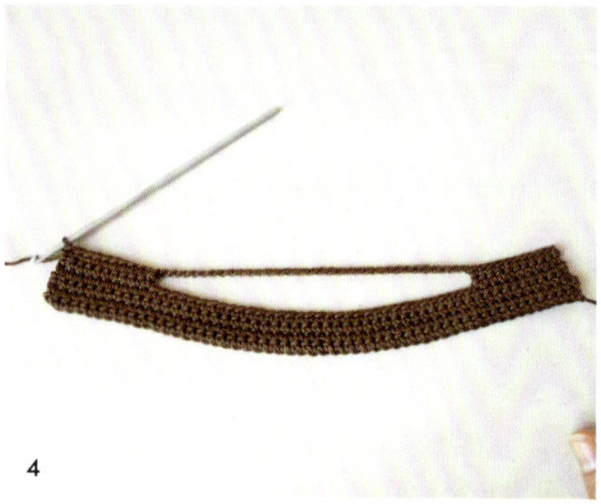
4

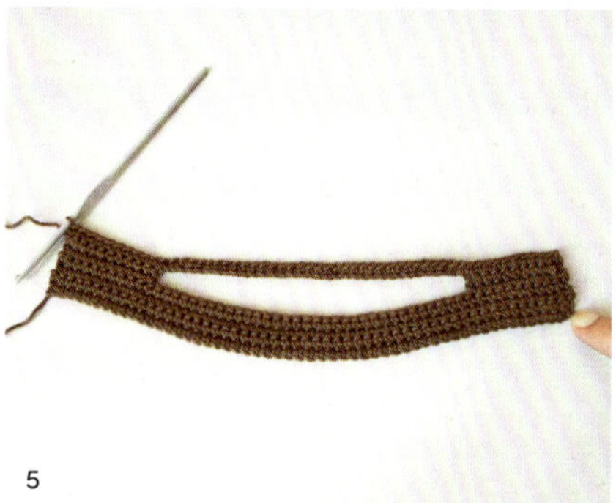
5

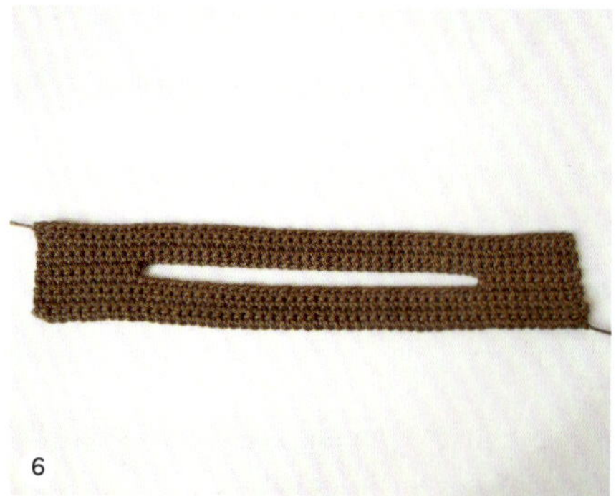
6

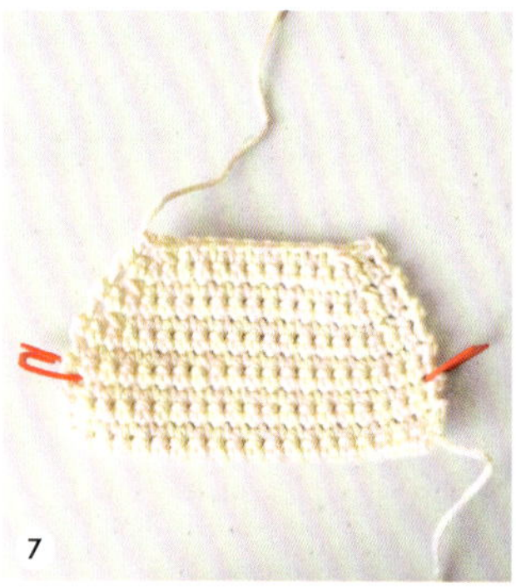
7

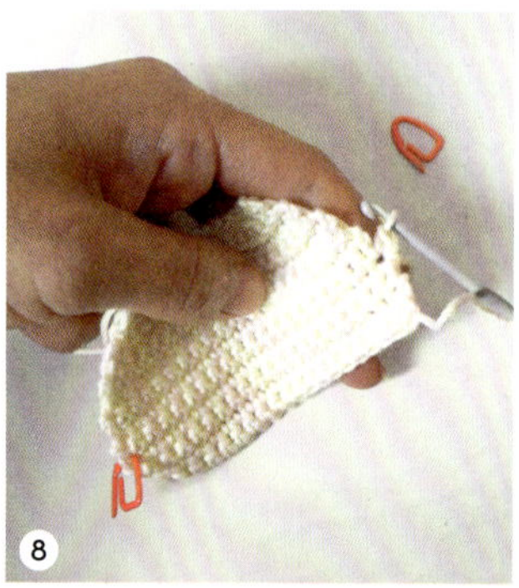
8

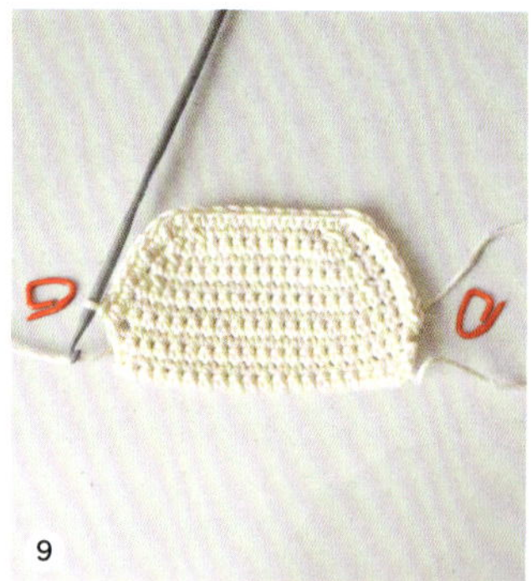
9

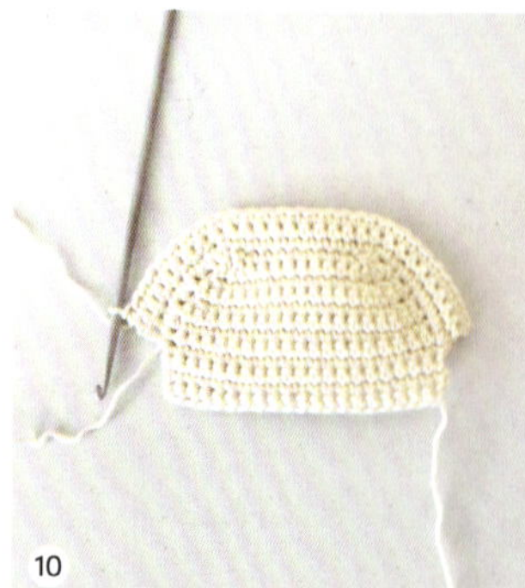
10

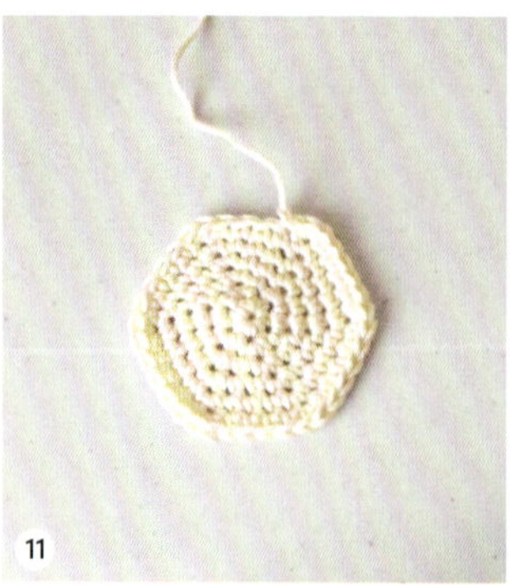
11

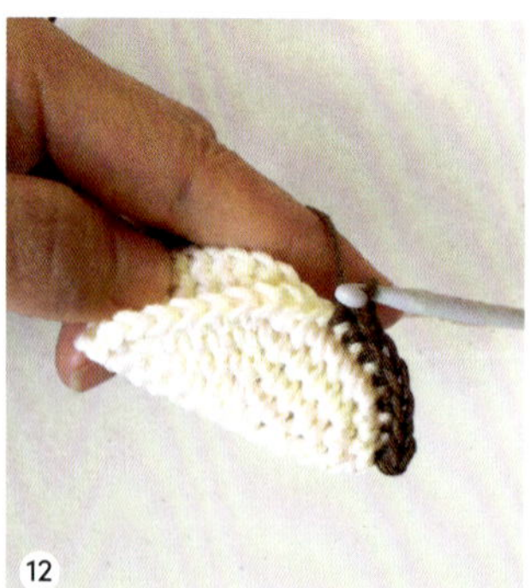
12

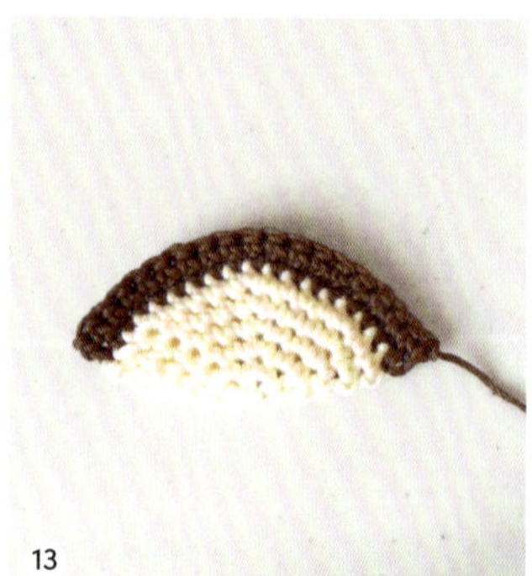
13

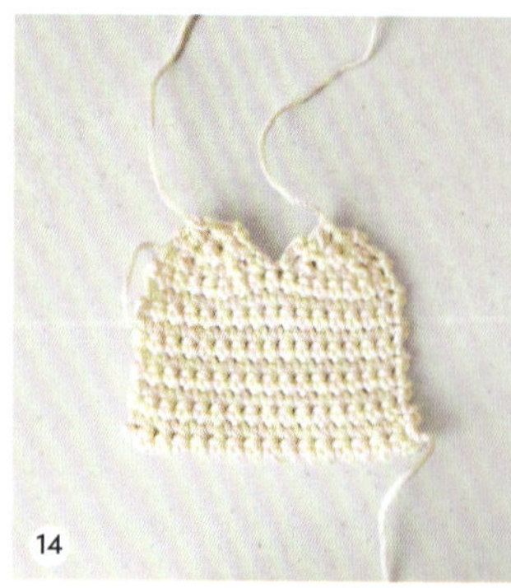
14

REISSVERSCHLUSSLEISTE (in braunem Garn)

55 LM, dabei einen langen Faden zum Annähen hängen lassen.
In Reihen häkeln.

1. R: In 2. LM ab Nadel beginnen, fM in alle 54 M, wenden [54].

2.–4. R: 1 LM, fM in alle 54 M, wenden [54].

5. R, Teil 1: 1 LM, fM in nächste 10 M [10] ②.

Arbeit beenden. Nicht wenden. Auf derselben Seite eine Schlaufe in M 45 von rechts nach links ziehen:

5. R, Teil 2: 1 LM, fM in nächste 10 M, wenden [10] ③.

6. R: 1 LM, fM in nächste 10 M, 34 LM (die Luftmaschen nicht zu locker häkeln), fM in nächste 10 M (über den ersten Teil der 5. R), wenden [54] ④.

7. R: 1 LM, fM in nächste 10 M, fM in nächste 34 LM, fM in nächste 10 M, wenden [54] ⑤.

8.–9. R: 1 LM, fM in alle 54 M, wenden [54].

10. R: 1 LM, fM in alle 54 M [54] ⑥. Arbeit beenden, langen Faden zum Annähen hängen lassen.

SCHNAUZE (in naturweißem Garn)

21 LM, dabei am Anfang zum Annähen einen langen Faden hängen lassen.
In Reihen häkeln.

1. R: In 2. LM ab Nadel beginnen, fM in alle 20 M, wenden [20].

2.–7. R: 1 LM, fM in alle 20 M, wenden [20] (Maschenmarkierer in der 1. und letzten Masche der 4. R anbringen).

8. R: 1 LM, fM in nächste M, abn, fM in nächste 14 M, abn, fM in nächste M, wenden [18].

9. R: 1 LM, fM in alle 18 M, wenden [18].

10. R: 1 LM, fM in nächste M, abn, fM in nächste 12 M, abn, fM in nächste M, wenden [16].

11. R: 1 LM, fM in alle 16 M, wenden [16].

12. R: 1 LM, fM in nächste M, 3 fM zus, fM in nächste 8 M, 3 fM zus, fM in nächste M [12] ⑦.

Arbeit beenden. Mit dem oberen Teil der Schnauze fortfahren. Dabei in der M mit dem Maschenmarkierer rechts beginnen. Weiter in Reihen häkeln.

1. R: 1 LM, fM in nächste 8 Reihenenden, fM in nächste 12 M oben, fM in nächste 8 Reihenenden auf der anderen Seite, wenden [28] ⑧ ⑨.

2. R: 1 LM, fM in alle 28 M, wenden [28].

3. R: 1 LM, fM in alle 28 M [28] ⑩.

Arbeit beenden, langen Faden hängen lassen.

OHR (2x arbeiten, mit naturweißem Garn beginnen)

1. Rd: Mit 6 fM in Magischem Ring beginnen [6].

2. Rd: 6x zun [12].

3. Rd: (fM in nächste M, in nächster M zun) 6x wdh [18].

4. Rd: (fM in nächste 2 M, in nächster M zun) 6x wdh [24].

5. Rd: (fM in nächste 3 M, in nächster M zun) 6x wdh [30].

6. Rd: (fM in nächste 4 M, in nächster M zun) 6x wdh [36].

Kett-M in nächste M. Arbeit beenden ⑪. Das Teil mittig zusammenfalten. Darauf achten, dass die Maschen aufeinander ausgerichtet sind und dass die rechte Seite der Arbeit nach außen zeigt. Zu braunem Garn wechseln. Weiter in Reihen durch beide Seiten des Ohrs gleichzeitig häkeln.

1. R: 1 LM, fM in alle 18 M, wenden [18] ⑫.

2. R: 1 LM, fM in alle 18 M [18].

Arbeit beenden, langen Faden zum Annähen hängen lassen ⑬.

GESICHT (in naturweißem Garn)

17 LM. In Reihen häkeln.

1. R: In 2. LM ab Nadel beginnen, fM in alle 16 M, wenden [16].

2.–11. R: 1 LM, fM in alle 16 M, wenden [16].

12. R, Teil 1: 1 LM, fM in nächste M, abn, fM in nächste 2 M, abn, fM in nächste M, wenden [6].

13. R, Teil 1: 1 LM, fM in nächste M, 2x abn, fM in nächste M, wenden [4].

14. R, Teil 1: 1 LM, 2x abn [2].

Diesen Teil der Arbeit beenden, dabei einen Faden zum Annähen hängen lassen. Nicht wenden. Mit der linken Seite des Gesichts fortfahren. Dazu eine Schlaufe durch die 9. M von rechts nach links ziehen.

12. R, Teil 2: 1 LM, fM in nächste M, abn, fM in nächste 2 M, abn, fM in nächste M, wenden [6].

13. R, Teil 2: 1 LM, fM in nächste M, 2x abn, fM in nächste M, wenden [4].

14. R, Teil 2: 1 LM, 2x abn [2].

Arbeit beenden, langen Faden zum Annähen hängen lassen ⑭.

GESICHT FERTIGSTELLEN

– Das Gesicht auf das Hauptteil nähen. Die Maschenmarkierer zeigen die Position der Gesichtunterseite an ⑮.
– Die Schnauze formen, dafür die äußeren Ecken des oberen Teils an die Reihenenden des ersten Teils nähen ⑯ ⑰ ⑱.
– Die Schnauze auf das Hauptteil setzen. Dabei die Unterseite mit

der Unterseite des Gesichts ausrichten und 6 Reihen des Gesichts oben freilassen ⑲. Ausstopfen und annähen ⑳.

– Die Sicherheitsaugen durch das Hauptteil und das Gesicht einführen ㉑.

GÜRTELSCHLAUFE (in braunem Garn)

11 LM, dabei am Anfang einen langen Faden hängen lassen.
In Reihen häkeln.

1. R: In 2. LM ab Nadel beginnen, fM in alle 10 M, wenden [10].
2.–7. R: 1 LM, fM in alle 10 M, wenden [10].
8. R: 1 LM, fM in alle 10 M [10].
Arbeit beenden, langen Faden zum Annähen hängen lassen.

GÜRTELTASCHE FERTIGSTELLEN

– Den Reißverschluss an die Reißverschlussleiste stecken ㉒. Mit einem Heftstich in einer Kontrastfarbe die Position des Reißverschlusses fixieren ㉓. Dann rundherum mit einem Steppstich mit dem Nähgarn richtig festnähen ㉔. Faden vernähen und abschneiden. Den Heftstich entfernen ㉕.

– Die Leiste an das Hauptteil stecken. Die kurzen Enden der Leiste zwischen den Maschenmarkierern auf beiden Seiten des Hauptteils positionieren. Darauf achten, dass die Vorder- und Rückseite sowie der Boden der Tasche eine schöne Form haben, bevor die Tasche zusammengenäht wird. Die Teile mit der Stopfnadel zusammennähen ㉖.

LETZTE SCHRITTE

– Die Ohren über die Taschennaht nähen ㉗.

– Die Gürtelschlaufe mittig von der oberen Naht nach unten auf die Taschenrückseite nähen. Dabei darauf achten, nur den oberen und unteren Rand der Schlaufe anzunähen und die Seiten offen zu lassen, damit der Gürtel hindurchgeführt werden kann.

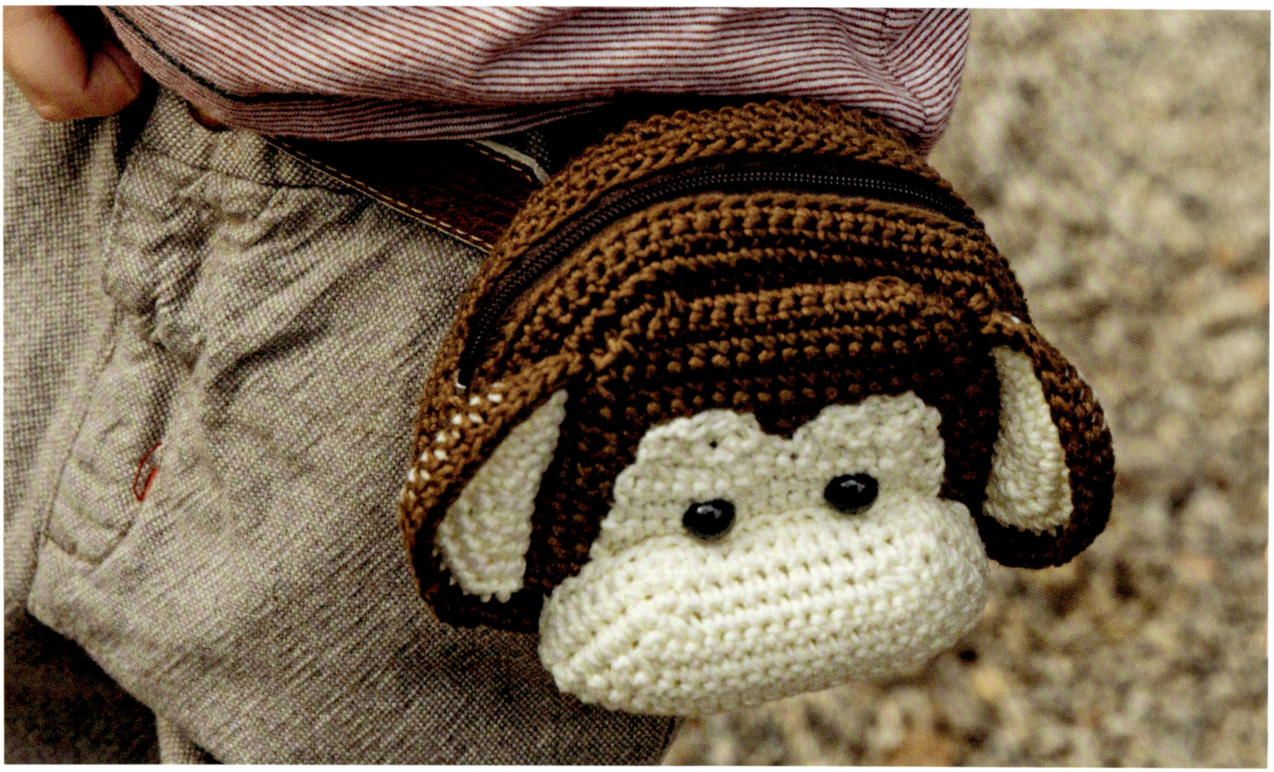

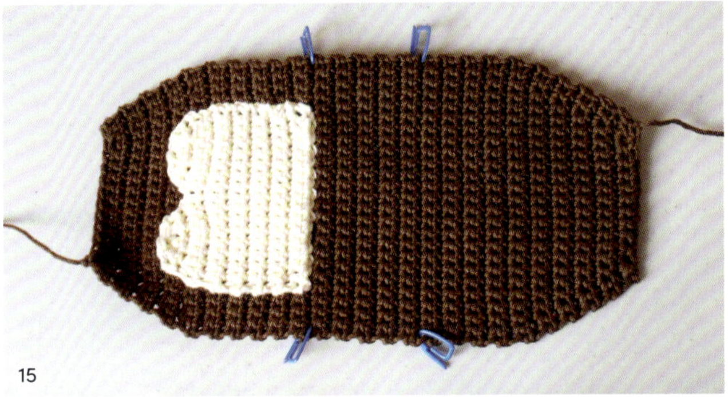
15

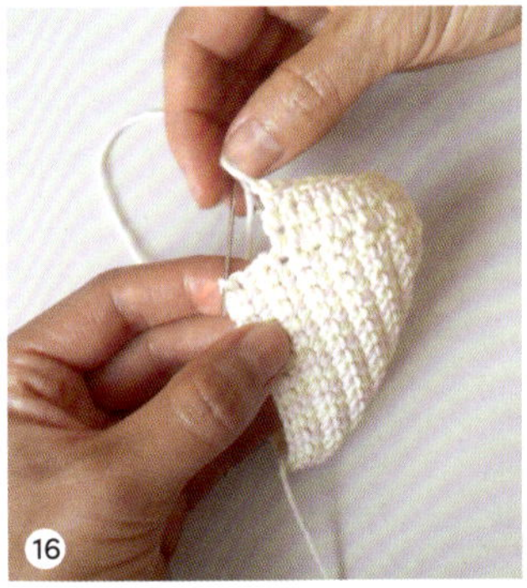
16

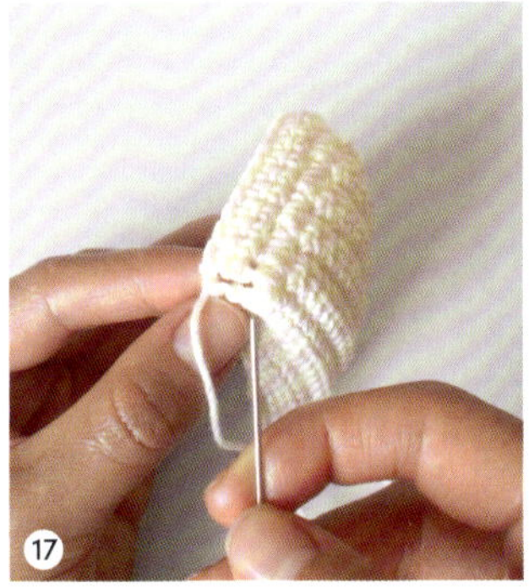
17

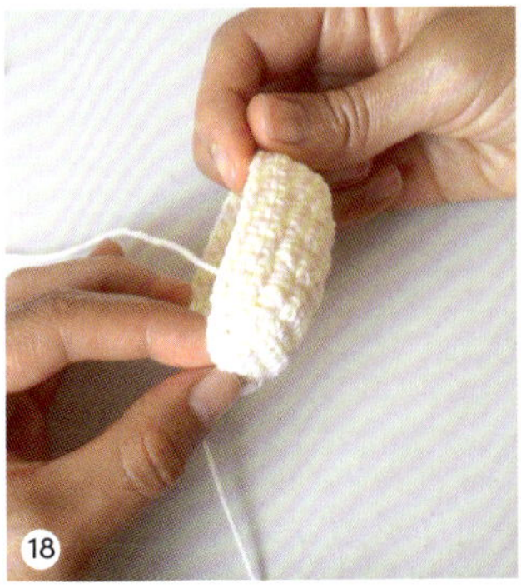
18

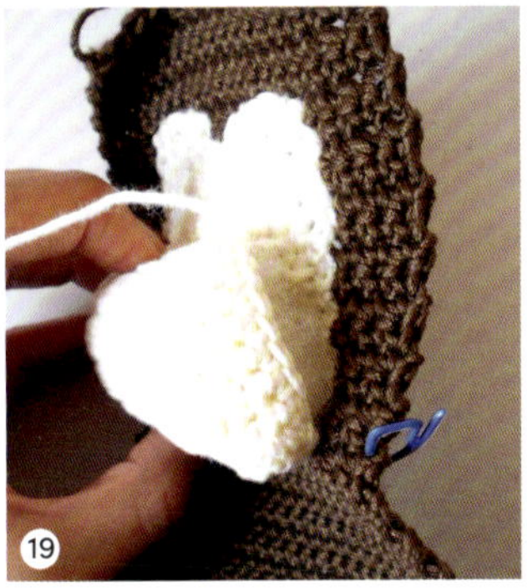
19

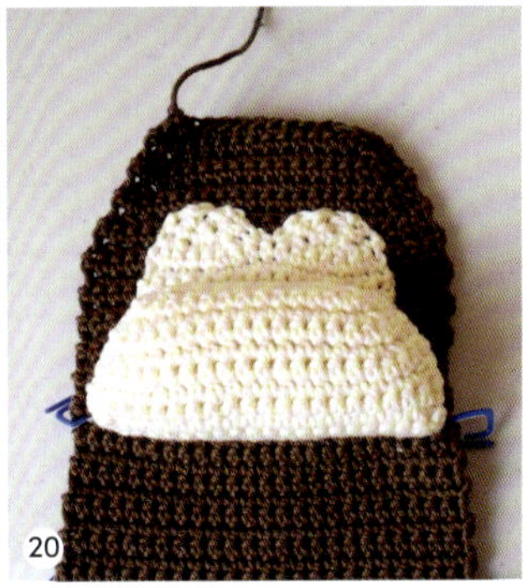
20

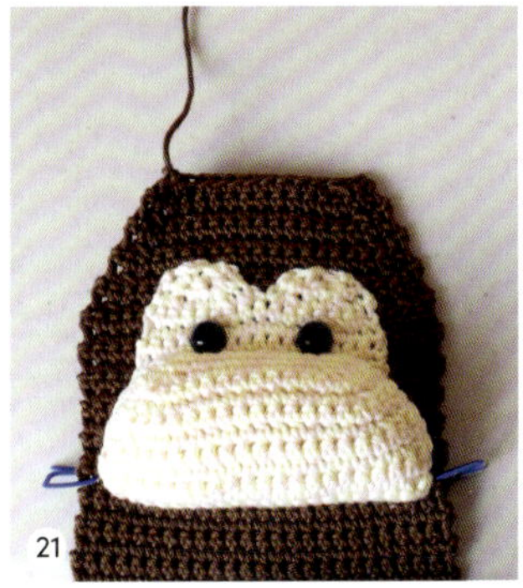
21

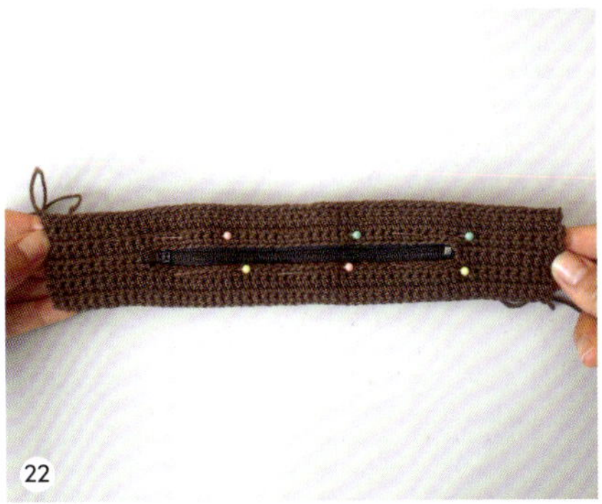
22

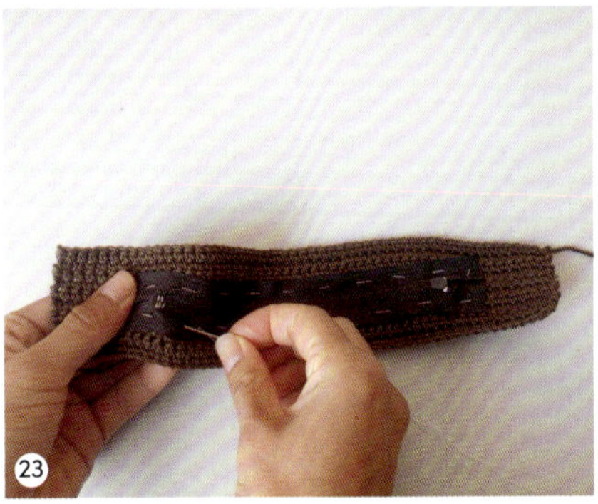
23

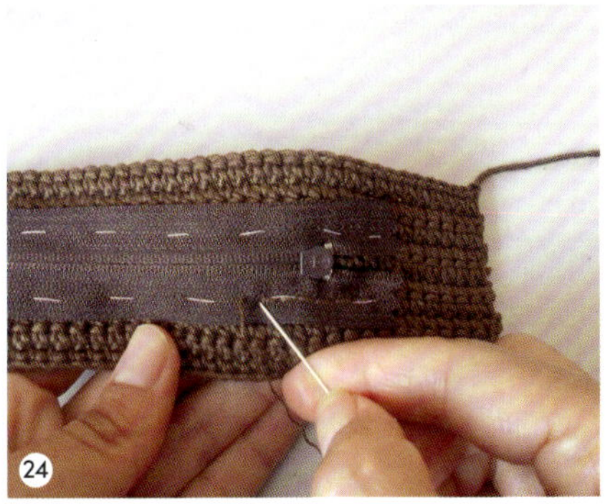
24

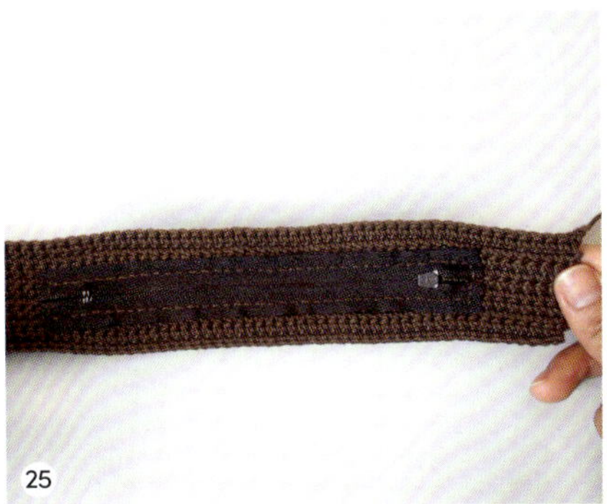
25

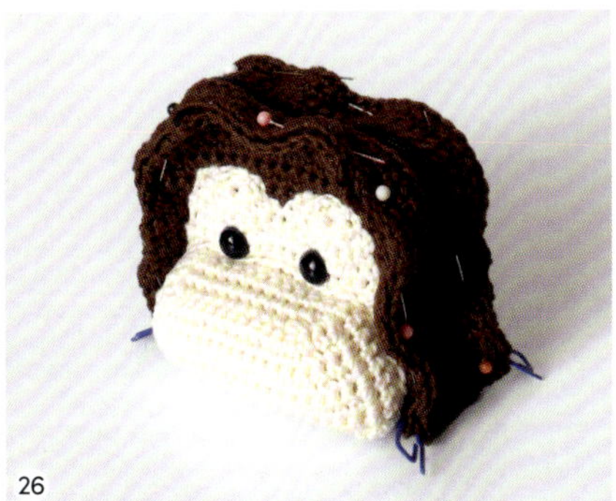
26

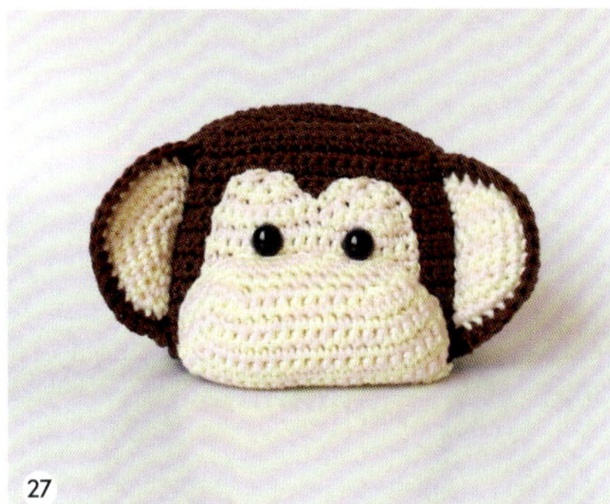
27

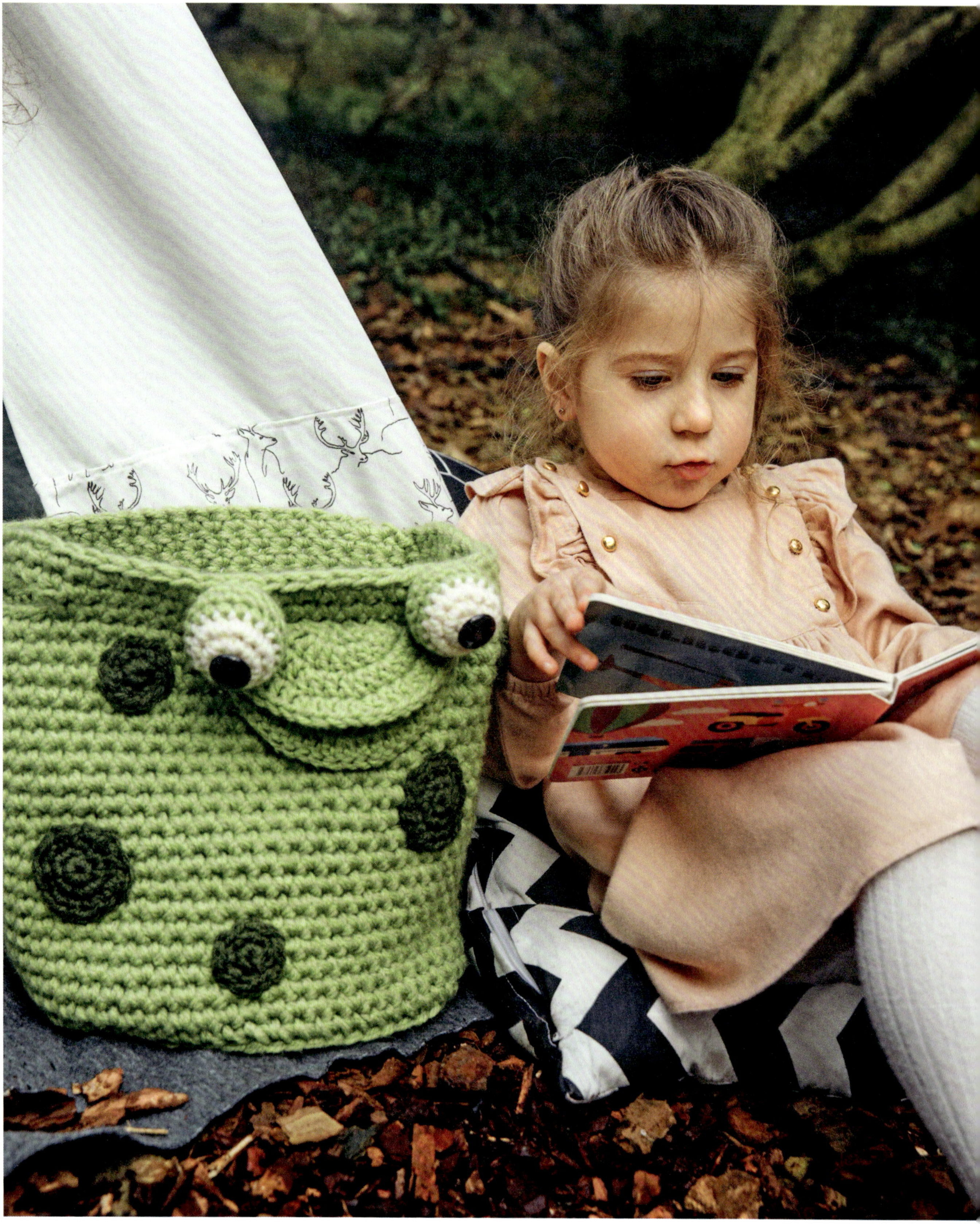

KORB FROSCH

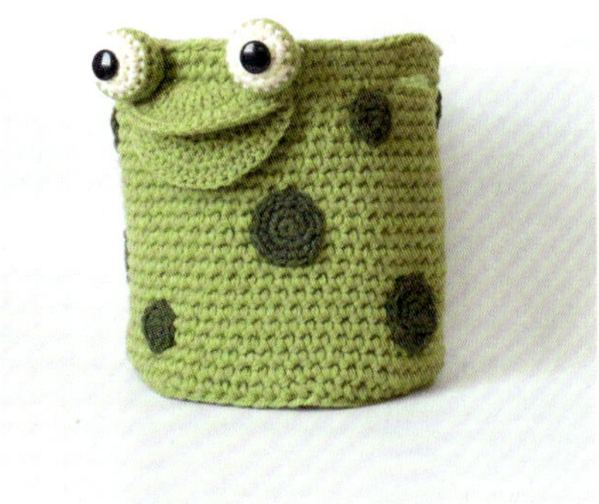

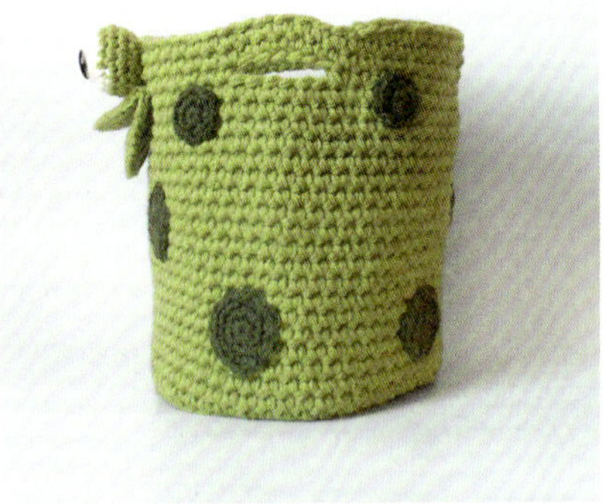

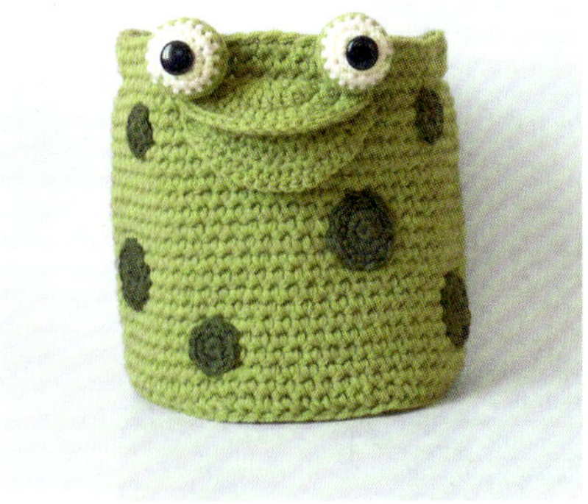

LEVEL ●○○

GRÖSSE 38 x 26 cm

MASCHENPROBE (fM)

Einfädig: 14 M x 14 R = 10 cm

Zweifädig: 8 M x 9 R = 10 cm

MATERIAL

- Dickes Garn in Grün (LL 480 m/400 g), Dunkelgrün (LL 120 m/100 g) und Naturweiß (LL 60 m/50 g)
- Häkelnadel in Nadelstärke 10 mm
- Häkelnadel in Nadelstärke 5,5 mm
- Sicherheitsaugen (24 mm ∅)
- Füllwatte zum Ausstopfen
- Stopfnadel

KORB (in grünem Garn zweifädig, mit 10-mm-Häkelnadel)

1. Rd: Mit 6 fM in Magischem Ring beginnen [6].

2. Rd: 6x zun [12].

3. Rd: (fM in nächste M, in nächster M zun) 6x wdh [18].

4. Rd: (fM in nächste 2 M, in nächster M zun) 6x wdh [24].

5. Rd: (fM in nächste 3 M, in nächster M zun) 6x wdh [30].

6. Rd: (fM in nächste 4 M, in nächster M zun) 6x wdh [36].

7. Rd: (fM in nächste 5 M, in nächster M zun) 6x wdh [42].

8. Rd: (fM in nächste 6 M, in nächster M zun) 6x wdh [48].

9. Rd: (fM in nächste 7 M, in nächster M zun) 6x wdh [54].

10. Rd: (fM in nächste 8 M, in nächster M zun) 6x wdh [60] ❶.

11. Rd: nur hMg fM in alle 60 M [60] ❷ ❸ ❹.

12.–30. Rd: fM in alle 60 M [60].

31. Rd: fM in nächste 12 M, 6 LM, 6 M überspringen, fM in nächste 24 M, 6 LM, 6 M überspringen, fM in nächste 12 M [60] ❺ ❻ ❼.

32.–33. Rd: fM in alle 60 M [60] ❽.

34. Rd: fM in nächste 11 M (bis eine M vor Öffnung für den Griff) [11].

Kett-M in nächste M ❾ ❿. Arbeit beenden und Fadenenden vernähen ⓫.

AUGE (2x arbeiten, in naturweißem Garn, mit 5,5-mm-Häkelnadel beginnen)

1. Rd: Mit 6 fM in Magischem Ring beginnen [6] (beim Zusammenziehen des Magischen Rings ein kleines Loch lassen).

2. Rd: 6x zun [12].

3. Rd: (fM in nächste M, in nächster M zun) 6x wdh [18].

Zu grünem Garn wechseln.

4.–6. Rd: fM in alle 18 M [18].

Sicherheitsaugen in der Mitte des Magischen Rings einsetzen ⓬.

7. Rd: (fM in nächste M, abn) 6x wdh [12].

Mit Füllwatte ausstopfen.

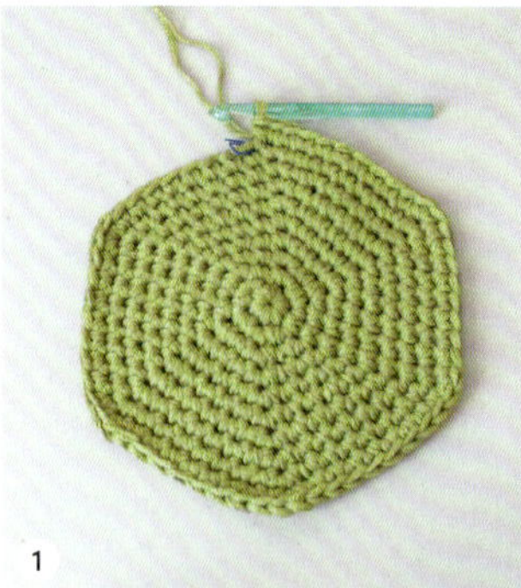
1

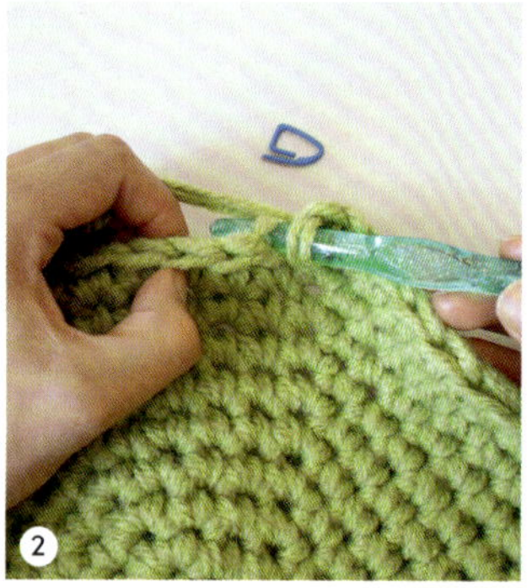
2

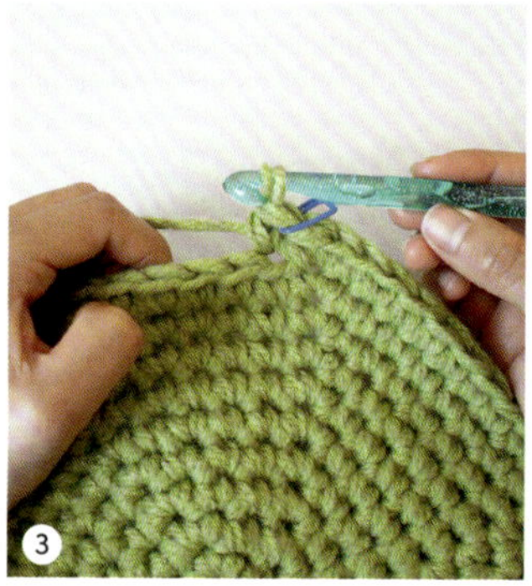
3

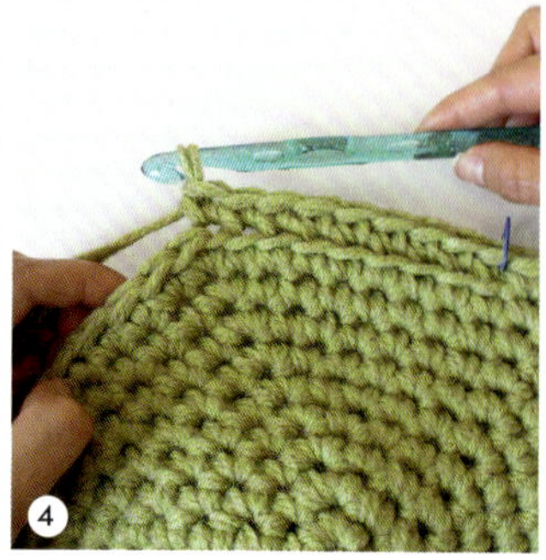
4

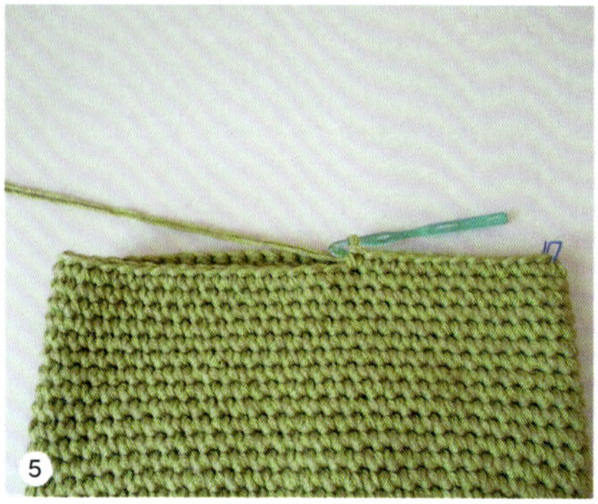
5

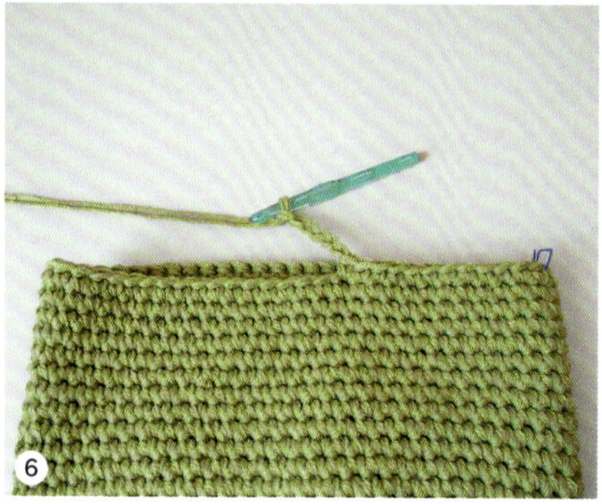
6

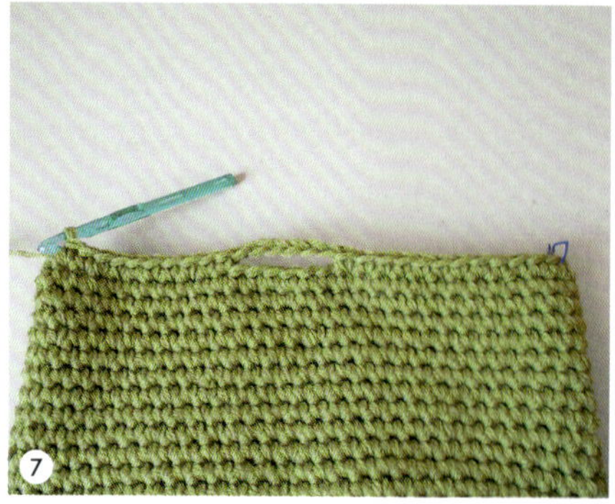
7

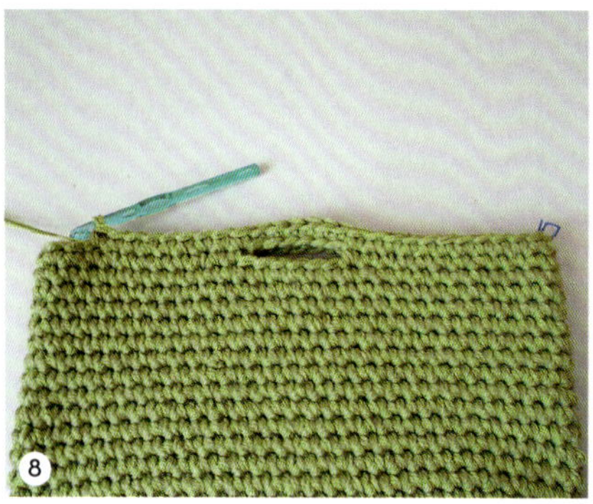
8

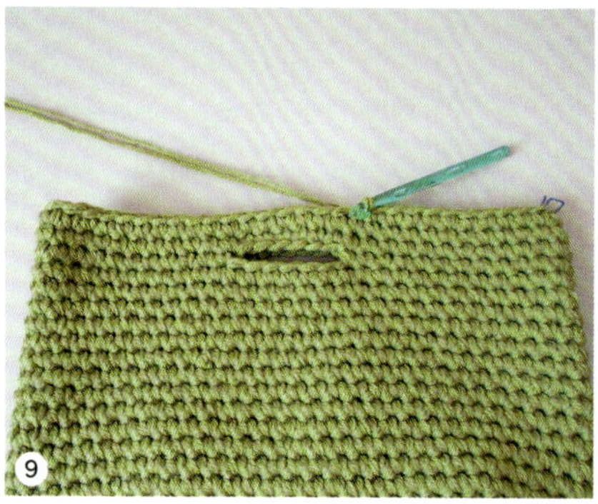
9

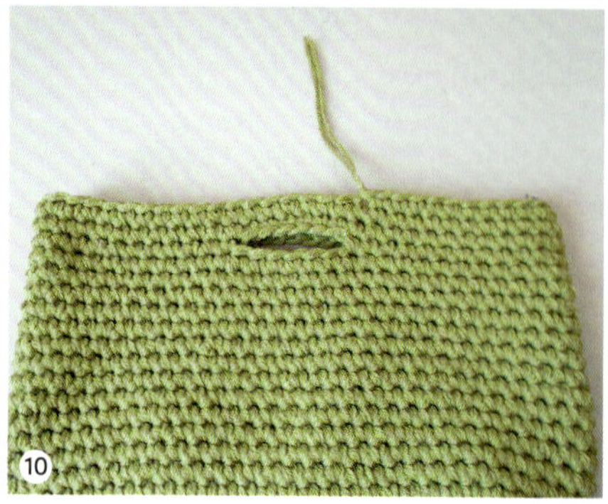
10

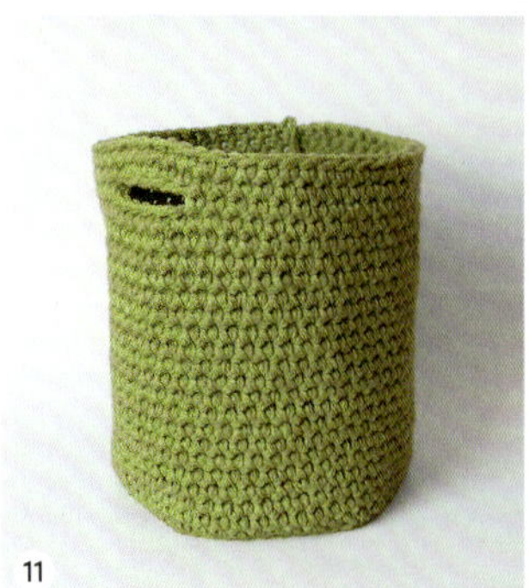
11

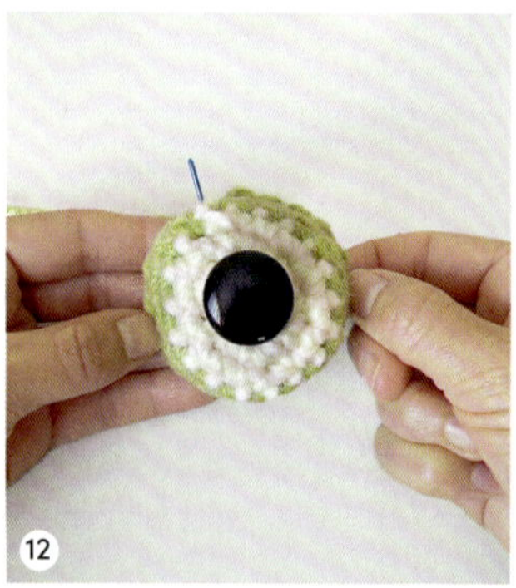
12

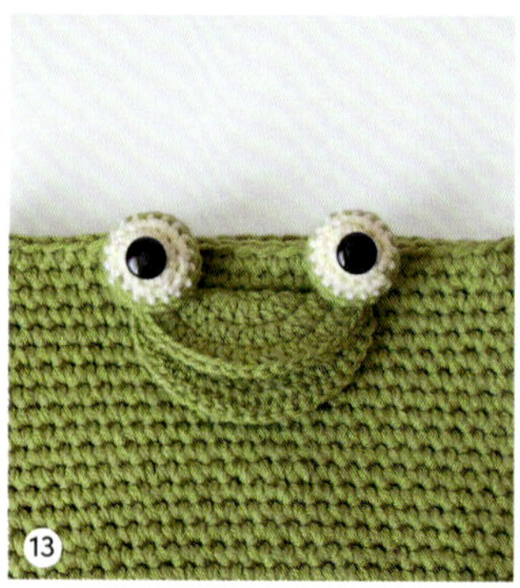
13

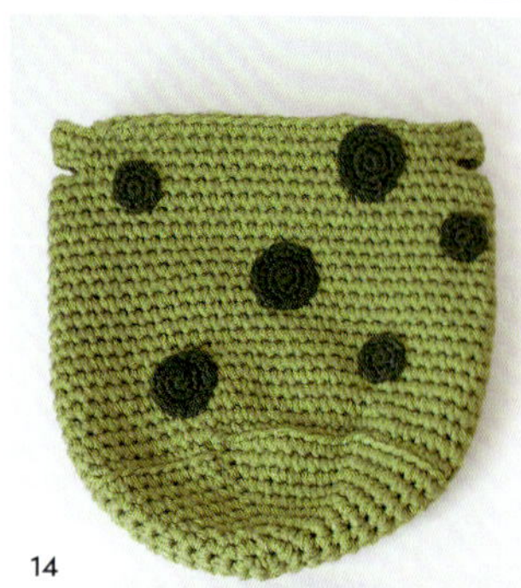
14

8. Rd: 6x abn [6].
9. Rd: (fM in nächste M, 1 M überspringen) 3x wdh [3].
Kett-M in nächste M. Arbeit beenden, langen Faden zum Annähen hängen lassen.

MUND (in grünem Garn, mit 5,5-mm-Häkelnadel)
Der Mund wird in geschlossenen Runden gearbeitet, die jeweils mit einer Kett-M geschlossen werden.
1. Rd: 3 LM, mit 11 Stb in einem Magischen Ring beginnen, die Runde mit einer Kett-M beenden [12].
2. Rd: 3 LM, Stb in 1. M, 2 Stb in nächste 11 M, die Runde mit einer Kett-M beenden [24].
3. Rd: 3 LM, 2 Stb in nächste M, (Stb in nächste M, 2 Stb in nächste M) 11x wdh, die Runde mit einer Kett-M beenden [36].
4. Rd: 3 LM, Stb in nächste M, Stb in nächster M zun, (Stb in nächste 2 M, 2 Stb in nächste M) 11x wdh, die Runde mit einer Kett-M beenden [48].
Arbeit beenden, langen Faden zum Annähen hängen lassen.

GROSSER PUNKT (6x arbeiten, in dunkelgrünem Garn, mit 5,5-mm-Häkelnadel)
1. Rd: Mit 6 fM in Magischem Ring beginnen [6].
2. Rd: 6x zun [12].
3. Rd: (fM in nächste M, in nächster M zun) 6x wdh [18].
Kett-M in nächste M. Arbeit beenden, langen Faden zum Annähen hängen lassen.

KLEINER PUNKT (6x arbeiten, in dunkelgrünem Garn, mit 5,5-mm-Häkelnadel)
1. Rd: Mit 6 fM in Magischem Ring beginnen [6].
2. Rd: 6x zun [12].
Kett-M in nächste M. Arbeit beenden, langen Faden zum Annähen hängen lassen.

ZUSAMMENNÄHEN
- Den Mund so zu einem Halbkreis falten, dass die Oberlippe kürzer ist.
- Den Mund an den Korb nähen, etwa 6 M von den beiden Grifföffnungen entfernt und 2 Runden unter dem Rand.
- Die Augen über den Mundwinkeln mit etwa 4 M Abstand an den Korb nähen 13.
- Die Punkte ungleichmäßig verteilt an den Korb nähen 14.

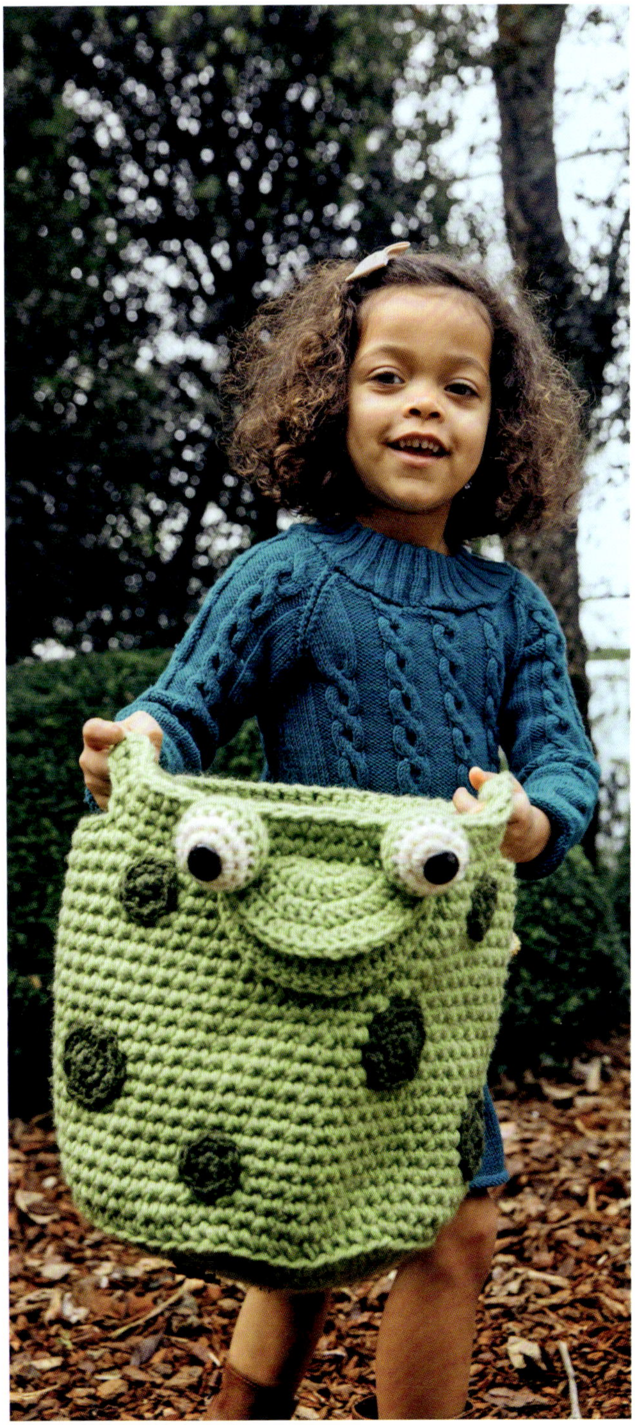

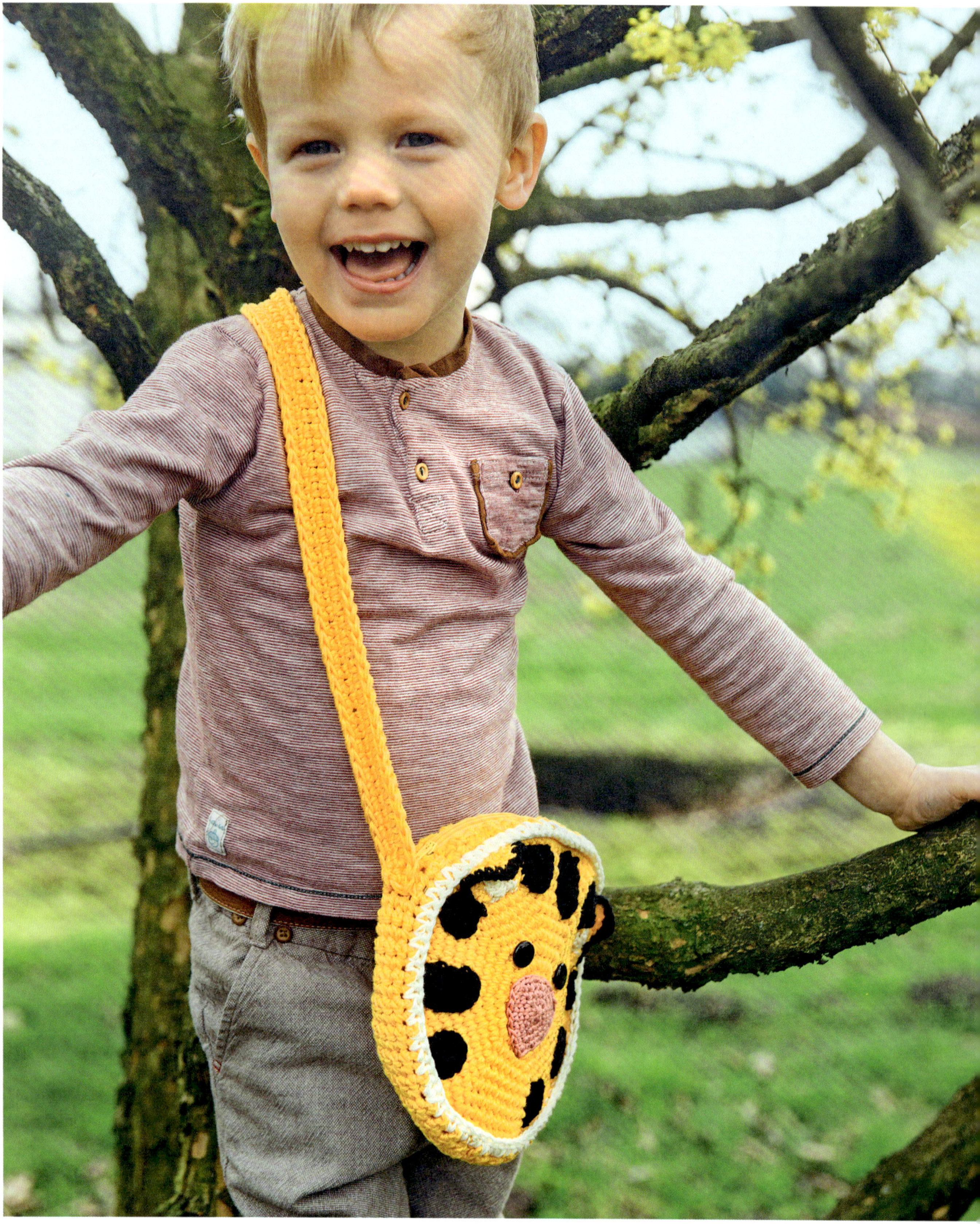

UMHÄNGETASCHE TIGER

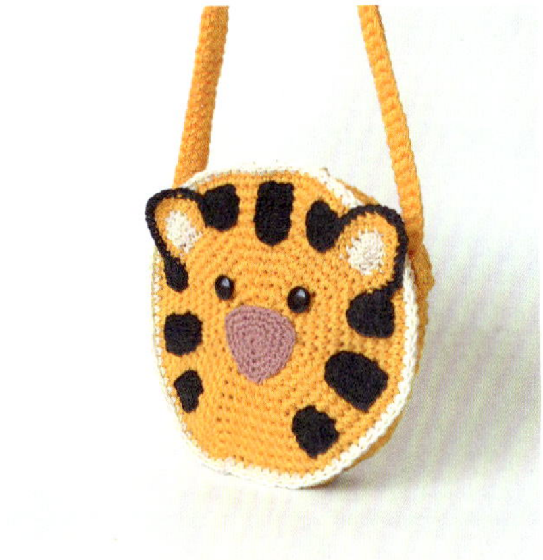

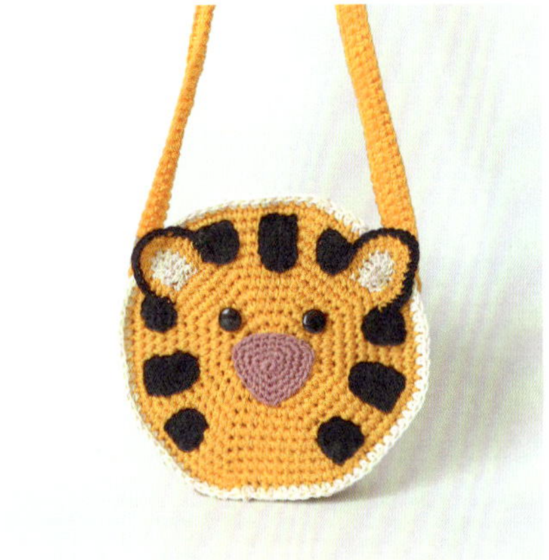

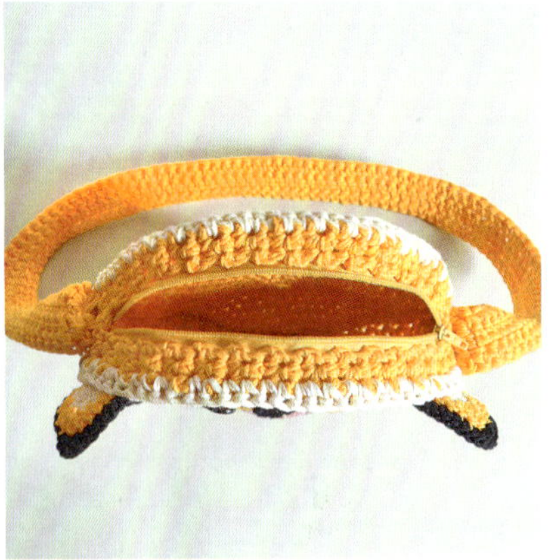

LEVEL ●○○

GRÖSSE 19 x 19 cm

MASCHENPROBE (fM)

Einfädig: 22 M x 24 R = 10 cm

Zweifädig: 14 M x 15 R = 10 cm

MATERIAL

- Feines Garn in Gelb (LL 300 m/150 g), Naturweiß (LL 50 m/25 g), Schwarz (LL 50 m/25 g) und Rosa (Wollrest)
- Häkelnadel in Nadelstärke 3,5 mm
- Häkelnadel in Nadelstärke 5 mm
- 18 cm langer Reißverschluss in Gelb (sofern du mit einer ähnlichen Garnstärke wie im Original arbeitest)
- Sicherheitsaugen (15 mm ∅)
- Stopfnadel
- Optional Maschenmarkierer (1 in Farbe A, 2 in Farbe B)
- Nähgarn in Gelb

HAUPTTEIL (2x arbeiten, in gelbem Garn, zweifädig, mit 5-mm-Häkelnadel)

1. Rd: Mit 8 fM in einem Magischen Ring beginnen [8].

2. Rd: 8x zun [16].

3. Rd: (fM in nächste M, in nächster M zun) 8x wdh [24].

4. Rd: (fM in nächste 2 M, in nächster M zun) 8x wdh [32].

5. Rd: (fM in nächste 3 M, in nächster M zun) 8x wdh [40].

6. Rd: (fM in nächste 4 M, in nächster M zun) 8x wdh [48].

7. Rd: (fM in nächste 5 M, in nächster M zun) 8x wdh [56].

8. Rd: (fM in nächste 6 M, in nächster M zun) 8x wdh [64].

9. Rd: (fM in nächste 7 M, in nächster M zun) 8x wdh [72].

10. Rd: (fM in nächste 8 M, in nächster M zun) 8x wdh [80].

11. Rd: (fM in nächste 9 M, in nächster M zun) 8x wdh [88].

12. Rd: fM in alle 88 M [88].

Kett-M in nächste M. Arbeit beenden.

REISSVERSCHLUSSLEISTE (in gelbem Garn zweifädig, mit 5-mm-Häkelnadel)

6 LM in Reihen häkeln ❶.

1. R: In 2. LM ab Nadel beginnen, fM in alle 5 M, wenden [5] ❷

2.–26. R: 1 LM, fM in alle 5 M, wenden [5] ❸

27.–52. R, Teil 1: 1 LM, fM in nächste 2 M, wenden [2].

53. R, Teil 1: 1 LM, fM in nächste 2 M [2].

Arbeit beenden. Nicht wenden. Auf derselben Seite fortfahren, 1 M nach dem ersten Teil der 27. Reihe überspringen. Eine Schlaufe aus zwei Fäden gelbem Garn hindurchziehen ❹.

27.–53. R, Teil 2: 1 LM, fM in nächste 2 M, wenden [2] ❺ ❻.

54. R: 1 LM, fM in nächste 2 M, 1 LM, fM in nächste 2 M (über den ersten Teil der 53. Reihe), wenden [5] ❼ ❽ ❾.

55. R: 1 LM, fM in nächste 2 M, fM in nächste LM, fM in nächste 2 M, wenden [5] ❿.

56. –79. R: 1 LM, fM in alle 5 M, wenden [5].

80. R: 1 LM, fM in alle 5 M [5].

Arbeit beenden ⓫.

RIEMEN (zweifädig in gelbem Garn, mit 5-mm-Häkelnadel)

(optional Maschenmarkierer) {Größen: 3, 4, 5, 6 Jahre}

Langen Faden zum Nähen hängen lassen. {103, 107, 111, 115} LM. Maschen werden auf beiden Seiten der Luftmaschenkette gearbeitet.

1. Rd: In 2. LM ab Nadel beginnen, in 1. M zun (Maschenmarkierer in Farbe A und Farbe B in der 1. M anbringen), fM in nächste {100, 104, 108, 112} M, 3 fM in nächste M (Maschenmarkierer in Farbe B in 2. Masche anbringen).

Auf der anderen Seite der Luftmaschenkette fortfahren, fM in nächste {101, 105, 109, 113} M [206, 214, 222, 230].

Den Maschenmarkierer in Farbe A in die 1. M der nächsten Runde umsetzen. In die M mit Maschenmarkierern in Farbe B 3 fM in eine M arbeiten.

2. Rd: 3 fM in 1. M, fM in nächste {102, 106, 110, 114} M, 3 fM in nächste M, fM in nächste {102, 106, 110, 114} M [210, 218, 226, 234].

Kett-M in nächste M. Arbeit beenden, langen Faden zum Zusammennähen hängen lassen ⓬.

NASE (in rosafarbenem Garn, mit 3,5-mm-Häkelnadel)

1. Rd: Mit 9 fM in einem Magischen Ring beginnen [9].

2. Rd: (fM in nächste 2 M, 3 fM in nächste M) 3x wdh [15].

3. Rd: fM in nächste 3 M, (3 fM in nächste M, fM in nächste 4 M) 2x wdh, 3 fM in nächste M, fM in nächste M [21].

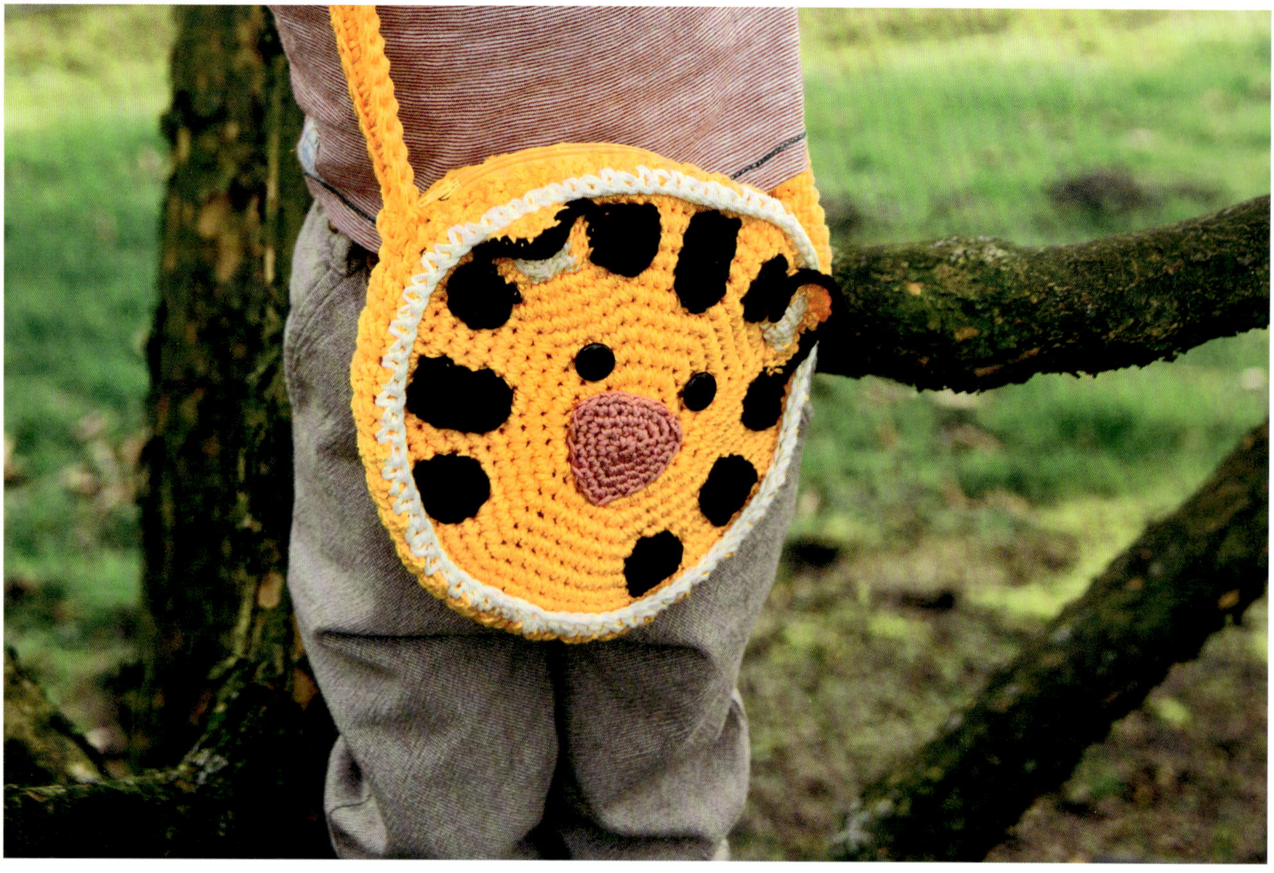

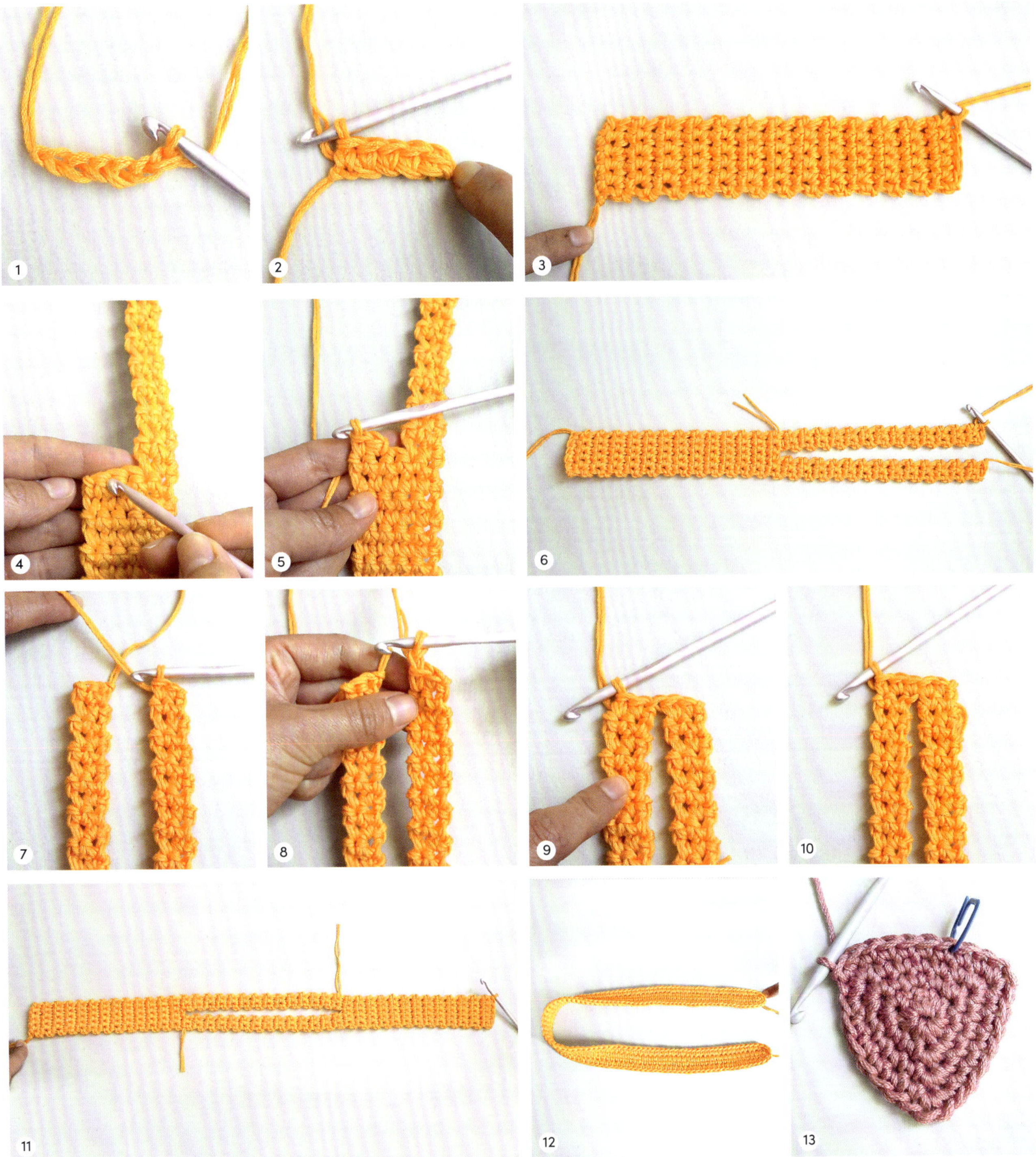
1
2
3
4
5
6
7
8
9
10
11
12
13

4. Rd: fM in nächste 4 M, (3 fM in nächste M, fM in nächste 6 M) 2x wdh, 3 fM in nächste M, fM in nächste 2 M [27].
5. Rd: fM in nächste 6 M (um die Ecke der Nase zu erreichen) [6]. Kett-M in nächste M (13). Arbeit beenden, langen Faden zum Annähen hängen lassen.

LANGE STREIFEN (3x arbeiten, in schwarzem Garn, mit 3,5-mm-Häkelnadel)

10 LM. Die M werden auf beiden Seiten der Luftmaschenkette gearbeitet. In Reihen häkeln.
1. R: In der 5. LM ab Häkelnadel beginnen, Stb in nächste 5 M, 5 Stb in nächste M. Auf der anderen Seite der Luftmaschenkette fortfahren, Stb in nächste 6 M [17].
Arbeit beenden, langen Faden zum Annähen hängen lassen (14).

KURZE STREIFEN (6x arbeiten, in schwarzem Garn, mit 3,5-mm-Häkelnadel)

7 LM. Die M werden auf beiden Seiten der Luftmaschenkette gearbeitet. In Reihen häkeln.
1. R: In der 5. LM ab Häkelnadel beginnen, Stb in nächste 2 M, 5 Stb in nächste M.
Auf der anderen Seite der Luftmaschenkette fortfahren, Stb in nächste 3 M [11].
Arbeit beenden, langen Faden zum Annähen hängen lassen (15).

OHR (2x arbeiten, in naturweißem Garn, mit 3,5-mm-Häkelnadel beginnen)

7 LM. Die M werden auf beiden Seiten der Luftmaschenkette gearbeitet. In Reihen häkeln.
1. R: In der 5. LM ab Nadel beginnen, Stb in nächste 2 M, 5 Stb in nächste M.
Auf der anderen Seite der Luftmaschenkette fortfahren, Stb in nächste 3 M, wenden [11].
Zu gelbem Garn wechseln.
2. R: 3 LM, Stb in 1. M, Stb in nächste 4 M, 5 Stb in nächste M, Stb in nächste 4 M, 2 Stb in nächste M, wenden [17].
Zu schwarzem Garn wechseln.
3. R: 1 LM, in 1. M zun, fM in nächste 7 M, 5 fM in nächste M, fM in nächste 7 M, in nächster M zun [23].
Arbeit beenden, langen Faden zum Annähen hängen lassen (16).

GESICHT FERTIGSTELLEN

- Die Nase mittig unterhalb der 1. Runde an das Hauptteil nähen.
- Die Streifen in Gruppen aus 3 (jeweils zwei kurze und ein langer) auf das Gesicht nähen. Eine Gruppe sollte mittig auf der Stirn sitzen und die anderen beiden auf beiden Seiten des Gesichts. Alle Streifen eine Runde vom Rand entfernt mit einem Abstand von 2 oder 3 M aufnähenn (17).
- Die Sicherheitsaugen zwei Runden über den Ecken der Nase einsetzen.

TASCHE FERTIGSTELLEN

- Den Reißverschluss in die Öffnung der Leiste nähen. Dazu den Reißverschluss an der Reißverschlussleiste feststecken. Den Reißverschluss zunächst mit einem Heftstich in Kontrastfarbe fixieren. Dann mit dem Nähgarn in Steppstich den Reißverschluss rundherum festnähen. Arbeit beenden. Den Heftstich entfernen (Abb. 22–25, S. 27).
- Die Enden der Reißverschlussleiste zu einem Ring verbinden. Dieses Teil wird mit festen M an der Vorder- und Rückseite der Tasche befestigt.
- Für eine bessere Passung zunächst feststecken oder festheften. Der Reißverschluss sollte oben am Tiergesicht mittig ausgerichtet sein (18) (19).
- In naturweißem Garn zweifädig und mit einer 5-mm-Häkelnadel eine Runde fM arbeiten, um die Vorderseite mit der Reißverschlussleiste zu verbinden. Dafür die Häkelnadel durch beide Teile führen (20) (21) (22) (23) (24) (25). Darauf achten, dass das Tigergesicht zu dir zeigt. Arbeit beenden.

Für die Taschenrückseite auf die gleiche Weise vorgehen. Dabei wieder die Häkelnadel durch beide Teile führen. Darauf achten, dass die Taschenrückseite zu dir zeigt (26).

- Die Ohren des Tigers am Taschenvorderteil zwischen den Streifen in der Mitte und den Seiten mit 4 Runden Abstand vom Rand annähen (27).
- 3 cm der Riemenenden jeweils auf beiden Seiten der Reißverschlussleiste 1 Reihe unterhalb der Reißverschlussöffnung annähen (28) (29).

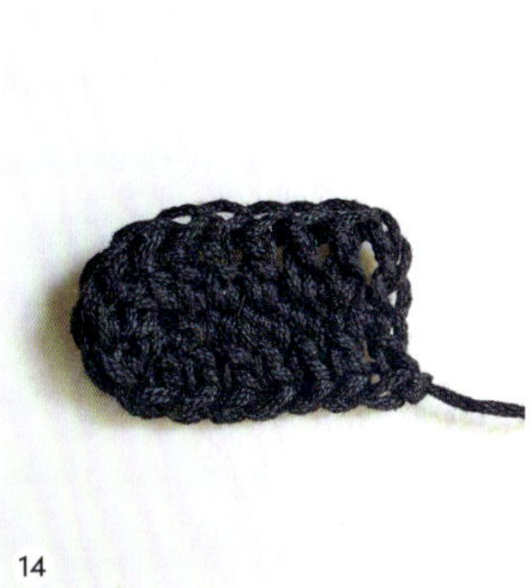
14

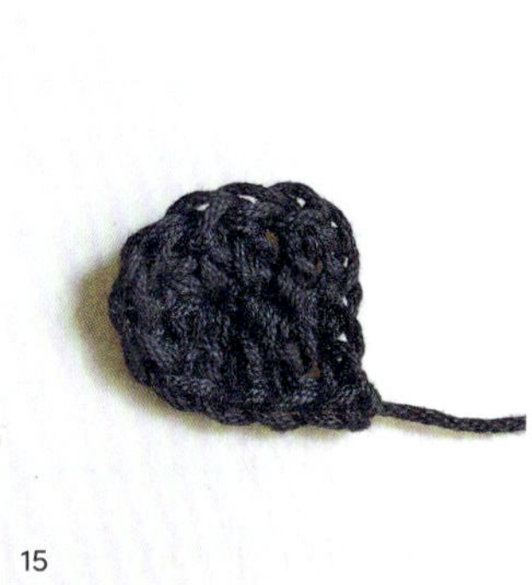
15

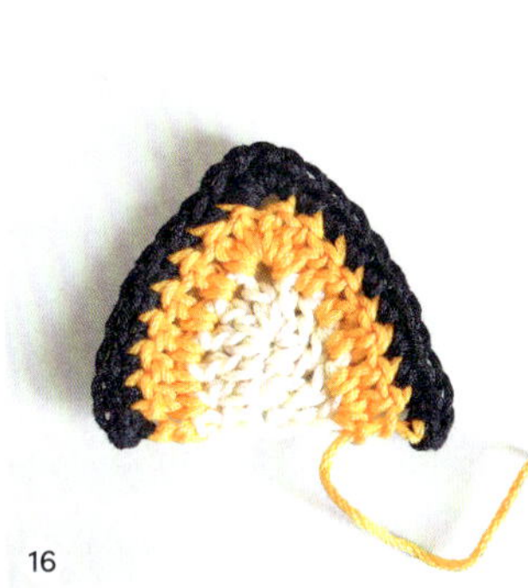
16

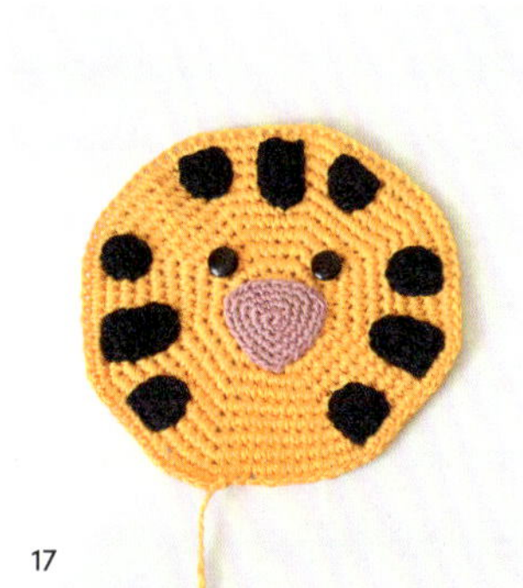
17

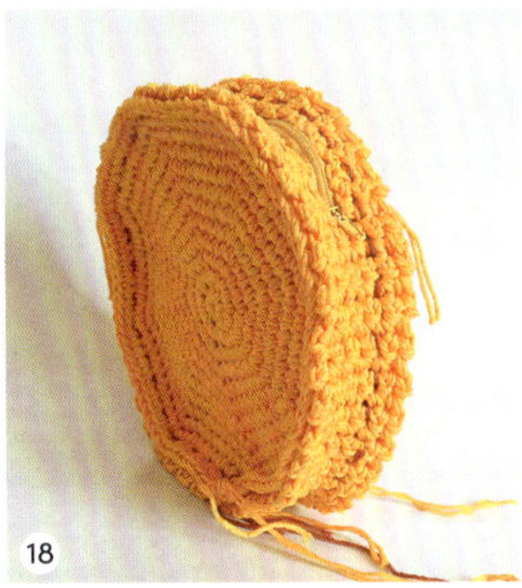
18

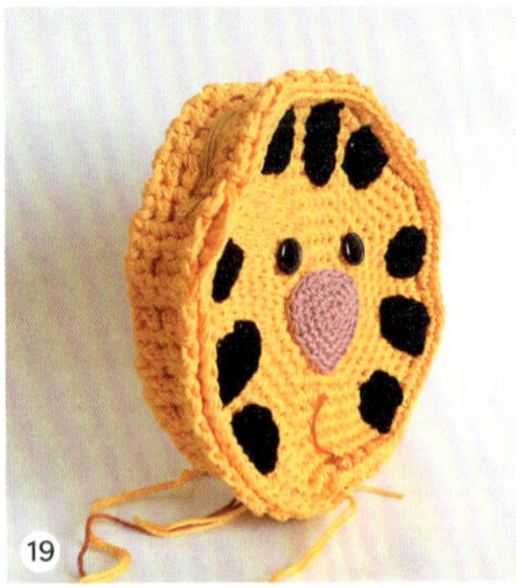
19

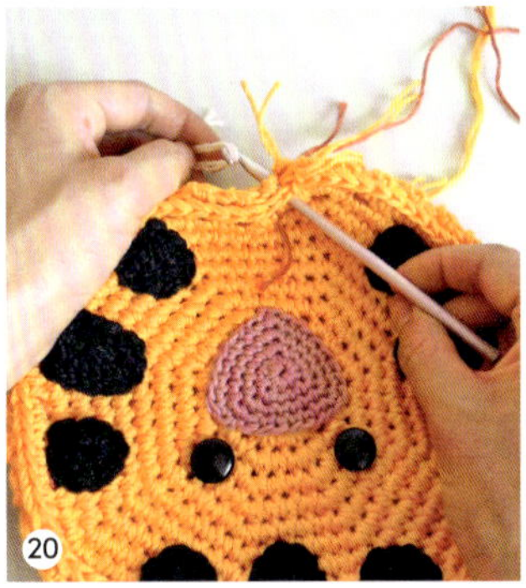
20

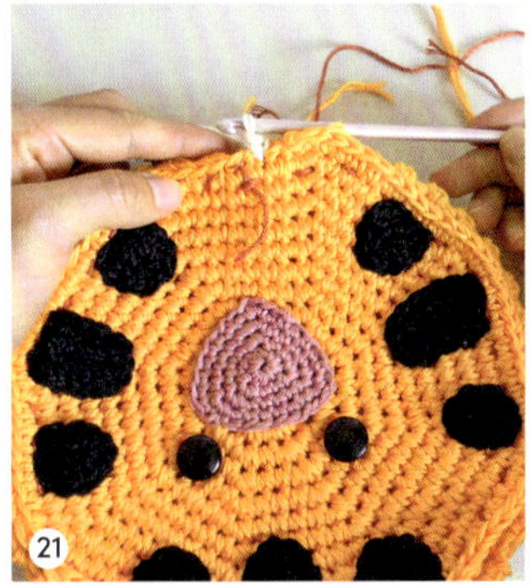
21

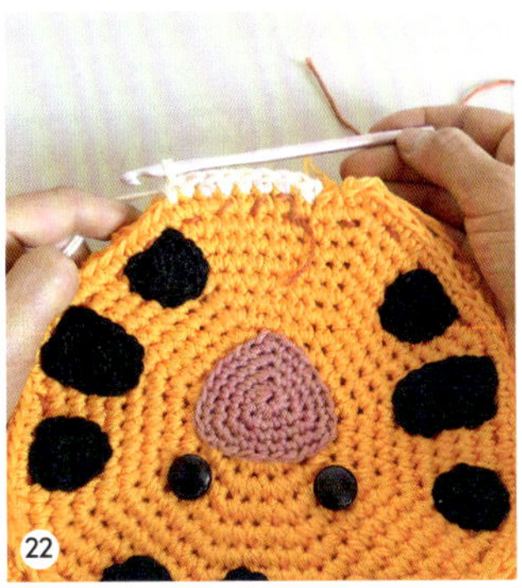
22

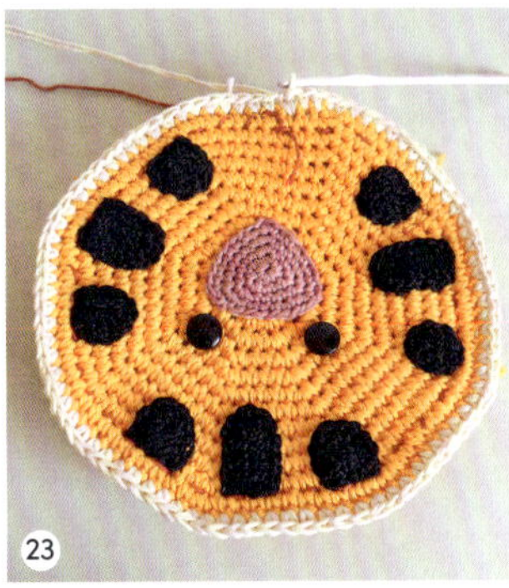
23

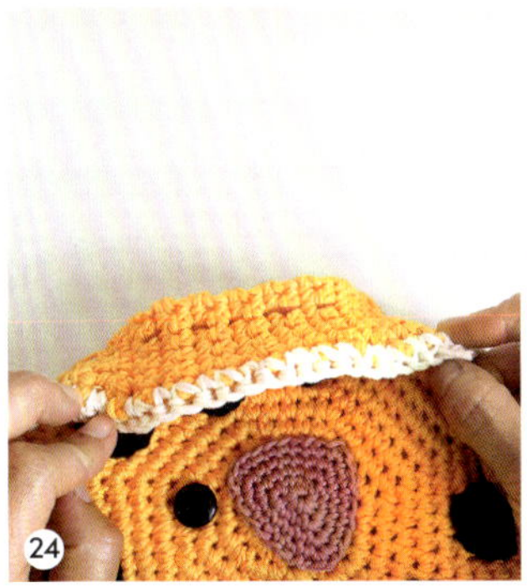
24

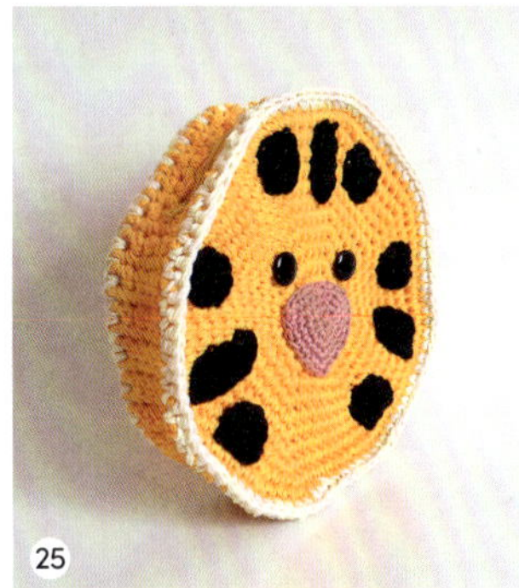
25

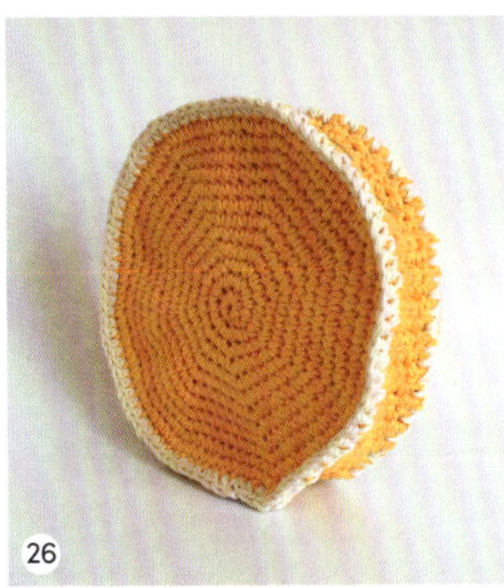
26

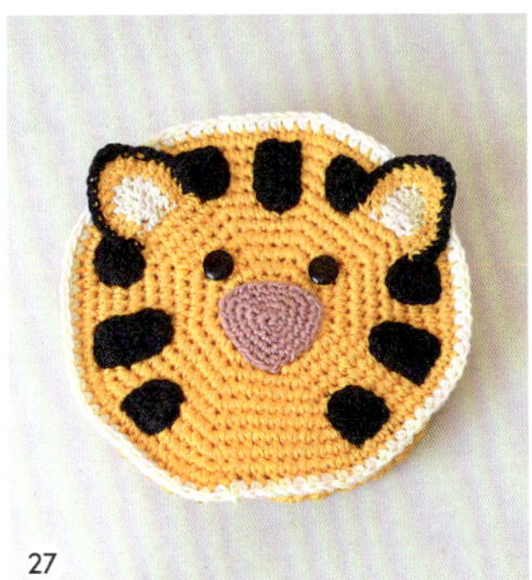
27

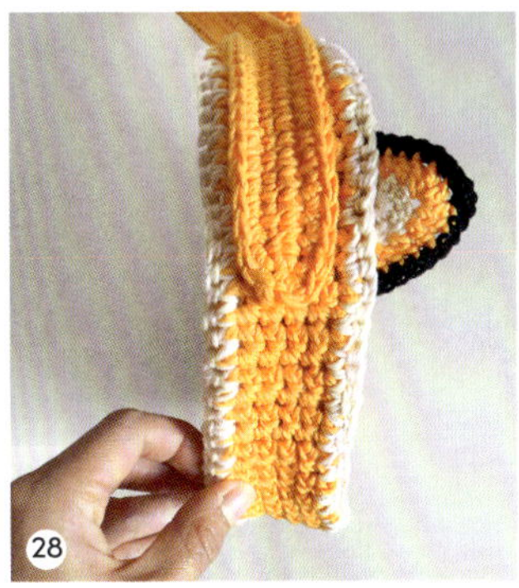
28

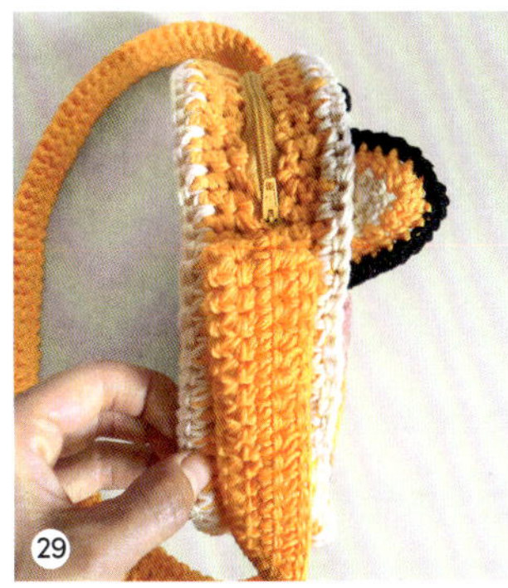
29

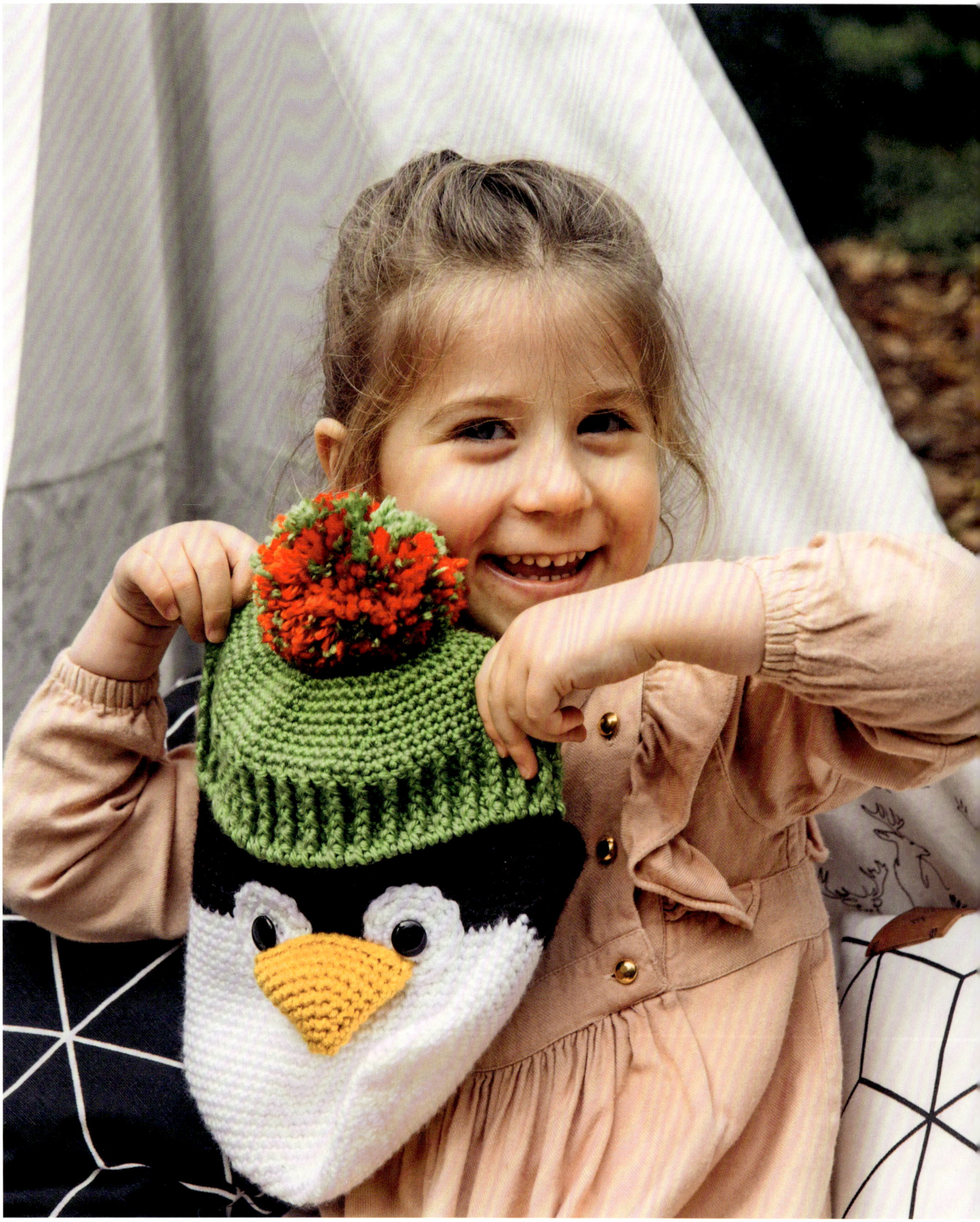

SCHLAFANZUGTASCHE PINGUIN

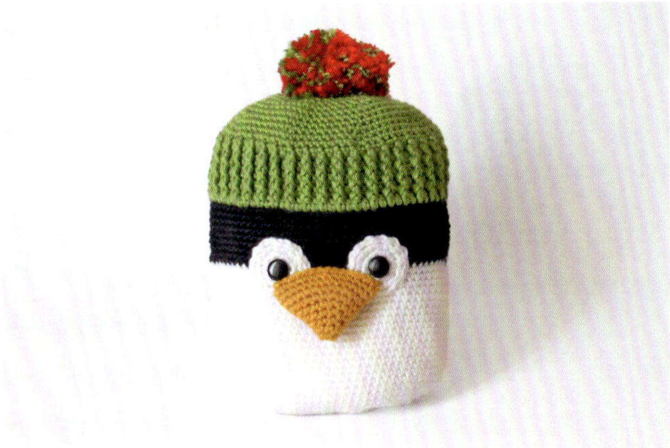

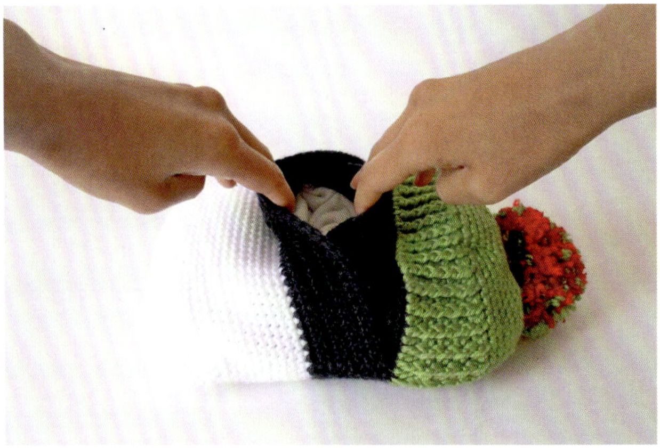

LEVEL ●●○
GRÖSSE 21, 5 x 26 cm
MASCHENPROBE (fM) 19 M x 20 R = 10 cm
MATERIAL

- Mitteldickes Garn in Weiß (LL 165 m/100 g), Grün (LL 165 m/100 g), Rot (LL 8 m/5 g), Schwarz (LL 84 m/50 g) und Gelb (LL 8 m/5 g)
- Häkelnadel in Nadelstärke 5 mm
- Sicherheitsaugen (15 mm ∅)
- Füllwatte zum Ausstopfen
- Pompon-Maker (9 cm ∅)
- Stopfnadel
- Optional Maschenmarkierer (1 in Farbe A, 2 in Farbe B)

KOPF (mit weißem Garn beginnen) (optional Maschenmarkierer) (Abb. 1–12, S. 41)

14 LM. Die M werden auf beiden Seiten der Luftmaschenkette gearbeitet.

1. Rd: In 2. LM ab Nadel beginnen, 3 fM in 1. M (Maschenmarkierer in Farbe A und Farbe B in der 1. M anbringen), fM in nächste 11 M, 5 fM in nächste M (Maschenmarkierer in Farbe B in der 3. M anbringen). Auf der anderen Seite der Luftmaschenkette fortfahren, fM in nächste 11 M, in nächster M zun [32]. Maschenmarkierer in Farbe A in die 1. M jeder Runde umsetzen und Maschenmarkierer in Farbe B in der mittleren M anbringen, wenn du 5 oder 3 fM in einer M arbeitest.

2. Rd: 5 fM in 1. M, fM in nächste 15 M, 5 fM in nächste M, fM in nächste 15 M [40].

3. Rd: fM in nächste 2 M, 5 fM in nächste M, fM in nächste 19 M, 5 fM in nächste M, fM in nächste 17 M [48].

4. Rd: fM in nächste 4 M, 5 fM in nächste M, fM in nächste 23 M, 5 fM in nächste M, fM in nächste 19 M [56].

5. Rd: fM in nächste 6 M, 3 fM in nächste M, fM in nächste 27 M, 3 fM in nächste M, fM in nächste 21 M [60].

6. Rd: fM in nächste 7 M, 3 fM in nächste M, fM in nächste 29 M, 3 fM in nächste M, fM in nächste 22 M [64].

7. Rd: fM in nächste 8 M, 3 fM in nächste M, fM in nächste 31 M, 3 fM in nächste M, fM in nächste 23 M [68].

8. Rd: fM in nächste 9 M, 3 fM in nächste M, fM in nächste 33 M, 3 fM in nächste M, fM in nächste 24 M [72].

9. Rd: fM in nächste 10 M, 3 fM in nächste M, fM in nächste 35 M, 3 fM in nächste M, fM in nächste 25 M [76].

Maschenmarkierer in Farbe B entfernen.

10.–25. Rd: fM in alle 76 M [76].

26. Rd: fM in nächste 16 M (um zur Faltkante der Tasche zu gelangen) [16].

Zu schwarzem Garn wechseln. Maschenmarkierer in Farbe A in die 1. M der nächsten Runde umsetzen. Das ist der neue Rundenanfang.

27. Rd: fM in nächste 38 M, 38 LM (die Luftmaschenkette nicht zu locker arbeiten), 38 M überspringen [76].

28. Rd: fM in nächste 38 M, fM in nächste 38 LM [76].

29.–35. Rd: fM in alle 76 M [76].

Zu grünem Garn wechseln. Kett-M in nächste M (1).

36. Rd: 3 LM, Stb in alle 75 M, die Runde mit einer Kett-M beenden [76] (2).

37.–40. Rd: 3 LM, vorderes Relief-Stb in nächste M (3) (4) (5) (6) (7) (8) (9) (10) (Anleitung, S. 9), (Stb in nächste M, vorderes Relief-Stb in nächste M) 37x wdh, die Runde mit einer Kett-M beenden [76] (11).

41.–42. Rd: fM in alle 76 M [76].

43. Rd: (fM in nächste 7 M, abn, fM in nächste 8 M, abn) 4x wdh [68].

44. Rd: (fM in nächste 15 M, abn) 4x wdh [64].

45.–46. Rd: fM in alle 64 M [64].

47. Rd: (fM in nächste 6 M, abn) 8x wdh [56].

48. Rd: (fM in nächste 5 M, abn) 8x wdh [48].

49. Rd: (fM in nächste 4 M, abn) 8x wdh [40].

50. Rd: (fM in nächste 3 M, abn) 8x wdh [32].

51. Rd: (fM in nächste 2 M, abn) 8x wdh [24].

52. Rd: (fM in nächste M, abn) 8x wdh [16].

53. Rd: 8x abn [8].

54. Rd: (fM in nächste M, 1 M überspringen) 4x wdh [4].

Kett-M in nächste M. Arbeit beenden und Fadenende vernähen (12).

ÄUSSERE KLAPPE (in schwarzem Garn)

Auf der Taschenrückseite rechts über dem weißen Rand der Öffnung mit der 1. übersprungenen M der 27. Runde beginnen. Eine Schlaufe aus schwarzem Garn hindurchziehen. Dabei am Anfang einen langen Faden zum Zusammennähen hängen lassen. In Reihen häkeln.

1. R: fM in alle 38 M, wenden [38].

2.–9. R: 1 LM, fM in alle 38 M, wenden [38].

Arbeit beenden, langen Faden zum Zusammennähen hängen lassen.

INNERE KLAPPE (in schwarzem Garn)

Den Kopf umdrehen. Auf der Taschenrückseite rechts über den schwarzen Luftmaschenrand der Öffnung mit der letzten LM der 28. Runde des Kopfes beginnen. Eine Schlaufe aus schwarzem Garn hindurchziehen und dabei am Anfang einen langen Faden zum Zusammennähen hängen lassen. In Reihen häkeln.

1. R: fM in alle 38 M, wenden [38].

2.–9. R: 1 LM, fM in alle 38 M, wenden [38].

Arbeit beenden, dabei einen langen Faden hängen lassen.

Die Seiten der inneren Klappe an der Innenseite an die Seiten der Tasche nähen. Die 9 Reihen der Seiten der inneren Klappe werden an 9 Runden von der Öffnung am Kopf nach unten festgenäht. Dann die Seiten der äußeren Klappe an die Seiten der Tasche auf der Außenseite festnähen. Die 9 Reihen an den Seiten der äußeren Klappe werden an die 9 Runden von der Öffnung am Kopf nach oben festgenäht, direkt unter der Mützenkrempe.

WEISSES AUGE (2x arbeiten, in weißem Garn)

1. Rd: Mit 8 fM in einem Magischen Ring beginnen [8] (beim Zusammenziehen des Magischen Rings ein kleines Loch lassen).

2. Rd: 8x zun [16].

3. Rd: (fM in nächste M, in nächster M zun) 8x wdh [24].

Kett-M in nächste M. Arbeit beenden, dabei einen langen Faden zum Annähen hängen lassen.

SCHNABEL (in gelbem Garn)

1. Rd: Mit 8 fM in einem Magischen Ring beginnen [8].

2. Rd: fM in alle 8 M [8].

3. Rd: (fM in nächste M, in nächster M zun) 4x wdh [12].

4. Rd: (fM in nächste 2 M, in nächster M zun) 4x wdh [16].

5. Rd: (fM in nächste 3 M, in nächster M zun) 4x wdh [20].

6. Rd: (fM in nächste 4 M, in nächster M zun) 4x wdh [24].

7. Rd: (fM in nächste 3 M, in nächster M zun) 6x wdh [30].

8.–9. Rd: fM in alle 30 M [30].

Kett-M in nächste M. Arbeit beenden, dabei einen langen Faden zum Annähen hängen lassen (13).

GESICHT FERTIGSTELLEN

- Die Sicherheitsaugen in die Augen setzen. Noch nicht an der Rückseite verschließen.
- Die Augen auf die Vorderseite der Tasche nähen, 4 Runden unter der Mütze und mit einem Abstand von 4 M (14). Nun die Sicherheitsaugen schließen.
- Schnabel ausstopfen und den offenen Rand verschließen. Den Schnabel über dem Farbwechsel auf das Gesicht nähen (15).
- Einen Pompon mit grünem und rotem Garn anfertigen. Den Pompon oben an die Mütze nähen (16).

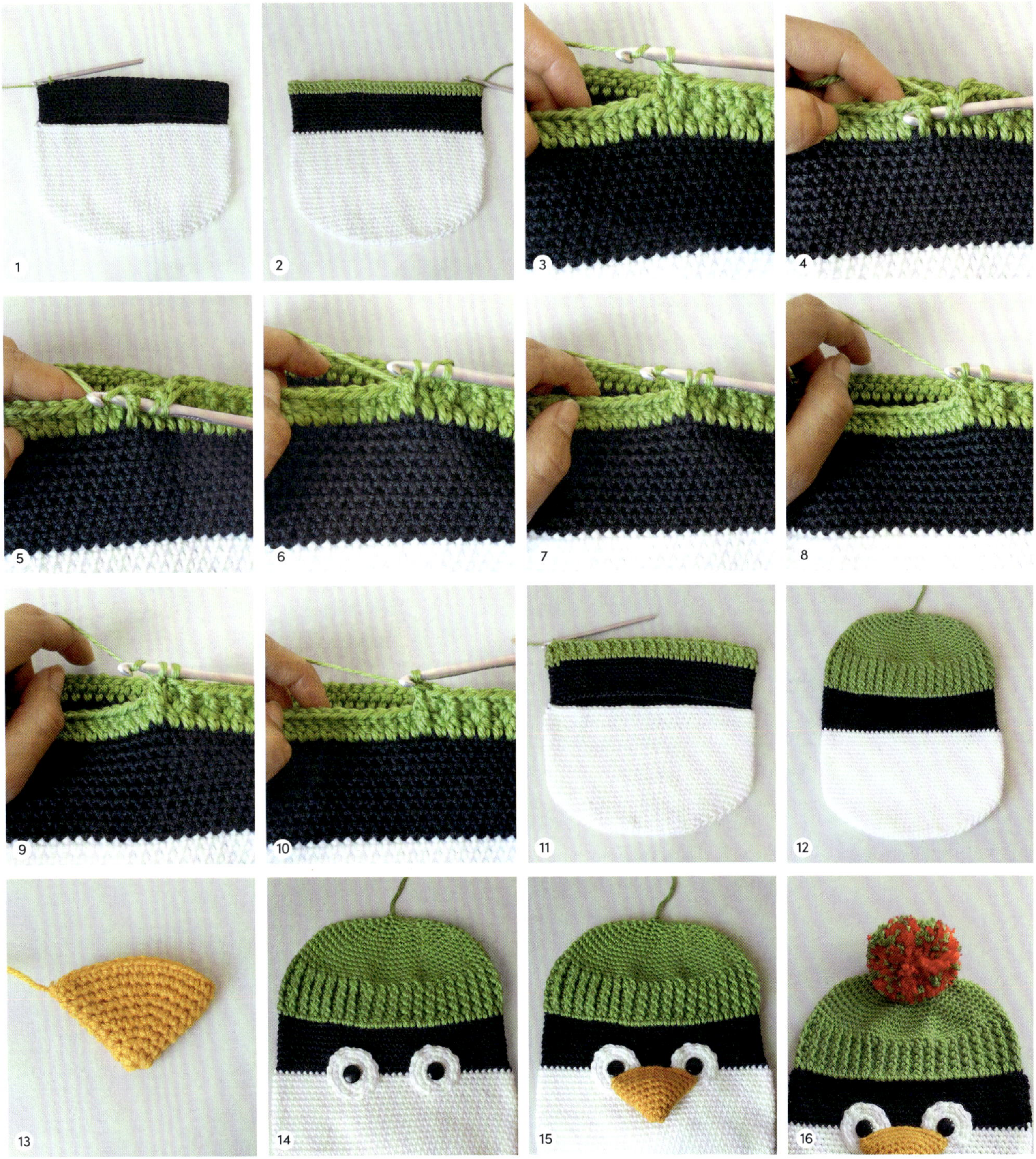
1
2
3
4
5
6
7
8
9
10
11
12
13
14
15
16

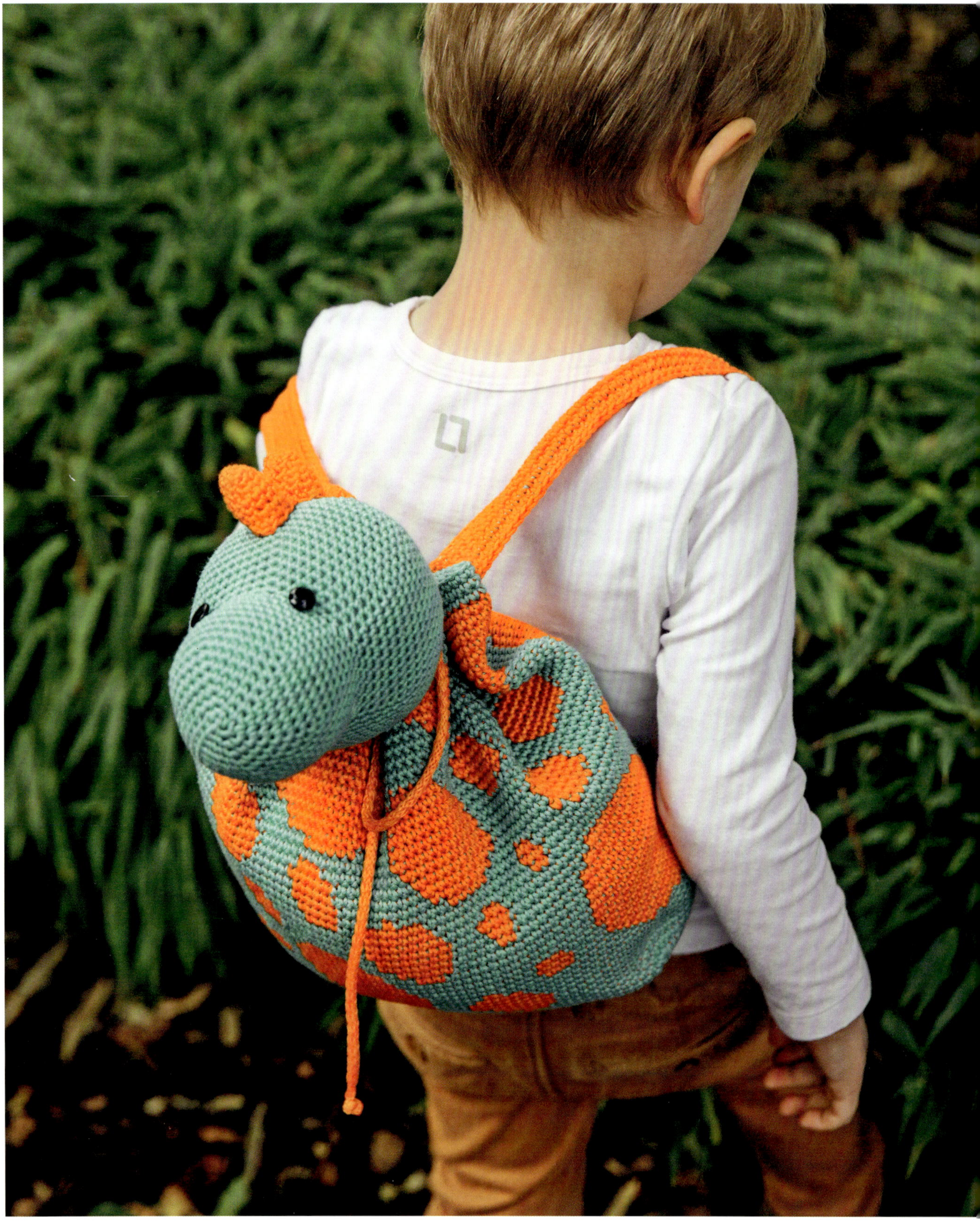

RUCKSACK DINOSAURIER

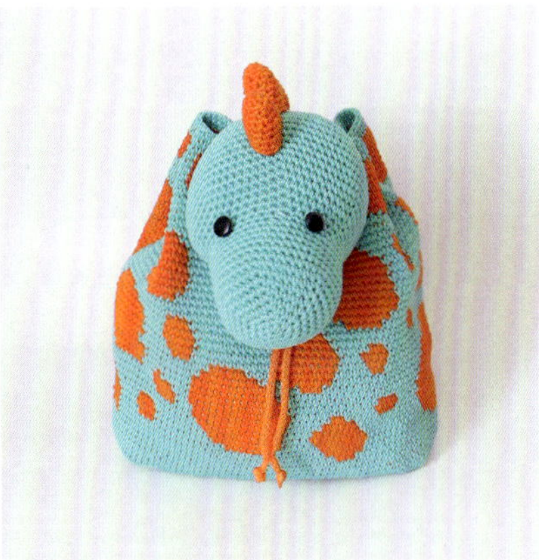

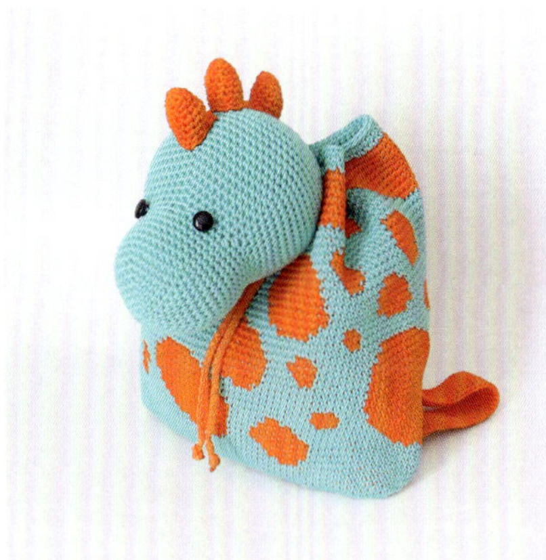

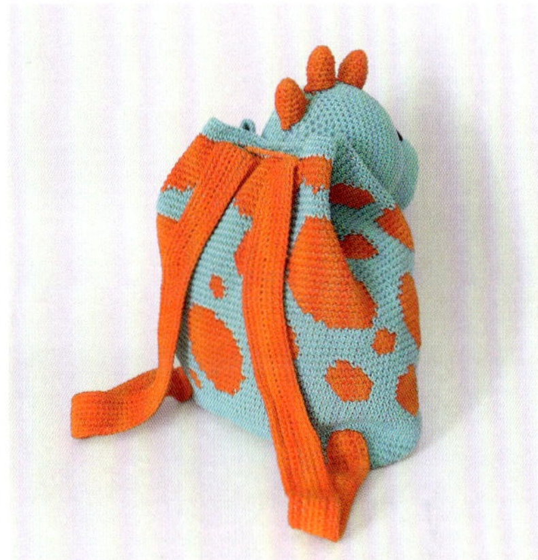

LEVEL ●●●

GRÖSSE 26 x 23, 5 cm

MASCHENPROBE (fM) 25 M x 21 R = 10 cm

ZUSÄTZLICHE ABKÜRZUNGEN

HF: Hauptfarbe

ZF: Zweitfarbe

MATERIAL

- Feines Garn in Türkis = HF: (LL 400 m/200 g)
- Feines Garn in Orange = ZF: (LL 400 m/200 g)
- Häkelnadel in Nadelstärke 3,5 mm
- Kordel, 64 cm lang (4 mm dick)
- Durchsichtiger Kordelstopper
- Sicherheitsaugen (10 mm ∅)
- Füllwatte zum Ausstopfen
- Stopfnadel
- Optional Maschenmarkierer (1 in Farbe A, 4 in Farbe B)

EINFÜHRUNG INS TAPESTRY-HÄKELN (Seite 10)

Garnschalen verwenden, damit sich die Fäden nicht verknoten. Alternativ wie folgt von der HF zur ZF und von der ZF zur HF wechseln:

- Von HF zu ZF: Lege die ZF vor die HF, Umschlag mit der ZF und die M beenden. Die erforderlichen M mit der ZF arbeiten und die HF dabei mitführen ❶❷❸❹.
- Von ZF zu HF: Lege die HF hinter die ZF, Umschlag mit der HF und die M beenden. Die erforderlichen M mit der HF arbeiten und die ZF dabei mitführen ❺❻❼❽.

TASCHE (mit HF beginnen) (optional Maschenmarkierer)

35 LM. Die M werden auf beiden Seiten der Luftmaschenkette gearbeitet.

1. Rd: In 2. LM ab Nadel beginnen, in 1. M zun (Maschenmarkierer in Farbe A und Farbe B in der 1. M anbringen ❾), fM in nächste 32 M, 4 fM in nächste M (Maschenmarkierer in Farbe B in der 2. und 3. M anbringen). Auf der anderen Seite der Luftmaschenkette fortfahren, fM in nächste 32 M, in nächster M zun (Maschenmarkierer in Farbe B in der 2. M anbringen) [72] ❿.

Ab der 2. Rd: Faden in der ZF für zusätzliche Stabilität mitführen. Der Boden der Tasche wird durch den zweiten Faden in den M des Arbeitsgarns fester. Die 1. fM der Runde arbeiten. Vor dem letzten Umschlag die ZF nehmen und dabei 10 cm Faden hängen lassen. Die ZF zwischen die Nadel und die HF legen und die 1. fM beenden ⓫⓬.

Mit HF weiterhäkeln und ZF mitführen. Maschenmarkierer in Farbe A in die 1. M jeder Runde umsetzen. Markierer in Farbe B jedes Mal in die mittlere M setzen, wenn du 3 fM in eine M arbeitest.

2. Rd: 3 fM in 1. M, fM in nächste 34 M, 3 fM in nächste 2 M, fM in nächste 34 M, 3 fM in nächste M [80] ⑬.
3. Rd: fM in 1. M, 3 fM in nächste M, fM in nächste 36 M, 3 fM in nächste M, fM in nächste 2 M, 3 fM in nächste M, fM in nächste 36 M, 3 fM in nächste M, fM in nächste M [88] ⑭.
4. Rd: fM in nächste 2 M, 3 fM in nächste M, fM in nächste 38 M, 3 fM in nächste M, fM in nächste 4 M, 3 fM in nächste M, fM in nächste 38 M, 3 fM in nächste M, fM in nächste 2 M [96].
5. Rd: fM in nächste 3 M, 3 fM in nächste M, fM in nächste 40 M, 3 fM in nächste M, fM in nächste 6 M, 3 fM in nächste M, fM in nächste 40 M, 3 fM in nächste M, fM in nächste 3 M [104].
6. Rd: fM in nächste 4 M, 3 fM in nächste M, fM in nächste 42 M, 3 fM in nächste M, fM in nächste 8 M, 3 fM in nächste M, fM in nächste 42 M, 3 fM in nächste M, fM in nächste 4 M [112].
7. Rd: fM in nächste 5 M, 3 fM in nächste M, fM in nächste 44 M, 3 fM in nächste M, fM in nächste 10 M, 3 fM in nächste M, fM in nächste 44 M, 3 fM in nächste M, fM in nächste 5 M [120].
8. Rd: fM in nächste 6 M, 3 fM in nächste M, fM in nächste 46 M, 3 fM in nächste M, fM in nächste 12 M, 3 fM in nächste M, fM in nächste 46 M, 3 fM in nächste M, fM in nächste 6 M [128] ⑮.

Maschenmarkierer in Farbe B entfernen.
9.–55. Rd: fM in alle 128 M, Farben entsprechend der Häkelschrift wechseln [128] ⑯ ⑰ ⑱ ⑲ (Häkelschrift, S. 50–52).
56. Rd: fM in nächste 12 M, dabei die Farben entsprechend der Häkelschrift wechseln (um den Faltrand der Tasche zu erreichen) [12] ⑳.
Maschenmarkierer in Farbe A in die 1. M der nächsten Runde umsetzen. Dies ist der neue Rundenanfang.
57. Rd (in HF, ZF wird mitgeführt): fM in nächste 6 M, 3 fM nur über ZF-Faden ㉑, 3 M überspringen ㉒, (fM in nächste 13 M, 3 fM nur über ZF-Faden, 3 M überspringen) 7x wdh, fM in nächste 7 M [128] ㉓.
58.–59. Rd (in HF, ZF wird mitgeführt): fM in alle 128 M [128] ㉔.
Kett-M in nächste M. Arbeit beenden. ZF abschneiden, dabei 10 cm Faden hängen lassen.

RUCKSACK-RIEMEN (2x arbeiten, mit ZF beginnen)
{Größen: 3, 4, 5, 6 Jahre} (optional Maschenmarkierer)
Langen Faden hängen lassen. {97, 104, 111, 118} LM. Die M werden auf beiden Seiten der Luftmaschenkette gearbeitet.

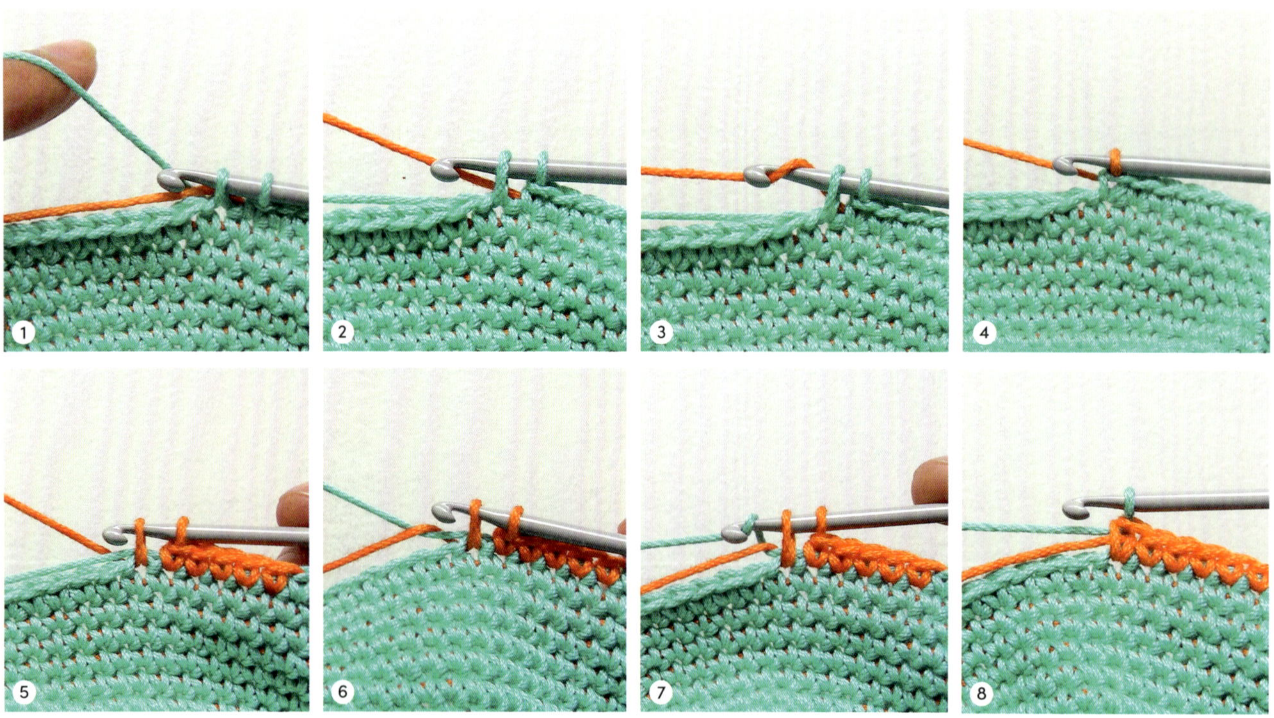

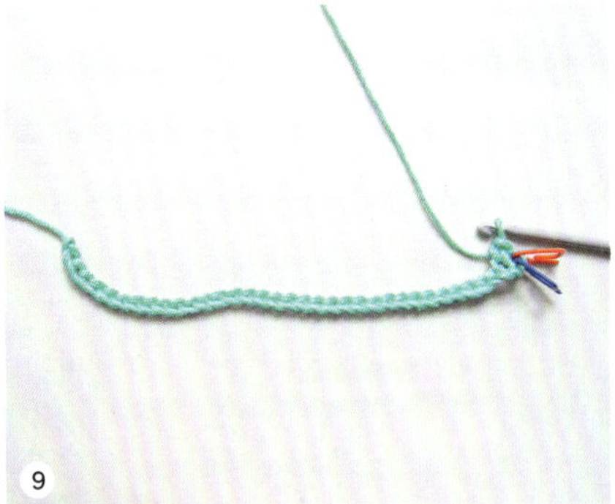
9

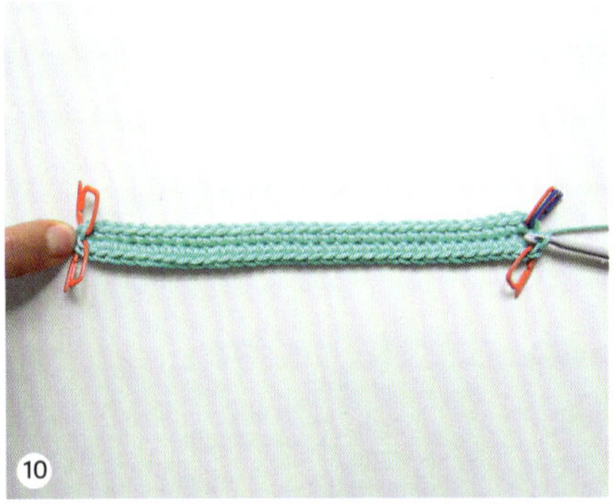
10

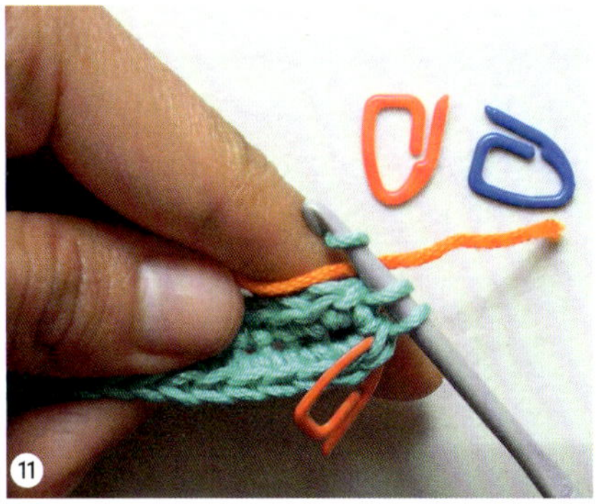
11

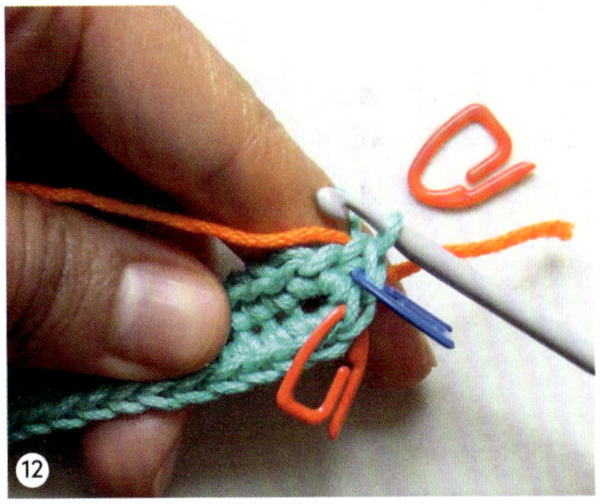
12

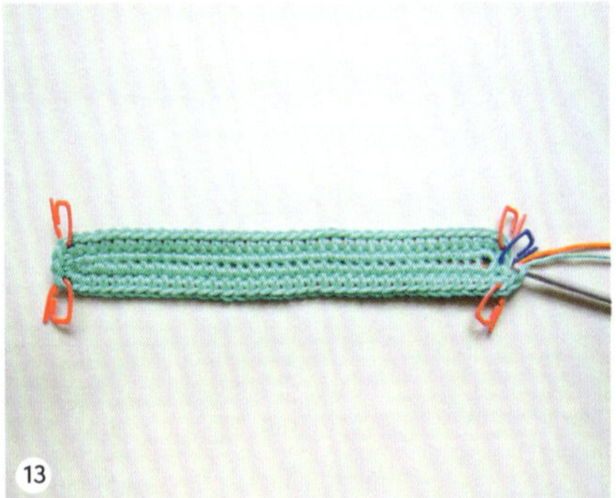
13

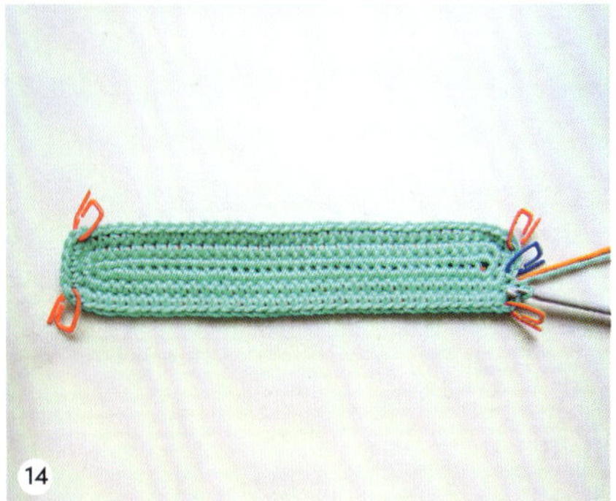
14

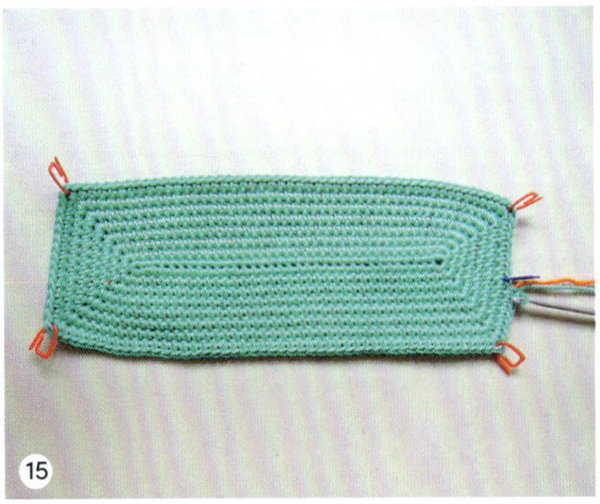
15

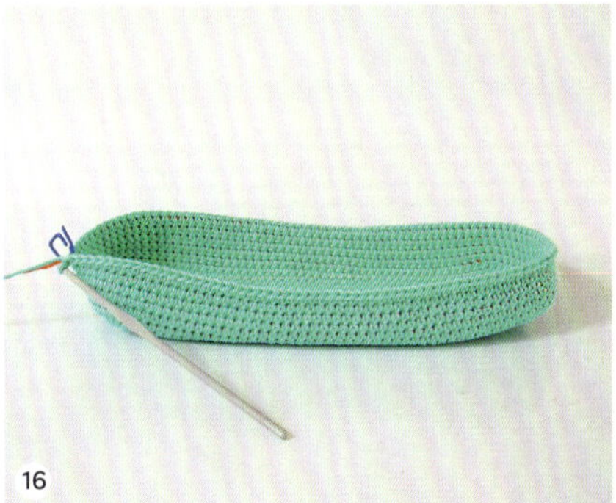
16

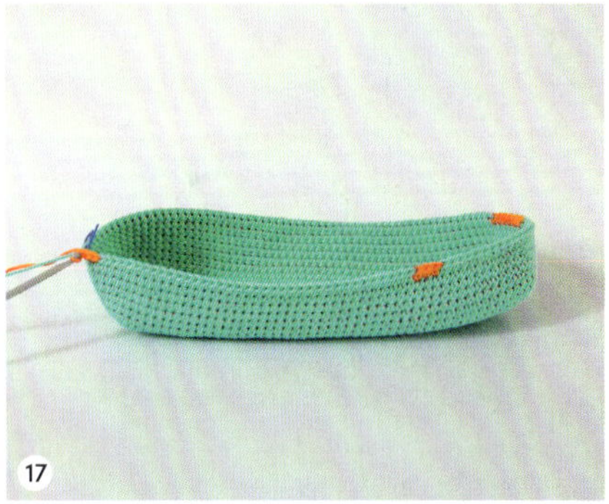
17

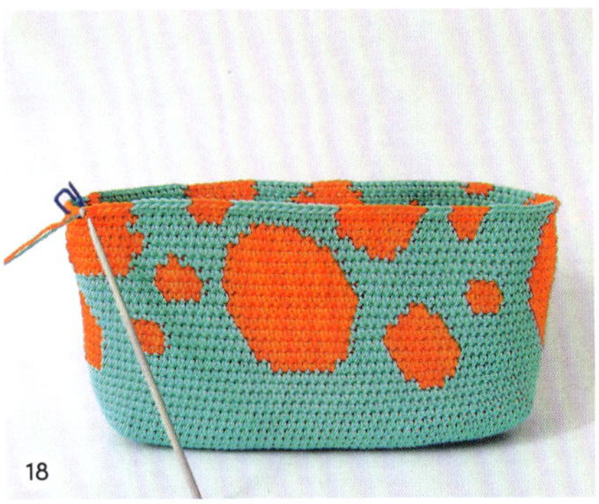
18

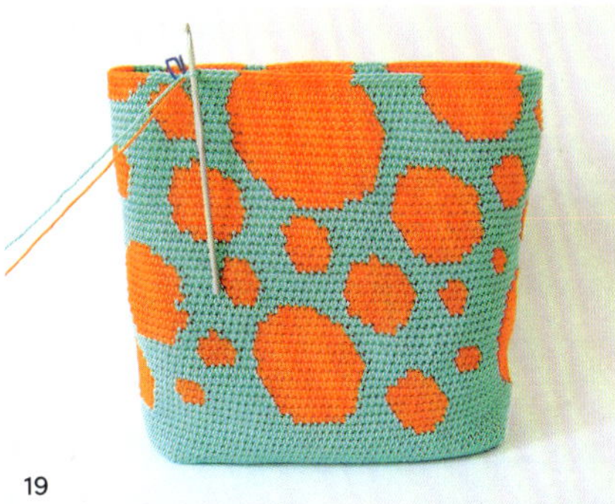
19

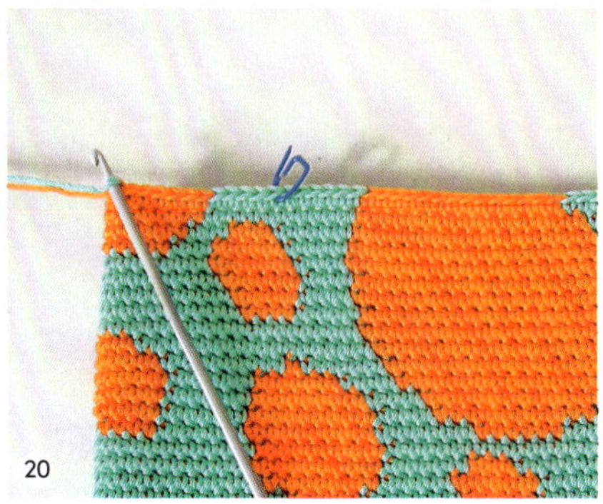
20

1. Rd: In 2. LM ab Nadel beginnen, in 1. M zun (Maschenmarkierer in Farbe A und in Farbe B in der 1. M anbringen), fM in nächste {94, 101, 108, 115} M, 4 fM in nächste M (Maschenmarkierer in Farbe B in der 2. und 3. M anbringen). Auf der anderen Seite der Luftmaschenkette fortfahren, fM in nächste {94, 101, 108, 115} M, in nächster M zun (Maschenmarkierer in Farbe B in der 2. M anbringen) [196, 210, 224, 238] 25.

Ab der 2. Rd: Faden in der HF für zusätzliche Festigkeit mitführen. So halten die Riemen besser und sind strapazierfähiger. Die 1. fM der Runde arbeiten. Vor dem letzten Umschlag die HF nehmen und dabei 10 cm Faden hängen lassen. Zwischen die Nadel und die ZF legen und die 1. fM fertigstellen. Mit der ZF weiterhäkeln, dabei jetzt die HF mitführen.

Maschenmarkierer in Farbe A in die 1. M jeder Runde umsetzen und die Maschenmarkierer in Farbe B in die mittlere M setzen, wenn du 3 fM in eine M arbeitest.

2. Rd: 3 fM in 1. M, fM in nächste {96, 103, 110, 117} M, 3 fM in nächste 2 M, fM in nächste {96, 103, 110, 117} M, 3 fM in nächste M [204, 218, 232, 246].

3. Rd: fM in 1. M, 3 fM in nächste M, fM in nächste {98, 105, 112, 119} M, 3 fM in nächste M, fM in nächste 2 M, 3 fM in nächste M, fM in nächste {98, 105, 112, 119} M, 3 fM in nächste M, fM in nächste M [212, 226, 240, 254].

Kett-M in nächste M. Arbeit beenden, langen Faden zum Annähen hängen lassen. ZF abschneiden, dabei 10 cm Faden hängen lassen 26.

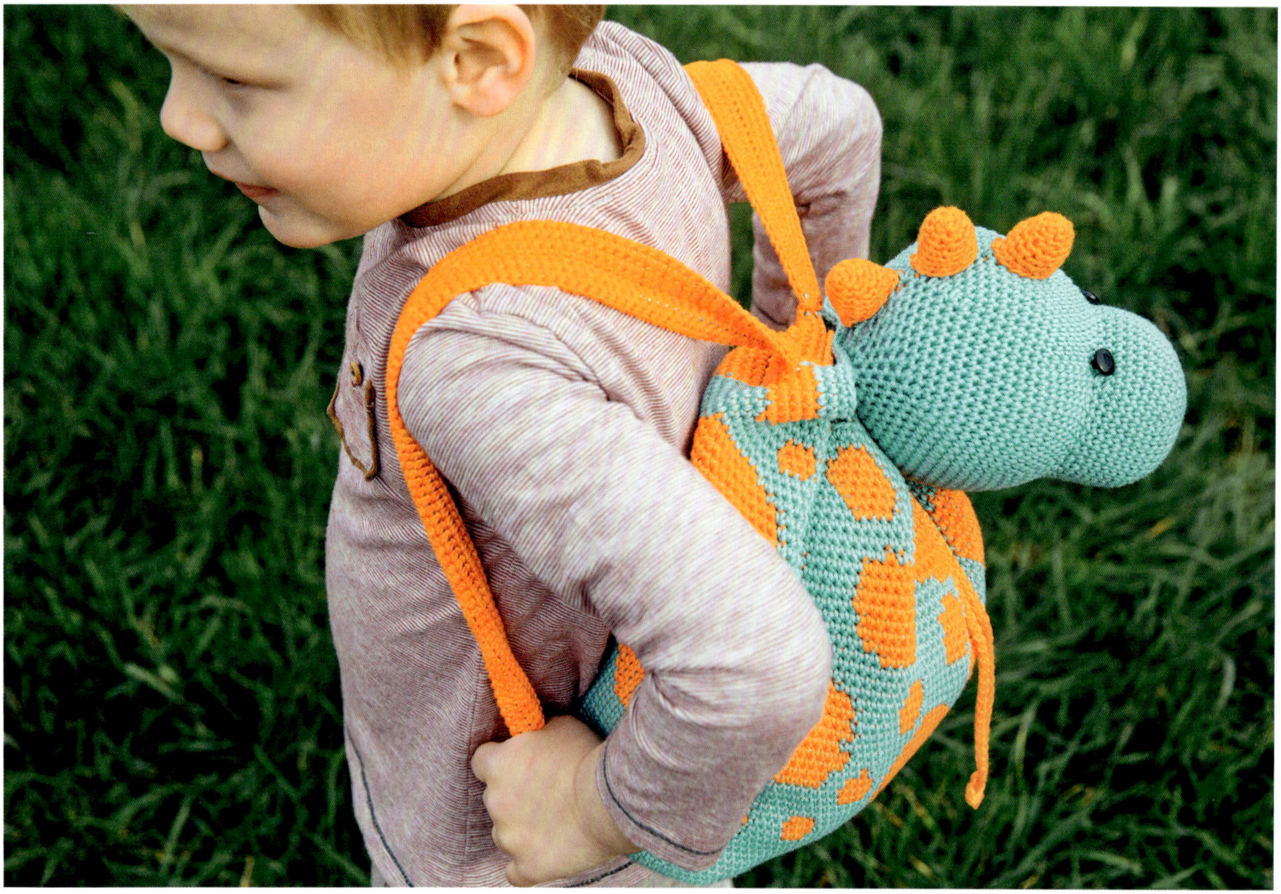

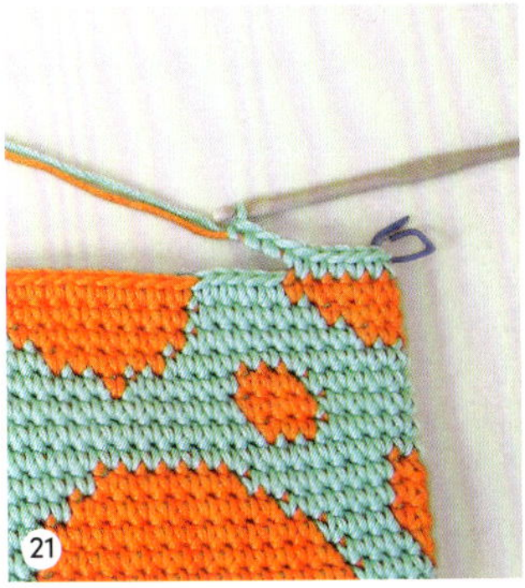
21

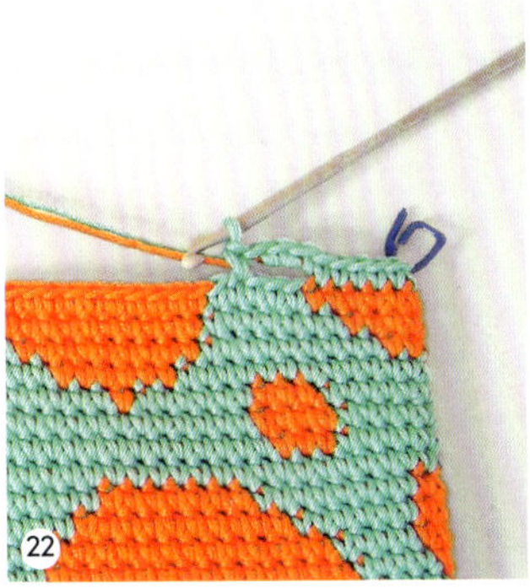
22

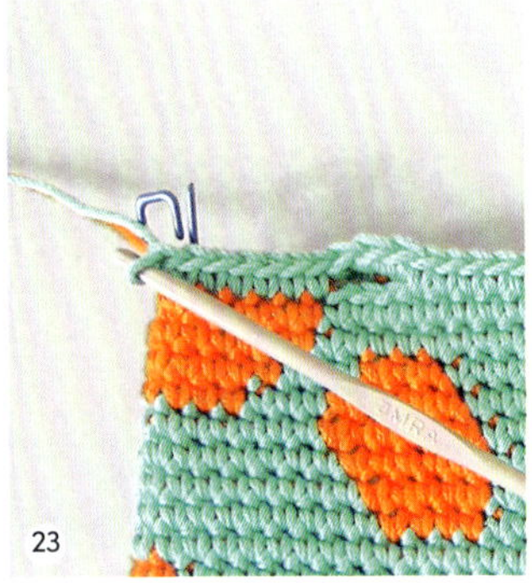
23

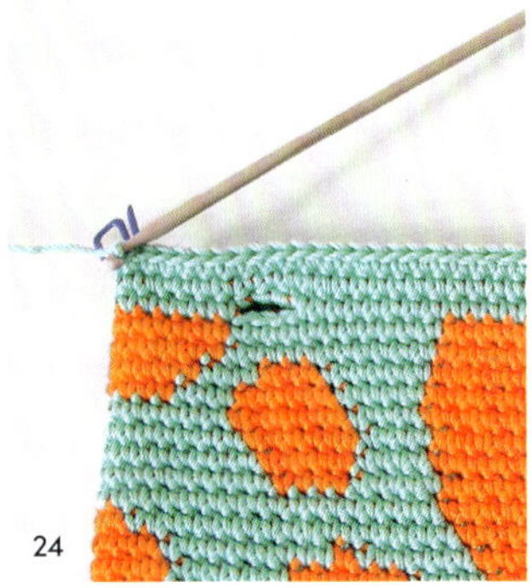
24

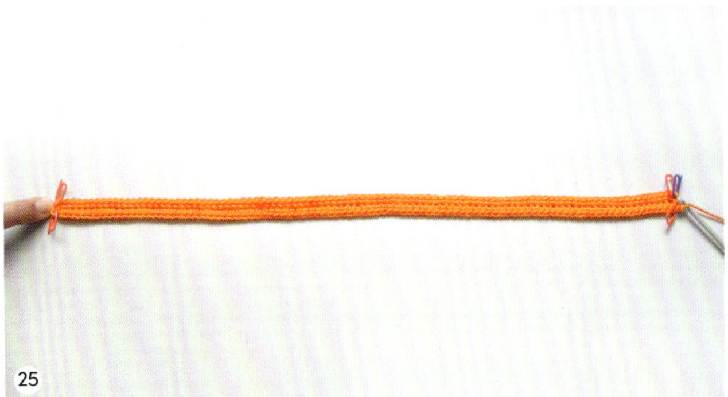
25

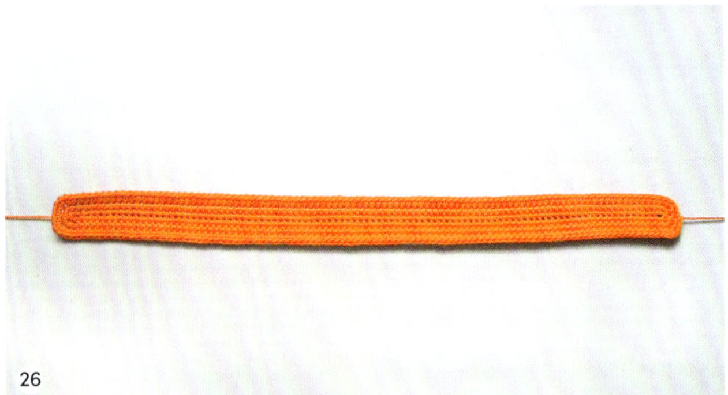
26

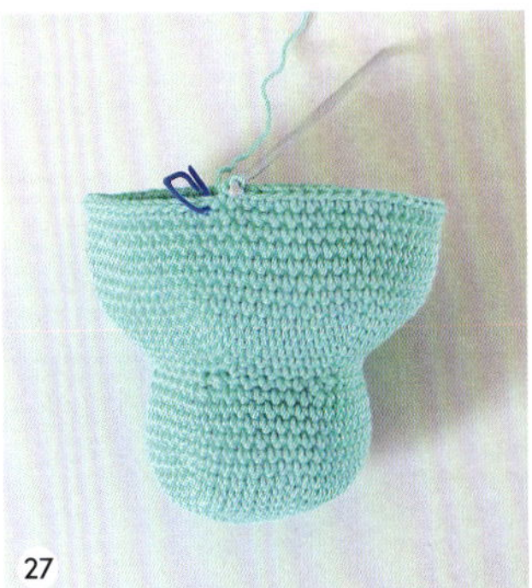
27

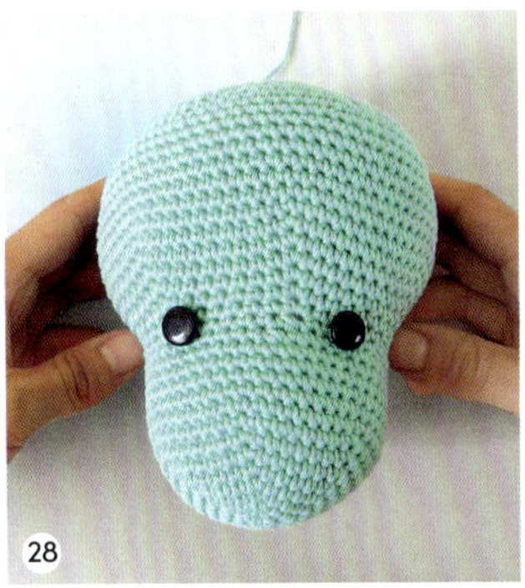
28

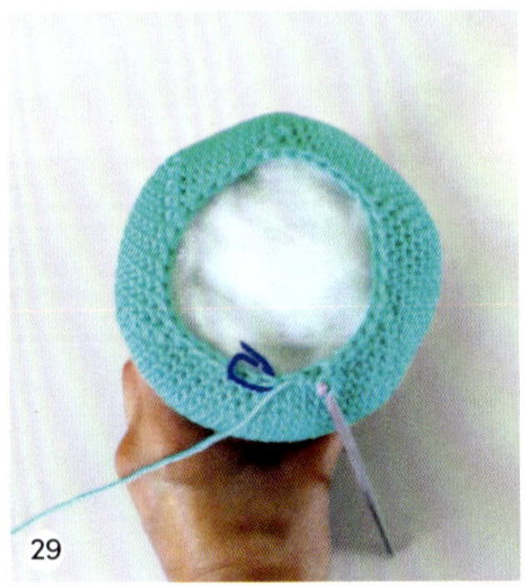
29

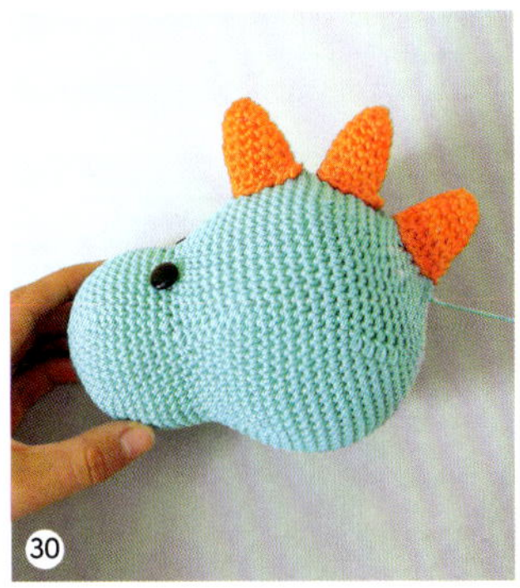
30

KOPF (in Garn der HF)

1. Rd: Mit 6 fM in Magischem Ring beginnen [6].
2. Rd: 6x zun [12].
3. Rd: (fM in nächste M, in nächster M zun) 6x wdh [18].
4. Rd: (fM in nächste 2 M, in nächster M zun) 6x wdh [24].
5. Rd: (fM in nächste 3 M, in nächster M zun) 6x wdh [30].
6. Rd: (fM in nächste 4 M, in nächster M zun) 6x wdh [36].
7. Rd: (fM in nächste 5 M, in nächster M zun) 6x wdh [42].
8. Rd: (fM in nächste 6 M, in nächster M zun) 6x wdh [48].
9.–14. Rd: fM in alle 48 M [48].
15. Rd: (fM in nächste 6 M, abn) 6x wdh [42].
16. Rd: (fM in nächste 5 M, abn) 6x wdh [36].
17. Rd: (fM in nächste 5 M, in nächster M zun) 6x wdh [42].
18. Rd: (fM in nächste 6 M, in nächster M zun) 6x wdh [48].
19. Rd: (fM in nächste 7 M, in nächster M zun) 6x wdh [54].
20. Rd: (fM in nächste 8 M, in nächster M zun) 6x wdh [60].
21. Rd: (fM in nächste 9 M, in nächster M zun) 6x wdh [66].
22. Rd: (fM in nächste 10 M, in nächster M zun) 6x wdh [72].
23.–30. Rd: fM in alle 72 M [72] (27).
31. Rd: (fM in nächste 10 M, abn) 6x wdh [66].

32. Rd: (fM in nächste 9 M, abn) 6x wdh [60].
33. Rd: (fM in nächste 8 M, abn) 6x wdh [54].
34. Rd: (fM in nächste 7 M, abn) 6x wdh [48].
35. Rd: (fM in nächste 6 M, abn) 6x wdh [42].
36. Rd: (fM in nächste 5 M, abn) 6x wdh [36].
Die Sicherheitsaugen zwischen der 16. und 17. Runde mit einem Abstand von 7 M einführen 28.
Den Kopf mit Füllwatte ausstopfen und beim Weiterarbeiten weiter ausstopfen 29.
37. Rd: (fM in nächste 4 M, abn) 6x wdh [30].
38. Rd: (fM in nächste 3 M, abn) 6x wdh [24].
39. Rd: (fM in nächste 2 M, abn) 6x wdh [18].
40. Rd: (fM in nächste M, abn) 6x wdh [12].
41. Rd: 6x abn [6].
42. Rd: (fM in nächste M, 1 M überspringen) 3x wdh [3].
Kett-M in nächste M. Arbeit beenden, langen Faden zum Annähen hängen lassen.

ZACKEN (3x arbeiten, in Garn der ZF)
1. Rd: mit 6 fM in Magischem Ring beginnen [6].
2. Rd: (fM in nächste M, in nächster M zun) 3x wdh [9].
3. Rd: fM in alle 9 M [9].
4. Rd: (fM in nächste 2 M, in nächster M zun) 3x wdh [12].
5.–6. Rd: fM in alle 12 M [12].
7. Rd: (fM in nächste 3 M, in nächster M zun) 3x wdh [15].
8. Rd: fM in alle 15 M [15].
Kett-M in nächste M. Arbeit beenden, langen Faden zum Annähen hängen lassen. Die Zacken ausstopfen und an den Kopf annähen, angefangen von der Rückseite des Kopfes bis zur Vorderseite. Dabei jeweils 1 M dazwischen Abstand lassen 30.

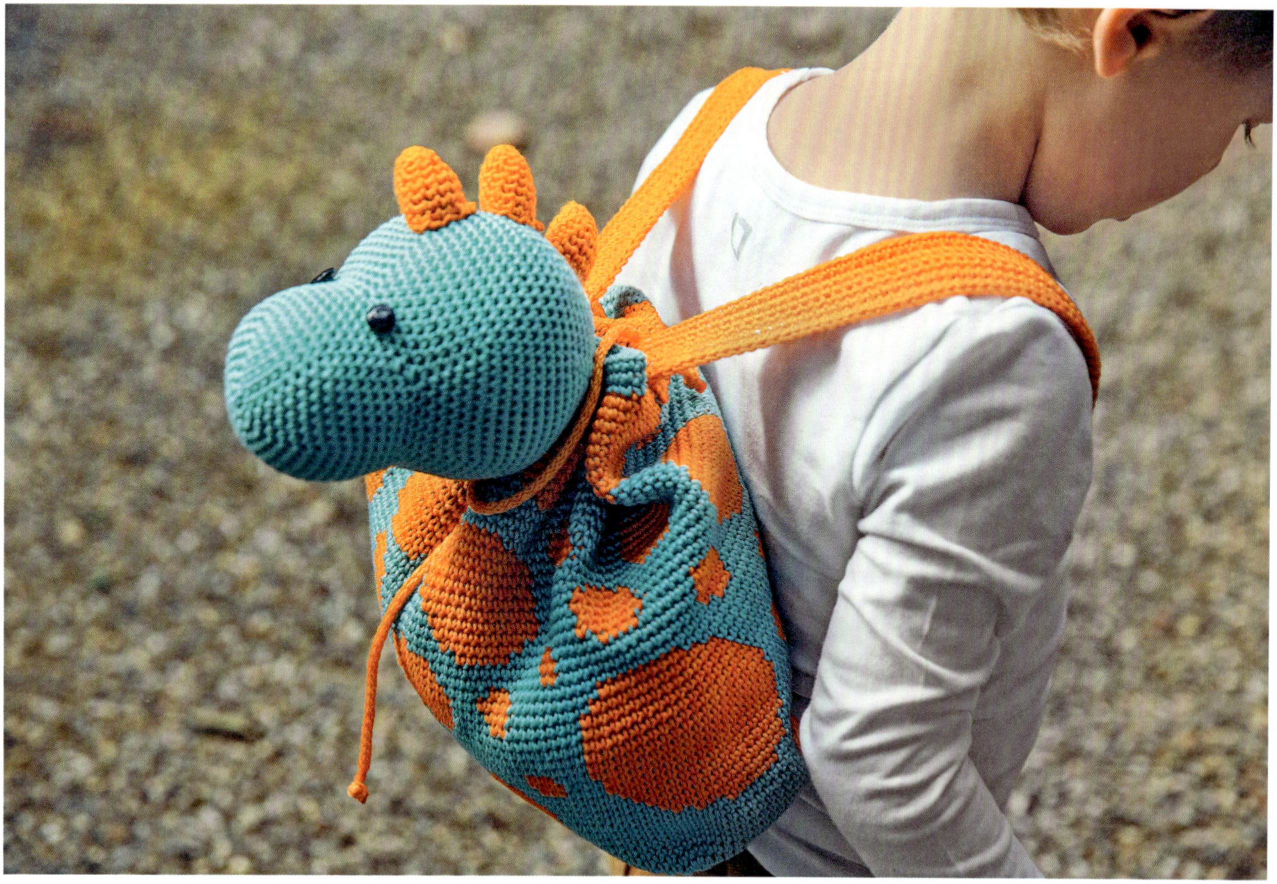

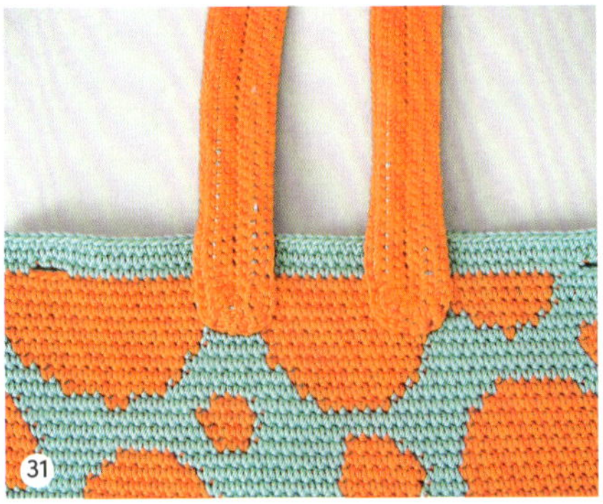

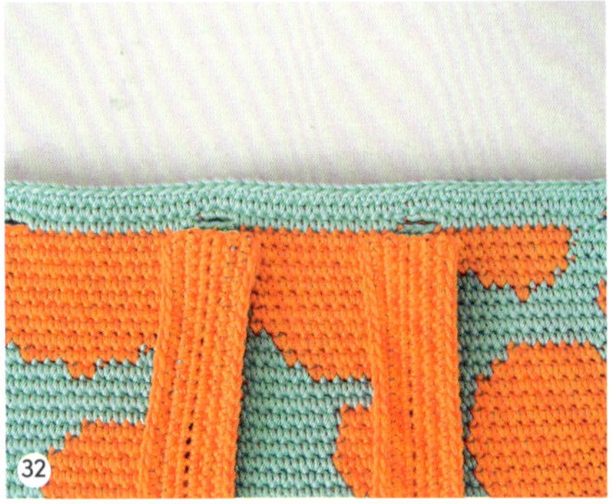

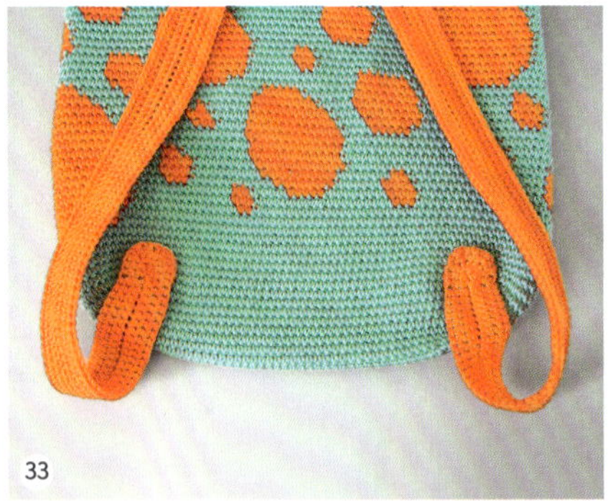

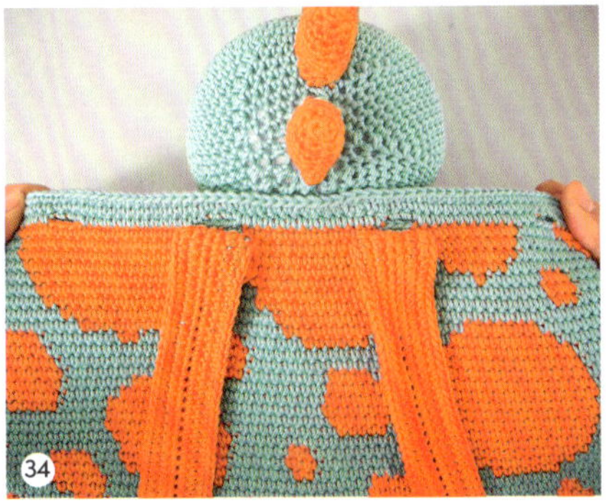

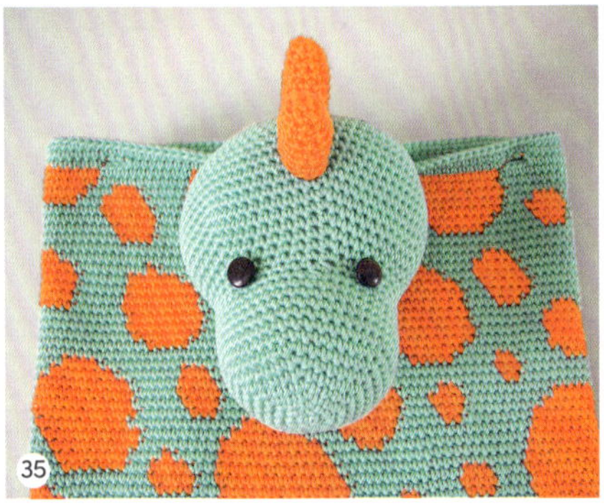

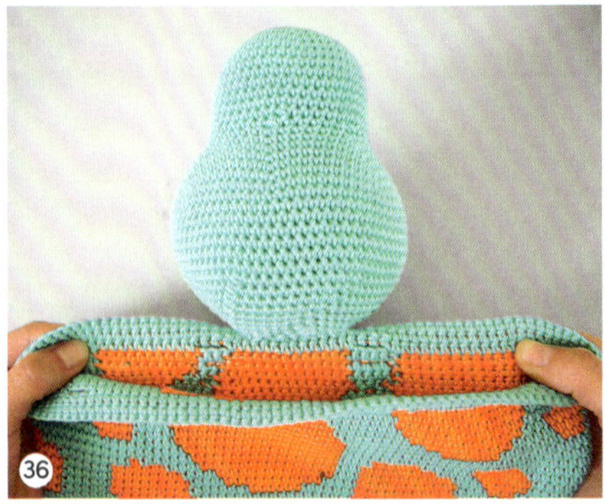

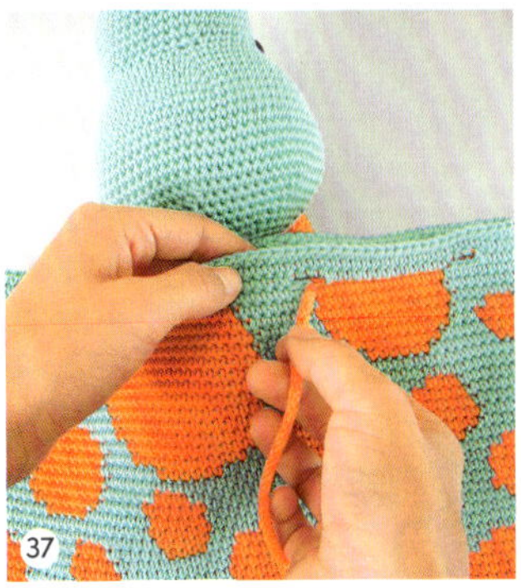

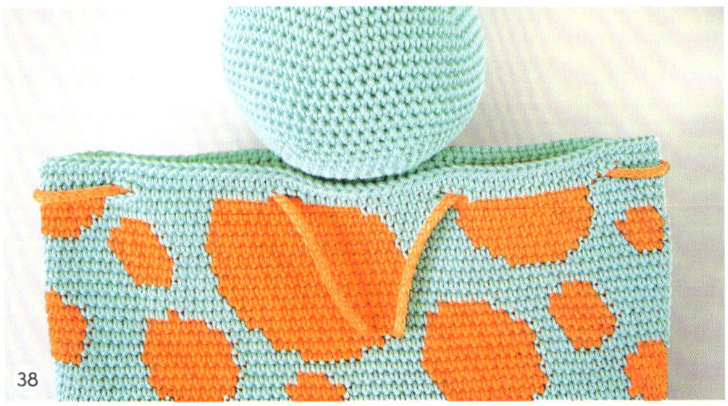

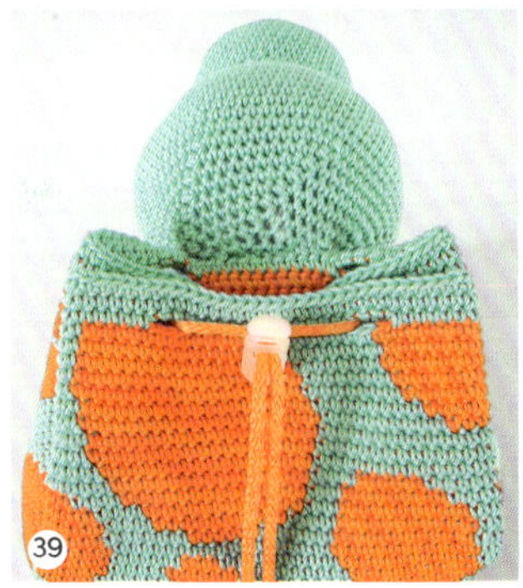

FERTIGSTELLEN

- Die Vorderseite der Tasche festlegen, dabei sicherstellen, dass die Öffnungen an der Vorder- und Rückseite symmetrisch sind.
- Die Riemen jeweils 2 cm von einem Ende 1 Rd unter den beiden mittleren Öffnungen hinten annähen (31) (32).
- Dann 2 cm von den anderen Enden an der 9. Rd der Tasche annähen, wo die Musterung beginnt. Einen Abstand von etwa 30 M zwischen den beiden Riemen lassen (33).
- Den Kopf an den Rucksack nähen. Die Kopfrückseite auf Höhe der 56. Rd an die Innenseite der Tasche nähen. Der Kopf sollte zwischen den beiden mittleren Öffnungen hinten sitzen (34) (35) (36).
- Die Kordel durch eine der vorderen mittleren Öffnungen führen (37). Rundherum durch die Öffnungen ziehen, bis du die zweite mittlere Öffnung vorne erreicht hast (38). Die Kordelenden durch den Stopper fädeln. In beide Enden jeweils einen Knoten machen und festziehen (39).

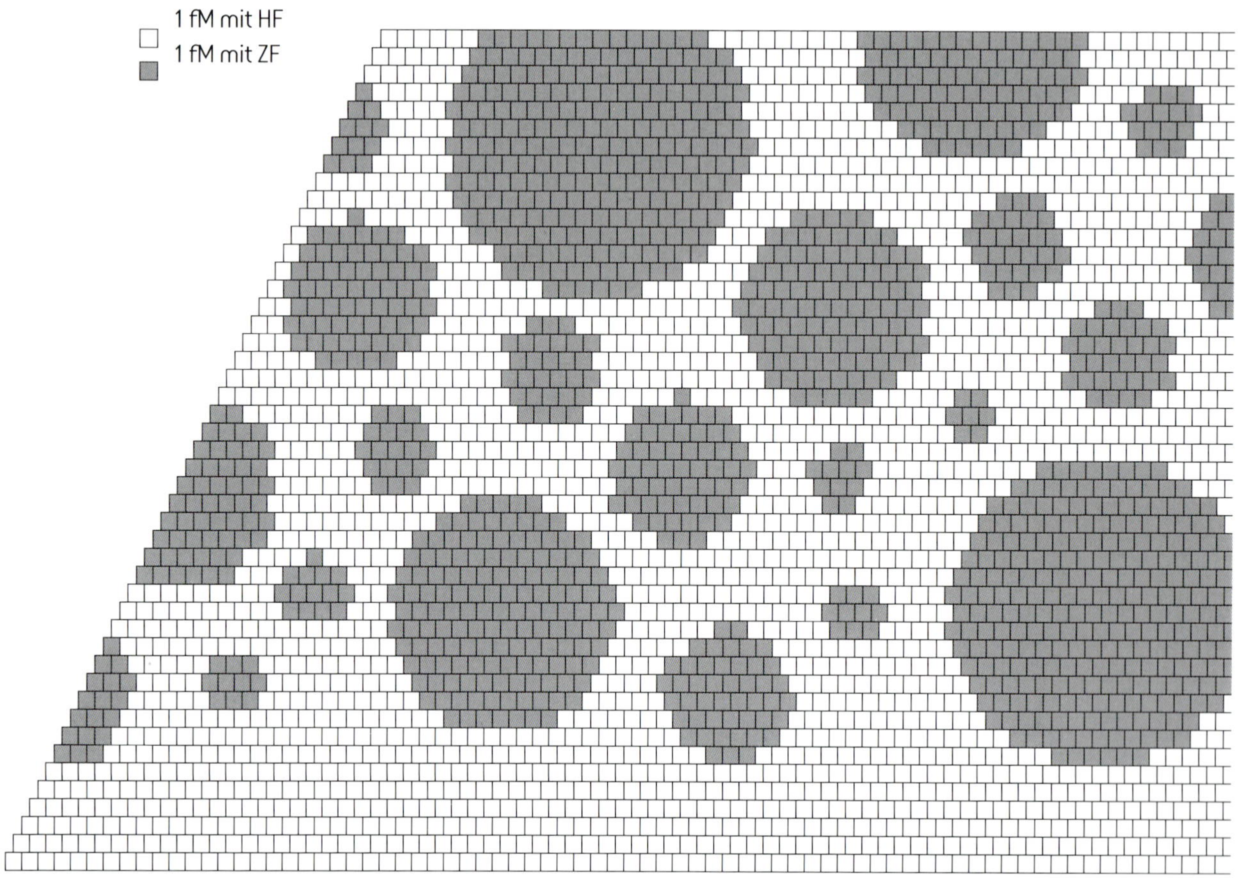

^ HÄKELSCHRIFT FÜR DINOSAURIER-RUCKSACK FÜR 9.–56. RD DER TASCHE

Der Dinosaurier-Rucksack wird in Tapestry-Technik gehäkelt. Da man in diesen Abschnitten oft die Farbe wechselt, um die Musterung zu erhalten, ist eine Häkelschrift sehr nützlich, in der man die Farbe ablesen kann, mit der man gerade arbeitet.

Die Häkelschrift ist zwar in Zeilen angeordnet, aber es wird in Spiralrunden gehäkelt. Die Häkelschrift wird von rechts nach links gelesen. Die Rundennummer ist vorne angegeben. Am Ende einer Runde direkt mit dem Anfang der nächsten Zeile rechts fortfahren. Jede M wird als kleines Quadrat dargestellt. Für eine Farbwechsel die Anzahl der Quadrate zählen und bei Bedarf mit einem Bleistift abhaken.

Um es noch einfacher zu machen, habe ich eine Tabelle eingefügt, in der ich bereits gezählt habe, wie viele M vor einem Farbwechsel gearbeitet werden.

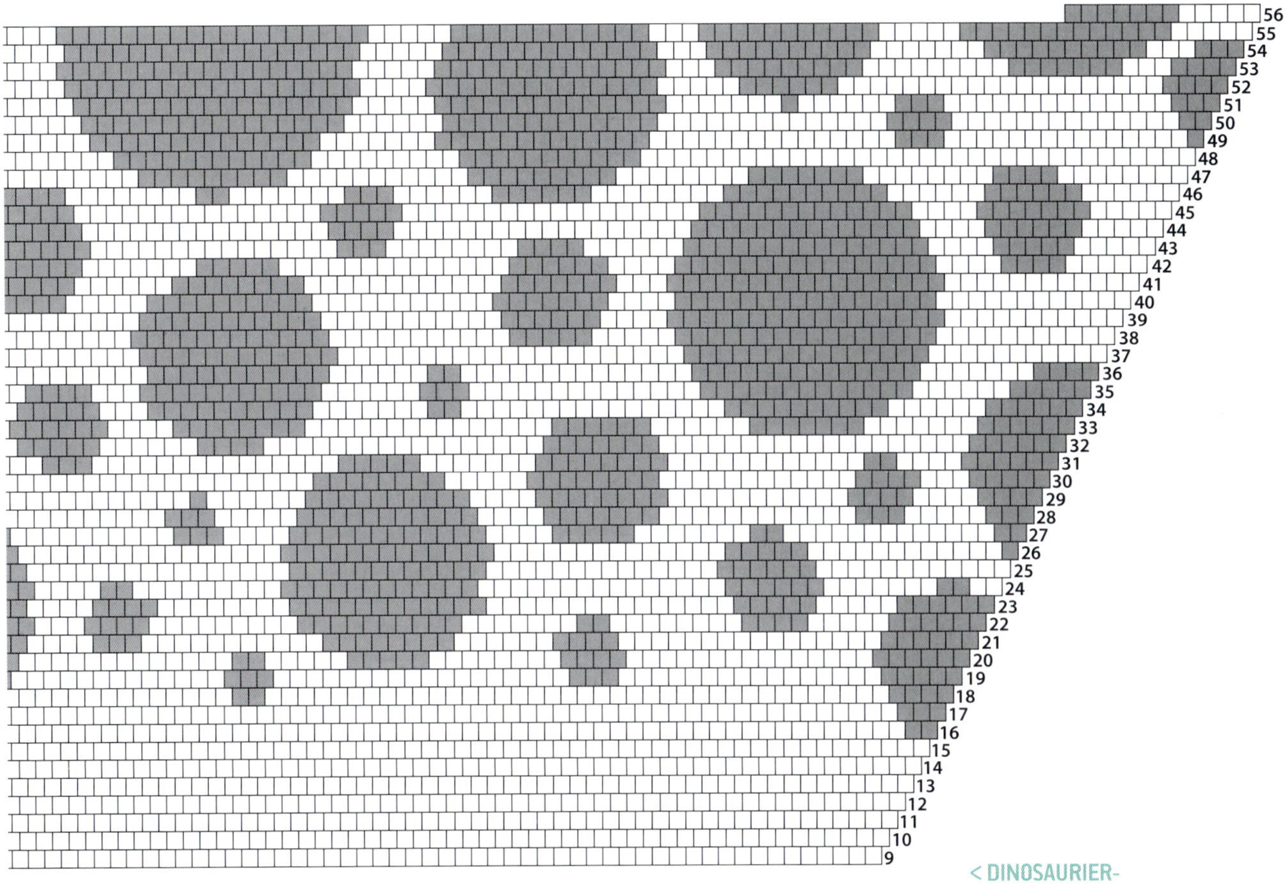

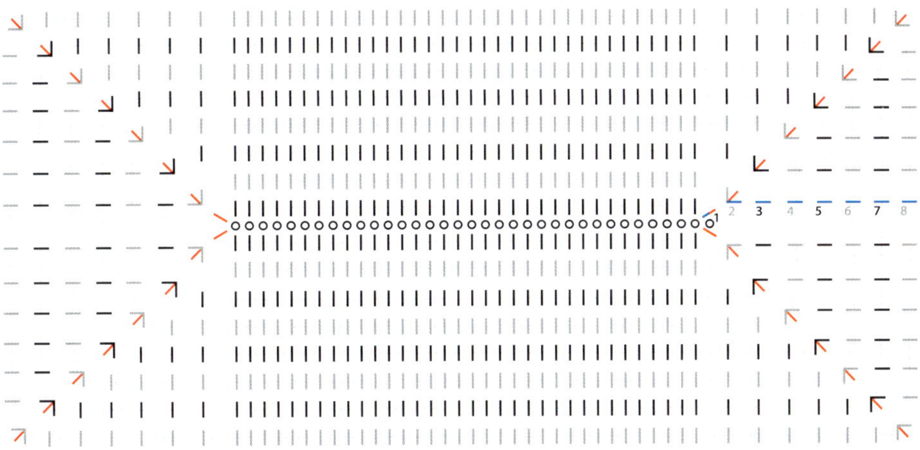

< DINOSAURIER-RUCKSACK, HÄKELSCHRIFT FÜR 1.–8. RD, UNTERSEITE DER TASCHE

Dieser Teil wird in Spiralrunden gearbeitet. Die Häkelschrift gegen den Uhrzeigersinn lesen und dabei von der Mitte aus der gepunkteten Linie folgen.

- o Luftmasche
- | feste Masche
- ∨ 3 fM in eine Masche

> DINOSAURIER-RUCKSACK, MASCHENZAHL FÜR 9.–56. RD DER TASCHE

Jede Zeile zeigt die Maschenzahl für die Farben in jeder Runde. Jede Runde enthält 128 Maschen, außer der kürzeren 56. Runde.

RD	HF	ZF	HF	ZF	HF	ZF	HF	ZF	HF	ZF	HF	ZF	HF	ZF	HF	ZF	HF	ZF	HF	ZF	HF	M
9.	128	-	-	-	-	-	-	-	-	-	-	-	-	-	-	-	-	-	-	-	-	**128**
10.	128	-	-	-	-	-	-	-	-	-	-	-	-	-	-	-	-	-	-	-	-	**128**
11.	128	-	-	-	-	-	-	-	-	-	-	-	-	-	-	-	-	-	-	-	-	**128**
12.	128	-	-	-	-	-	-	-	-	-	-	-	-	-	-	-	-	-	-	-	-	**128**
13.	128	-	-	-	-	-	-	-	-	-	-	-	-	-	-	-	-	-	-	-	-	**128**
14.	128	-	-	-	-	-	-	-	-	-	-	-	-	-	-	-	-	-	-	-	-	**128**
15.	61	6	18	3	37	3	-	-	-	-	-	-	-	-	-	-	-	-	-	-	-	**128**
16.	-	2	57	11	14	6	35	3	-	-	-	-	-	-	-	-	-	-	-	-	-	**128**
17.	-	3	56	13	12	7	7	7	20	3	-	-	-	-	-	-	-	-	-	-	-	**128**
18.	-	4	38	2	14	15	11	8	5	10	10	3	5	3	-	-	-	-	-	-	-	**128**
19.	-	5	16	3	18	3	13	16	11	8	4	11	9	4	4	3	-	-	-	-	-	**128**
20.	-	6	15	4	8	5	5	2	13	17	11	7	4	12	9	3	5	2	-	-	-	**128**
21.	-	6	16	4	6	8	11	3	4	18	11	5	5	13	17	1	-	-	-	-	-	**128**
22.	-	6	5	4	8	2	7	10	9	4	3	19	4	3	5	2	6	14	17	-	-	**128**
23.	-	6	5	5	15	12	8	4	4	18	4	4	12	14	3	4	10	-	-	-	-	**128**
24.	2	2	7	6	15	12	9	2	4	19	4	3	13	14	2	5	9	-	-	-	-	**128**
25.	12	6	14	12	16	18	21	13	3	4	3	6	-	-	-	-	-	-	-	-	-	**128**
26.	-	1	12	5	14	13	16	17	22	12	5	1	4	6	-	-	-	-	-	-	-	**128**
27.	-	2	13	2	7	5	4	12	4	3	10	16	16	3	4	11	9	7	-	-	-	**128**
28.	-	3	5	3	12	7	4	11	5	3	10	15	15	6	4	8	10	7	-	-	-	**128**
29.	-	4	4	4	11	8	4	10	6	1	12	14	8	2	5	8	4	5	12	6	-	**128**
30.	-	5	3	4	12	8	5	8	21	11	9	3	4	8	12	3	6	6	-	-	-	**128**
31.	-	6	4	2	12	8	7	5	15	3	6	8	10	4	3	9	11	4	6	5	-	**128**
32.	-	6	19	7	17	4	6	5	23	2	5	8	11	5	5	5	-	-	-	-	-	**128**
33.	-	6	7	7	6	6	15	8	4	6	15	2	13	7	12	4	6	4	-	-	-	**128**
34.	-	6	6	10	16	2	7	10	3	5	15	3	13	6	3	4	6	3	8	2	-	**128**
35.	-	5	6	13	14	3	6	11	3	4	6	4	6	2	5	5	6	1	5	5	18	**128**
36.	-	4	7	14	14	2	6	11	12	7	10	8	10	6	17	-	-	-	-	-	-	**128**
37.	11	15	21	12	12	6	9	10	10	5	7	5	5	-	-	-	-	-	-	-	-	**128**
38.	11	16	5	5	11	12	11	7	8	11	9	6	5	8	3	-	-	-	-	-	-	**128**
39.	11	17	4	6	11	11	12	6	9	11	10	3	6	9	2	-	-	-	-	-	-	**128**
40.	12	16	4	7	11	10	5	5	4	3	10	12	18	9	2	-	-	-	-	-	-	**128**
41.	12	17	3	7	12	8	6	6	10	3	4	11	6	6	7	9	1	-	-	-	-	**128**
42.	5	4	4	16	4	6	14	5	7	7	8	5	3	11	4	11	4	9	1	-	-	**128**
43.	5	5	4	15	6	4	8	3	15	8	7	6	3	10	3	13	4	8	1	-	-	**128**
44.	5	6	4	14	18	4	15	7	8	6	4	8	3	15	4	6	1	-	-	-	-	**128**
45.	5	7	4	13	18	5	15	6	9	5	6	5	4	16	6	1	3	-	-	-	-	**128**
46.	6	6	6	10	8	6	6	3	7	2	8	5	10	3	16	17	9	-	-	-	-	**128**
47.	8	4	8	7	8	9	11	9	38	18	8	-	-	-	-	-	-	-	-	-	-	**128**
48.	34	11	9	12	36	18	5	3	-	-	-	-	-	-	-	-	-	-	-	-	-	**128**
49.	-	1	15	3	15	13	7	14	8	3	7	6	10	19	4	3	-	-	-	-	-	**128**
50.	-	2	14	4	14	13	6	16	7	4	5	9	9	18	4	3	-	-	-	-	-	**128**
51.	-	3	14	3	6	1	7	14	5	17	6	5	3	12	8	18	4	2	-	-	-	**128**
52.	-	4	20	6	5	14	4	18	6	3	4	13	7	18	5	1	-	-	-	-	-	**128**
53.	-	4	3	7	9	9	3	14	5	18	12	14	7	17	6	-	-	-	-	-	-	**128**
54.	-	3	3	10	7	10	3	13	5	18	13	13	8	16	6	-	-	-	-	-	-	**128**
55.	5	13	5	11	3	12	5	19	12	14	9	14	6	-	-	-	-	-	-	-	-	**128**
56.	5	7	-	-	-	-	-	-	-	-	-	-	-	-	-	-	-	-	-	-	-	**12**

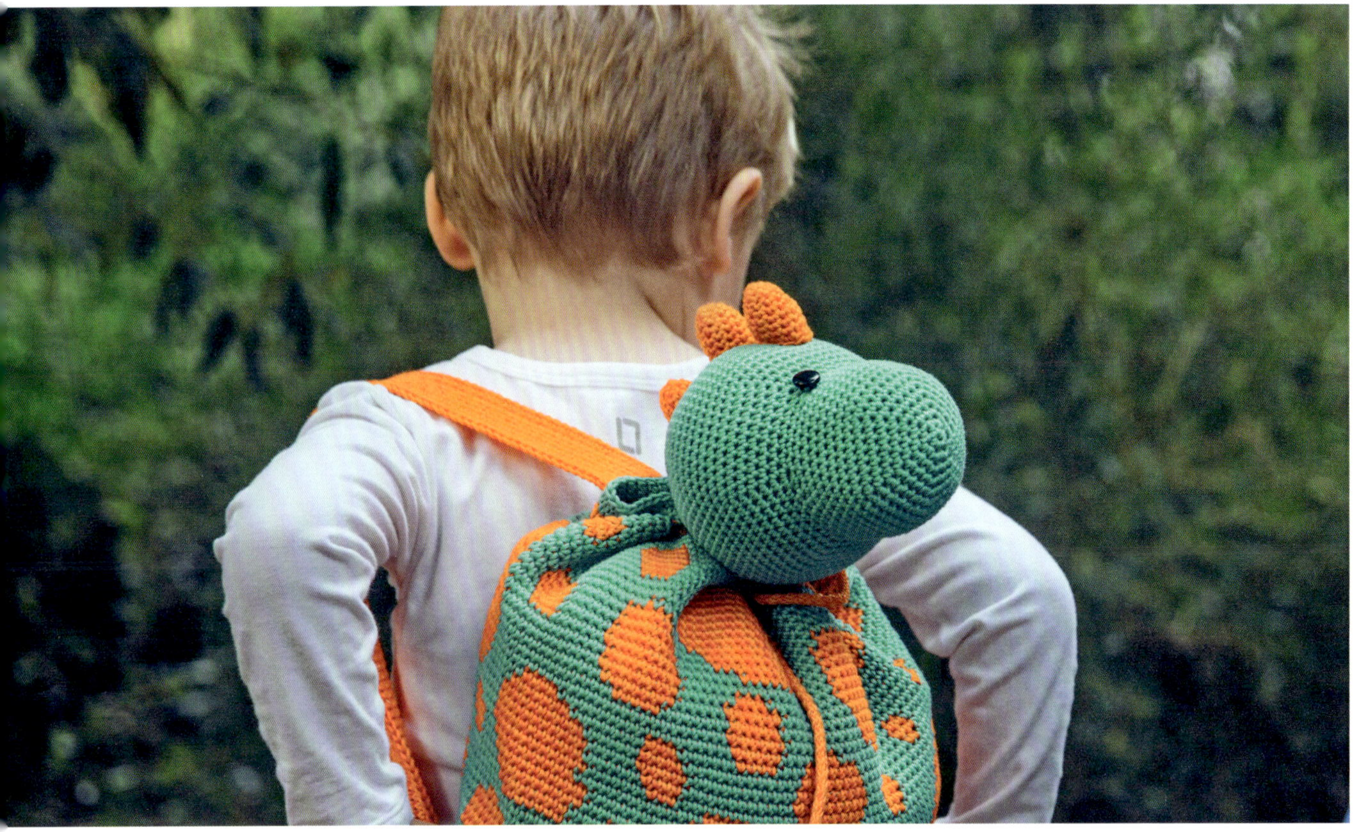

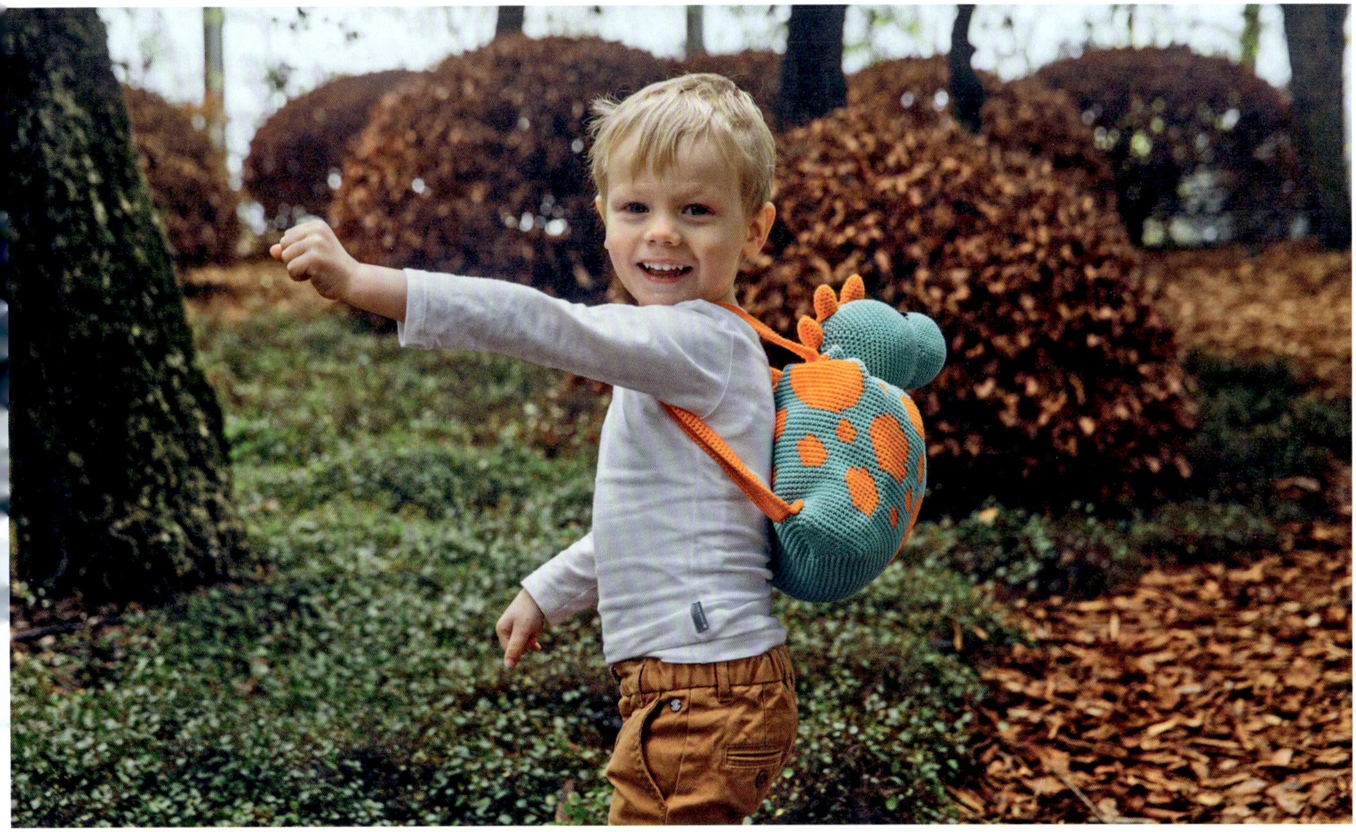

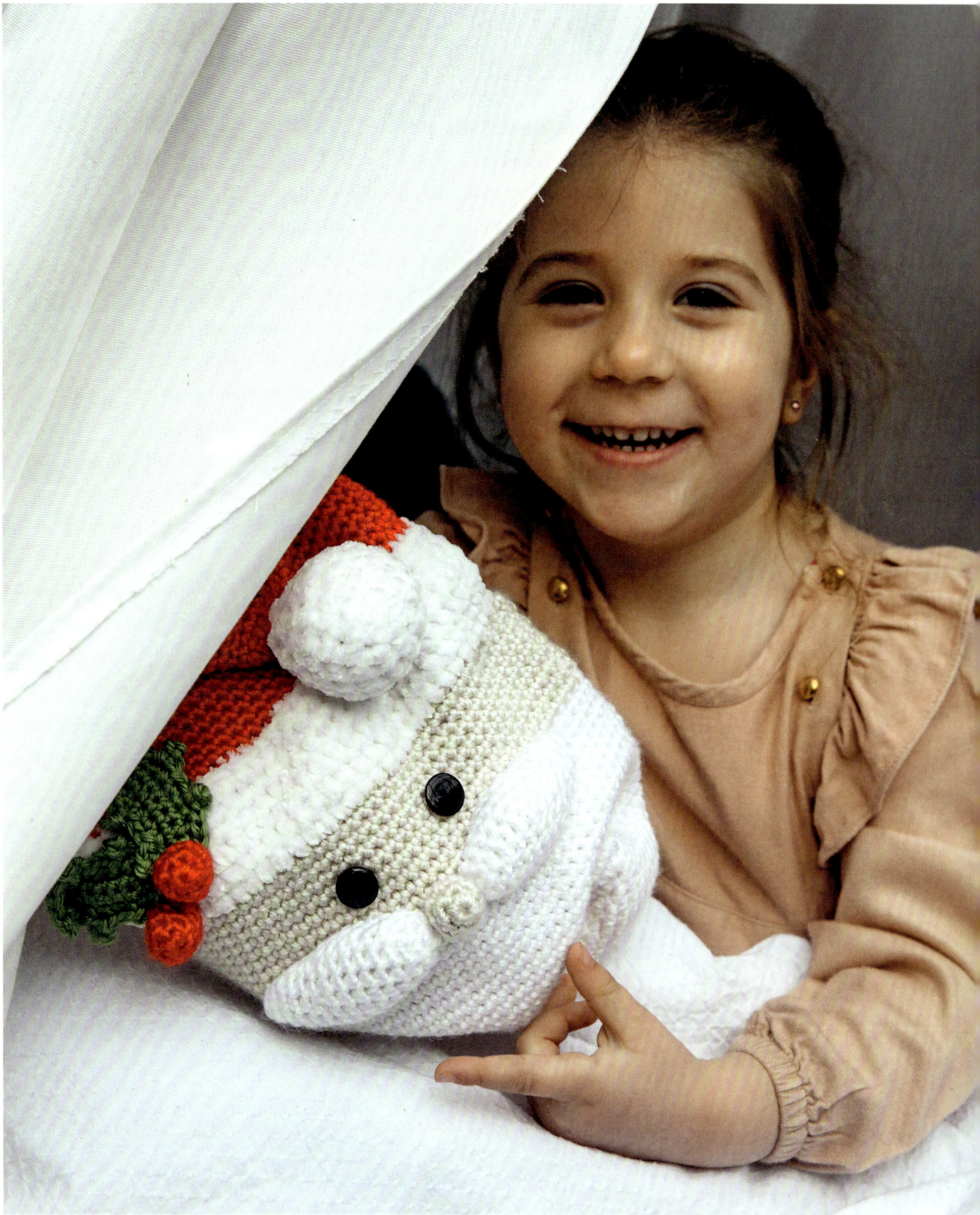

WSCHLAFANZUGTASCHE WEIHNACHTSMANN

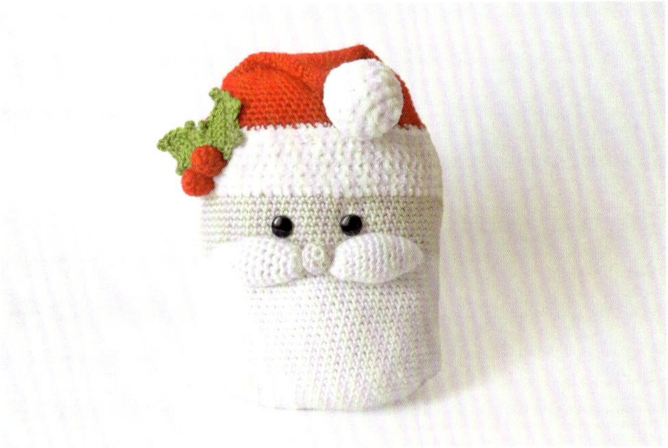

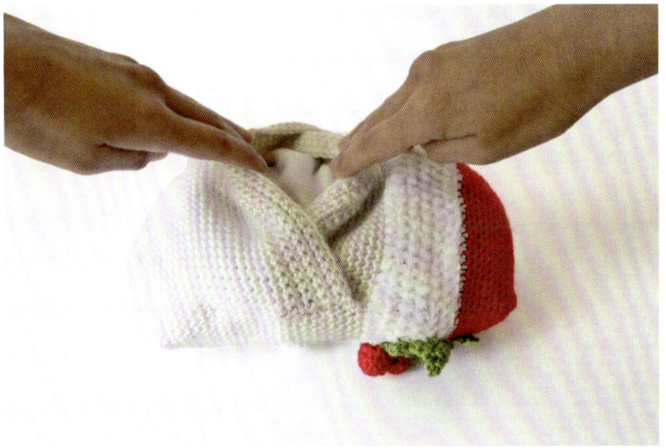

LEVEL ●○○
GRÖSSE 21, 5 x 27, 5 cm
MASCHENPROBE (fM)
Mitteldickes Garn: 19 M x 20 R = 10 cm
Plüschgarn: 15 M x 13 R = 10 cm
MATERIAL
- Mitteldickes Garn in Weiß (LL 165 m/100 g), Beige (LL 85 m/50 g), Grün (LL 8 m/5 g) und Rot (LL 165 m/100 g)
- Plüschgarn in Weiß (LL 30 m/25 g)
- Häkelnadel in Nadelstärke 5 mm
- Sicherheitsaugen (15 mm ⌀)
- Füllwatte zum Ausstopfen
- Stopfnadel
- Optional Maschenmarkierer (1 in Farbe A, 2 in Farbe B)

KOPF (mit weißem Garn beginnen) (optional Maschenmarkierer)
14 LM ❶. Die M werden auf beiden Seiten der Luftmaschenkette gearbeitet.
1. Rd: In 2. LM ab Nadel beginnen, 3 fM in 1. M (Maschenmarkierer in Farbe A und Farbe B in der 1. M anbringen ❷), fM in nächste 11 M, 5 fM in nächste M (Maschenmarkierer in Farbe B in der 3. M anbringen). Auf der anderen Seite der Luftmaschenkette fortfahren, fM in nächste 11 M, zun in nächster M [32] ❸.
Maschenmarkierer in Farbe A in die 1. M jeder Runde umsetzen und Maschenmarkierer in Farbe B jedes Mal, wenn du 5 oder 3 fM in eine M arbeitest, in die mittlere M umsetzen.
2. Rd: 5 fM in 1. M, fM in nächste 15 M, 5 fM in nächste M, fM in nächste 15 M [40].
3. Rd: fM in nächste 2 M, 5 fM in nächste M, fM in nächste 19 M, 5 fM in nächste M, fM in nächste 17 M [48].
4. Rd: fM in nächste 4 M, 5 fM in nächste M, fM in nächste 23 M, 5 fM in nächste M, fM in nächste 19 M [56] ❹.
5. Rd: fM in nächste 6 M, 3 fM in nächste M, fM in nächste 27 M, 3 fM in nächste M, fM in nächste 21 M [60].
6. Rd: fM in nächste 7 M, 3 fM in nächste M, fM in nächste 29 M, 3 fM in nächste M, fM in nächste 22 M [64].
7. Rd: fM in nächste 8 M, 3 fM in nächste M, fM in nächste 31 M, 3 fM in nächste M, fM in nächste 23 M [68].
8. Rd: fM in nächste 9 M, 3 fM in nächste M, fM in nächste 33 M, 3 fM in nächste M, fM in nächste 24 M [72].
9. Rd: fM in nächste 10 M, 3 fM in nächste M, fM in nächste 35 M, 3 fM in nächste M, fM in nächste 25 M [76] ❺.
Maschenmarkierer in Farbe B entfernen.
10.–25. Rd: fM in alle 76 M [76] ❻ ❼.

26. Rd: fM in nächste 16 M (um den Faltrand der Tasche zu erreichen) [16].
Zum beigefarbenen Garn wechseln (8).
27. Rd: fM in nächste 38 M (Maschenmarkierer in Farbe A in die 1. dieser 38 M setzen, dies ist der neue Anfang deiner Runde (9)), 38 LM (die LM nicht zu locker arbeiten (10)), 38 M überspringen [76].
28. Rd: fM in nächste 38 M, fM in nächste 38 LM [76].
29.–35. Rd: fM in alle 76 M [76].
Zum weißen Plüschgarn wechseln (11).
36. Rd: (fM in nächste 7 M, abn, fM in nächste 8 M, abn) 4x wdh [68].
37. Rd: (fM in nächste 15 M, abn) 4x wdh [64].
38.–41. Rd: fM in alle 64 M [64].
Zum roten Garn wechseln (12).
42. Rd: Nur hMg fM in alle 64 M [64] (13) (14).
43.–49. Rd: fM in alle 64 M [64].
50. Rd: (fM in nächste 6 M, abn) 8x wdh [56].
51. Rd: (fM in nächste 5 M, abn) 8x wdh [48].
52. Rd: (fM in nächste 4 M, abn) 8x wdh [40].
53.–54. Rd: fM in alle 40 M [40].
55. Rd: (fM in nächste 3 M, abn) 8x wdh [32].
56.–57. Rd: fM in alle 32 M [32].
58. Rd: (fM in nächste 2 M, abn) 8x wdh [24].
59.–62. Rd: fM in alle 24 M [24].
63. Rd: (fM in nächste M, abn) 8x wdh [16].
64.–67. Rd: fM in alle 16 M [16].
68. Rd: 8x abn [8].
Kett-M in nächste M. Arbeit beenden, langen Faden zum Zusammennähen hängen lassen (15) (16).

ÄUSSERE KLAPPE (in beigefarbenem Garn)

Auf der Rückseite der Tasche, rechts, über dem weißen Rand der Öffnung, von der 1. in der 27. Runde übersprungenen M beginnend arbeiten Eine Schlaufe aus beigefarbenem Garn hindurchziehen, dabei am Anfang einen langen Faden zum Zusammennähen hängen lassen (17). In Reihen häkeln.
1. R: fM in alle 38 M, wenden [38].
2.–9. R: 1 LM, fM in alle 38 M, wenden [38].
Arbeit beenden, dabei einen langen Faden hängen lassen (18).

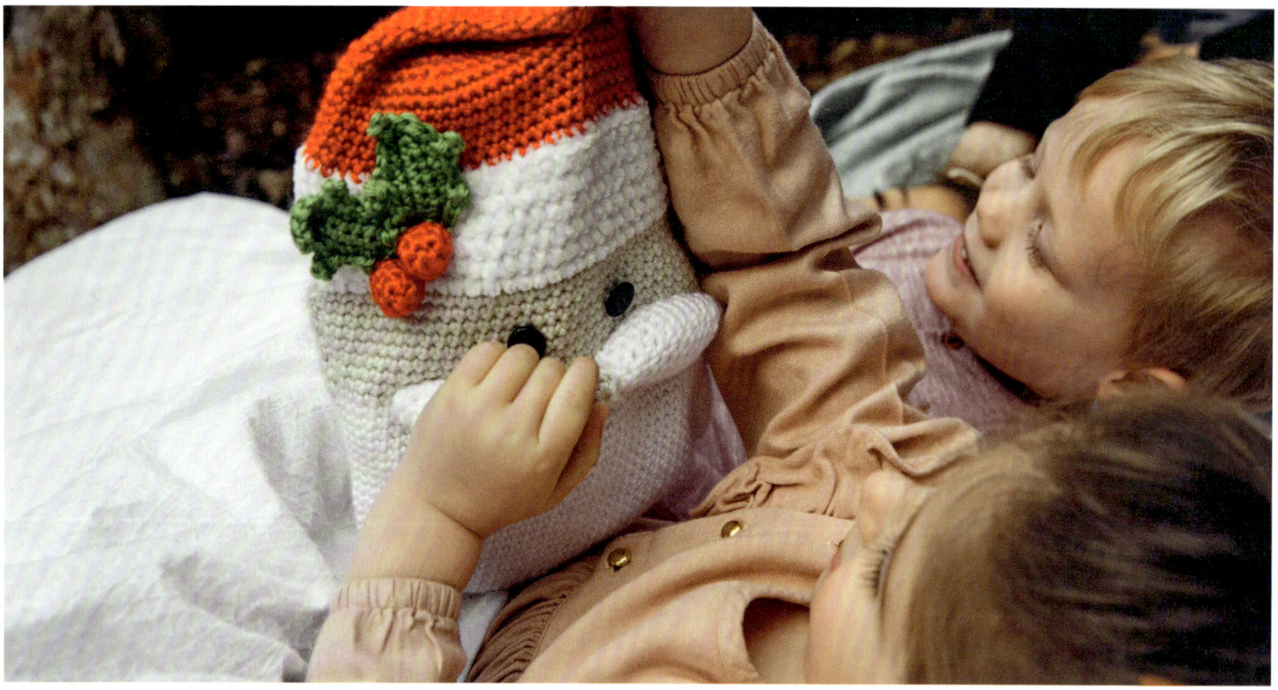

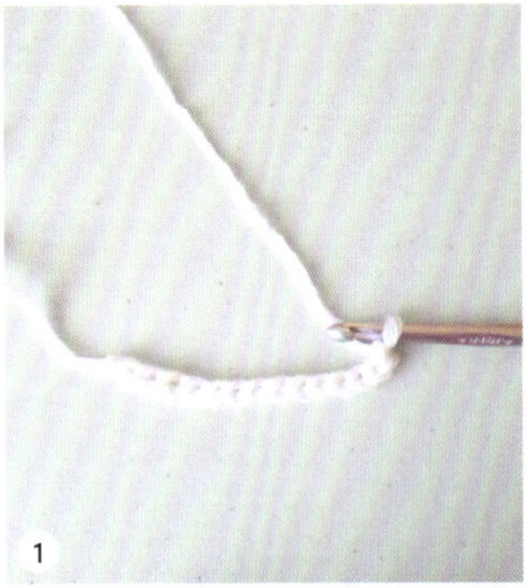
1

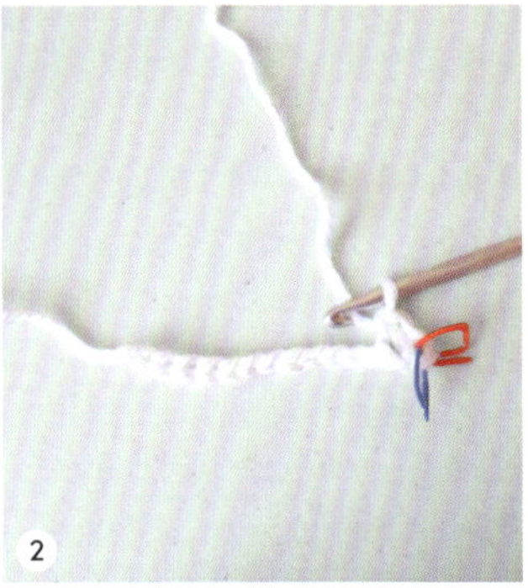
2

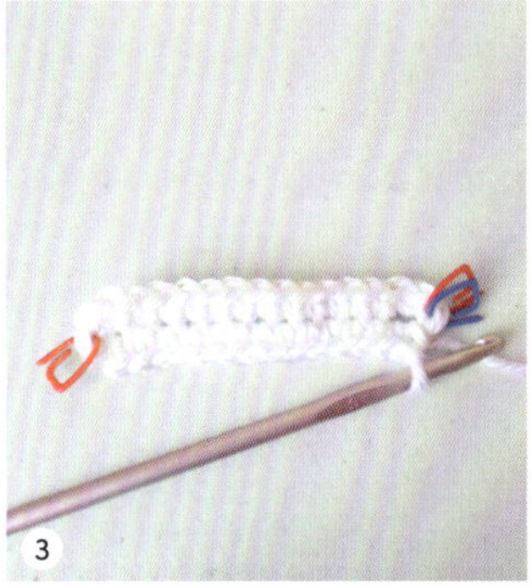
3

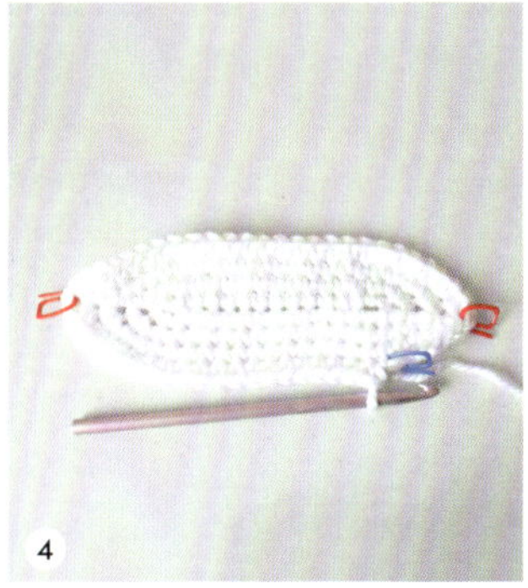
4

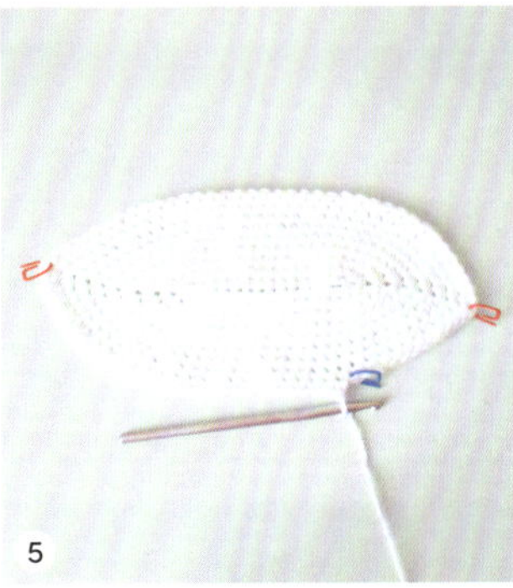
5

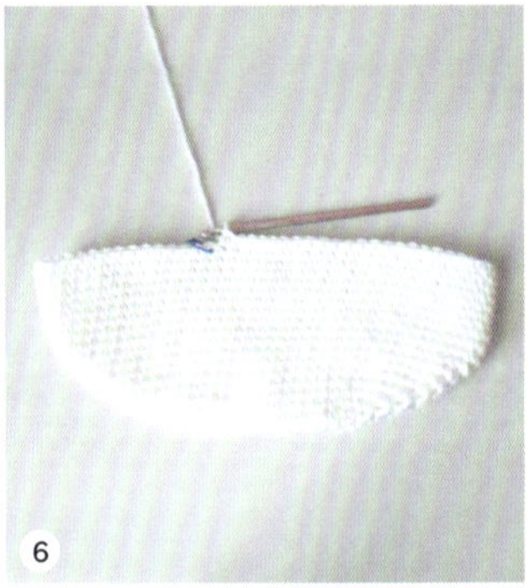
6

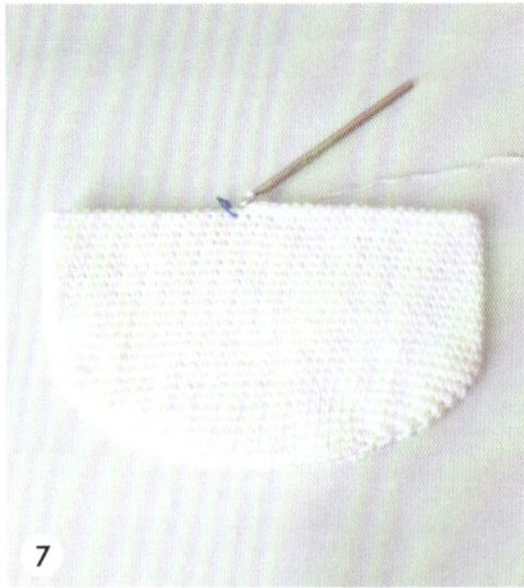
7

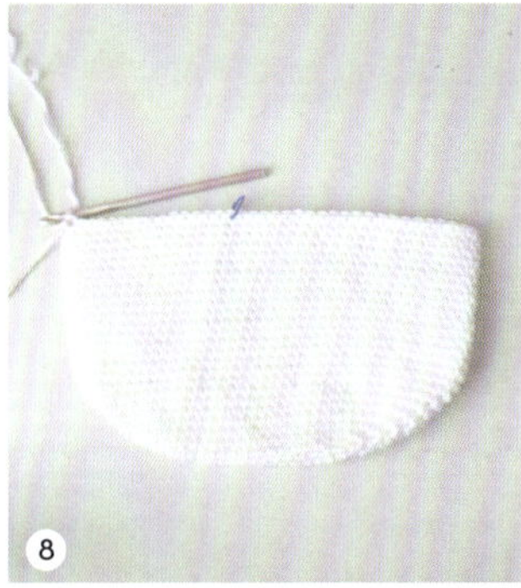
8

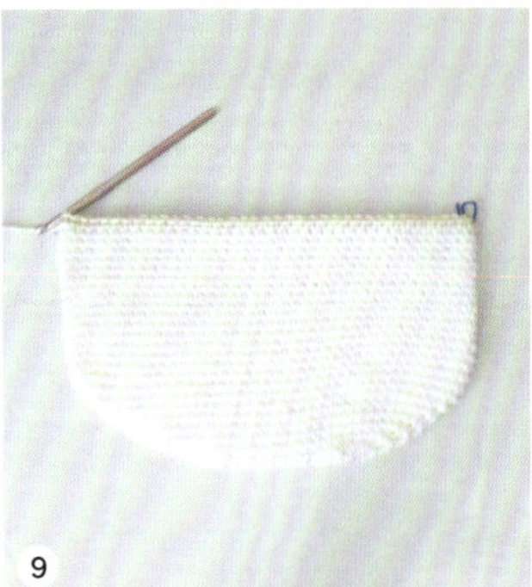
9

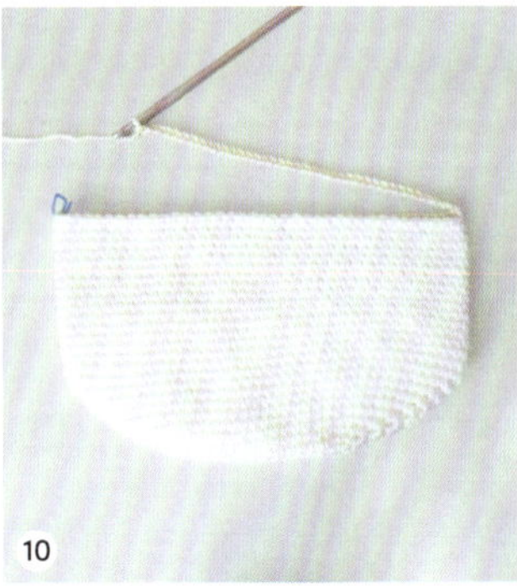
10

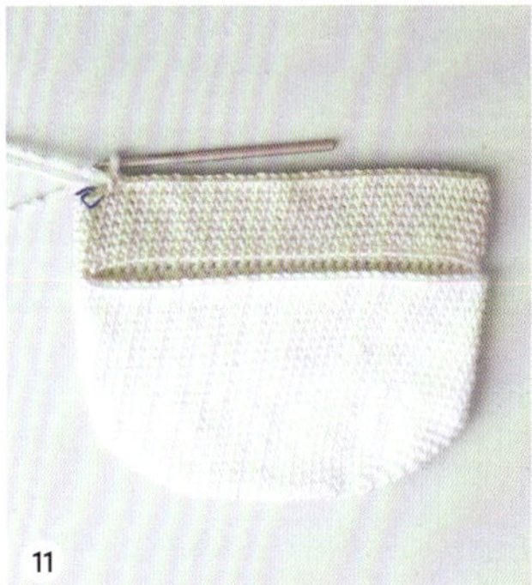
11

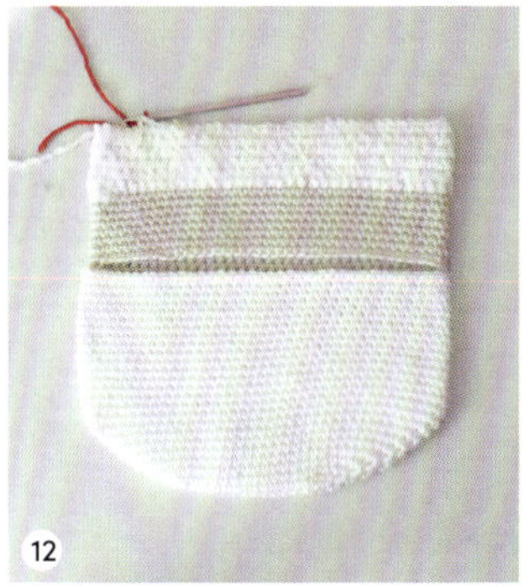
12

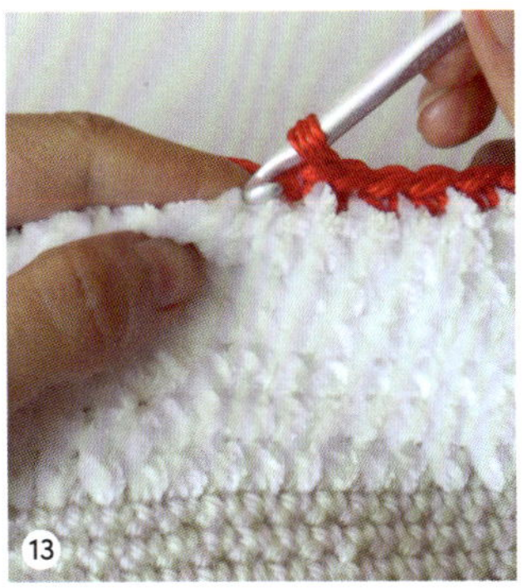
13

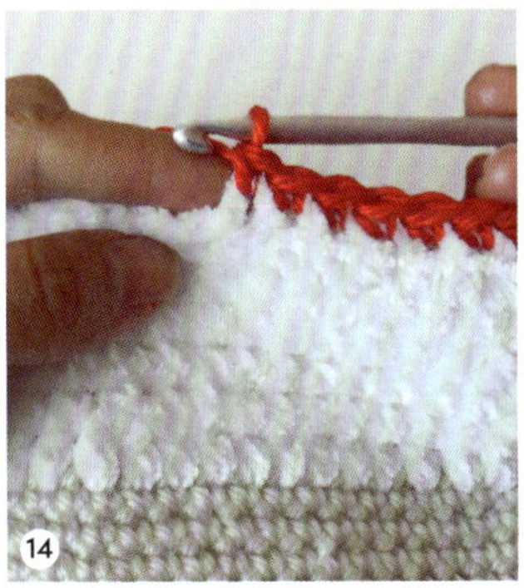
14

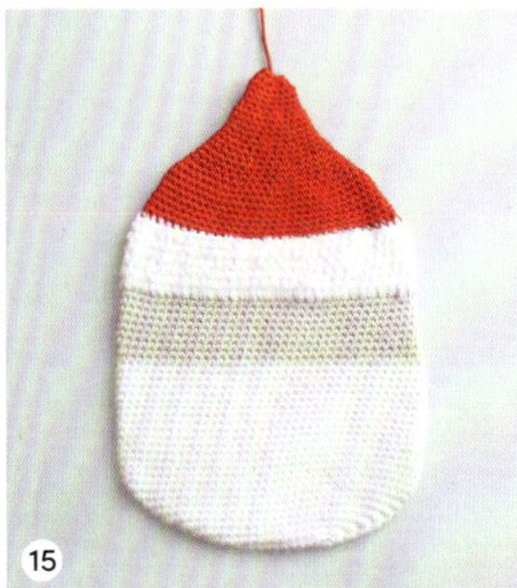
15

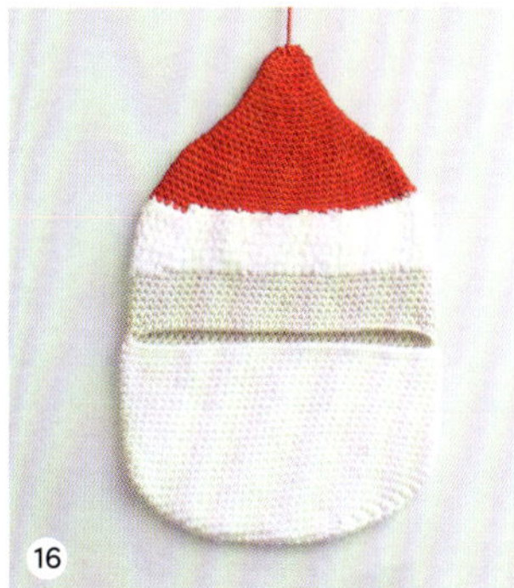
16

INNERE KLAPPE (in beigefarbenem Garn)

Den Kopf umdrehen. Auf der Rückseite der Tasche, rechts über dem beigefarbenen Rand der Öffnung, mit der letzten Luftmasche der 28. Runde des Kopfes beginnend arbeiten. Eine Schlaufe beigefarbenes Garn hindurchziehen, dabei am Anfang einen langen Faden zum Zusammennähen hängen lassen (19). In Reihen häkeln.

1. R: fM in alle 38 M, wenden [38].
2.–9. R: 1 LM, fM in alle 38 M, wenden [38].
Arbeit beenden, langen Faden zum Zusammennähen hängen lassen (20). Die Seiten der inneren Klappe innen an die Seiten der Tasche nähen (21). Die 9 Reihen der Seiten an der inneren Klappe werden an die 9 Runden von der Öffnung des Kopfes nach unten genäht. Die Seiten der äußeren Klappe außen an die Seiten der Tasche nähen (22). Die 9 Reihen der Seiten an der äußeren Klappe werden an die 9 Runden von der Öffnung des Kopfes nach oben, bis direkt unter der Krempe der Mütze, genäht (23).

POMPON (in weißem Plüschgarn)

2 LM.
1. Rd: In 2. LM ab Nadel beginnen, 6 fM in 1. M [6].
2. Rd: 6x zun [12].
3. Rd: (fM in nächste M, in nächster M zun) 6x wdh [18].
4.–6. Rd: fM in alle 18 M [18].
7. Rd: (fM in nächste M, abn) 6x wdh [12].
8. Rd: 6x abn [6].
Mit Füllwatte ausstopfen.
9. Rd: (fM in nächste M, 1 M überspringen) 3x wdh [3].
Kett-M in nächste M. Arbeit beenden.

NASE UND BEEREN (Nase in beigefarbenem Garn arbeiten, 2 Beeren in rotem Garn arbeiten)

1. Rd: Mit 6 fM in Magischem Ring beginnen [6].
2. Rd: (fM in nächste M, in nächster M zun) 3x wdh [9].
3. Rd: fM in alle 9 M [9].
Mit Füllwatte ausstopfen.
4. Rd: (fM in nächste M, abn) 3x wdh [6].
Kett-M in nächste M. Arbeit beenden, langen Faden zum Annähen hängen lassen.

SCHNURRBART (2x arbeiten, in weißem Garn)

1. Rd: Mit 6 fM in Magischem Ring beginnen [6].
2. Rd: (fM in nächste M, in nächster M zun) 3x wdh [9].
3. Rd: fM in alle 9 M [9].
4. Rd: (fM in nächste 2 M, in nächster M zun) 3x wdh [12].
5. Rd: fM in alle 12 M [12].
6. Rd: (fM in nächste 3 M, in nächster M zun) 3x wdh [15].
7.–9. Rd: fM in alle 15 M [15].
10. Rd: (fM in nächste M, abn) 5x wdh [10].
11.–12. Rd: fM in alle 10 M [10].
Mit Füllwatte ausstopfen.
13. Rd: (fM in nächste 3 M, abn) 2x wdh [8].
14. Rd: 4x abn [4].
15. Rd: (fM in nächste M, 1 M überspringen) 2x wdh [2].
Kett-M in nächste M. Arbeit beenden, langen Faden zum Annähen hängen lassen.

BLATT (2x arbeiten, in grünem Garn)

8 LM. Die M werden auf beiden Seiten der Luftmaschenkette gearbeitet.
1. Rd: In der 2. LM ab Nadel beginnen, 2 fM in 1. M (Maschenmarkierer in der 1. M anbringen), fM in nächste 5 M, 3 fM in nächste M. Auf der anderen Seite der Luftmaschenkette fortfahren, fM in nächste 6 M [16].
2. Rd: (Mschenmarkierer in die 1. M dieser Runde umsetzen.) (Kett-M in nächste 3 M, 4 LM, Kett-M in erste LM) 5x wdh, fM in letzte M. Kett-M in nächste M. Arbeit beenden, dabei einen langen Faden zum Annähen hängen lassen (24).

GESICHT FERTIGSTELLEN

- Schnurrbart an die Vorderseite der Tasche, über den Farbwechseln, annähen. Dabei einen Abstand von 2 M lassen (25).
- Nase über den freien Bereich zwischen dem Schnurrbart annähen (26).
- Sicherheitsaugen eine Runde über dem Schnurrbart einsetzen. Dabei einen Abstand von 5 M lassen (27).
- Den Pompon an die Spitze der Mütze nähen (28).
- Die Spitze der Mütze nach vorne umklappen und festnähen (29) (30).
- Die Blätter und Beeren an die Krempe der Mütze nähen (31).

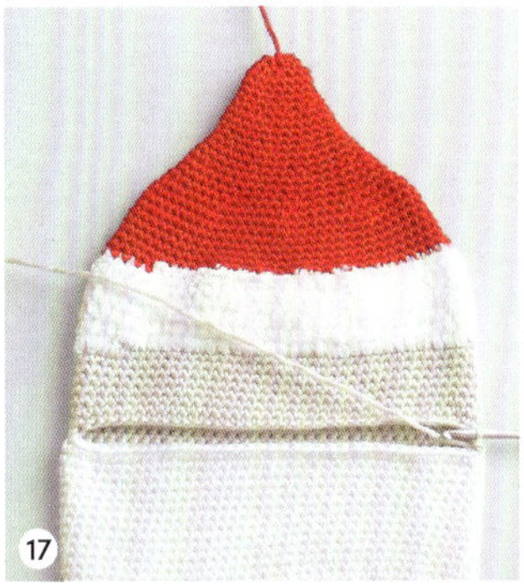
17

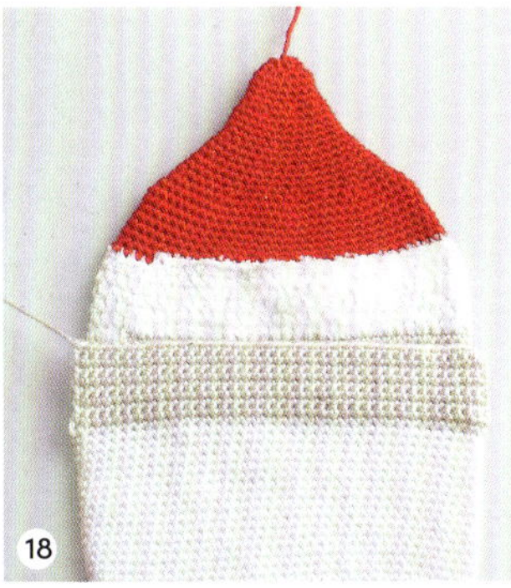
18

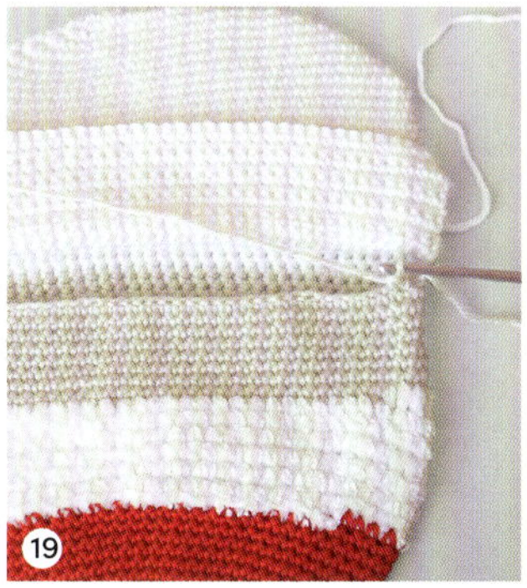
19

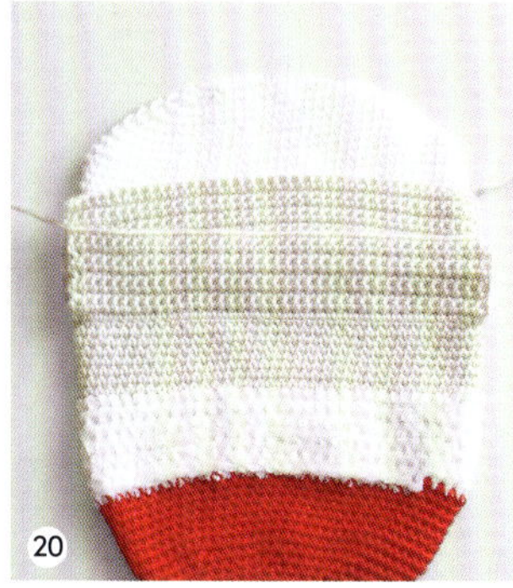
20

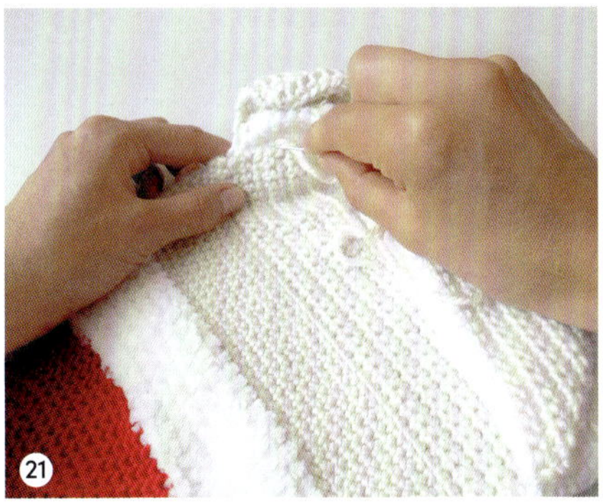
21

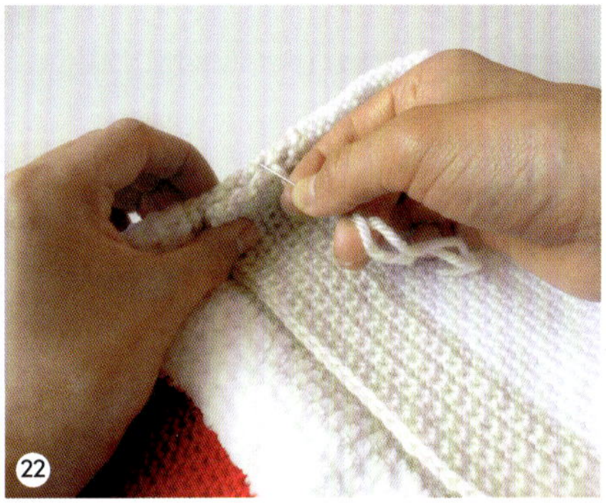
22

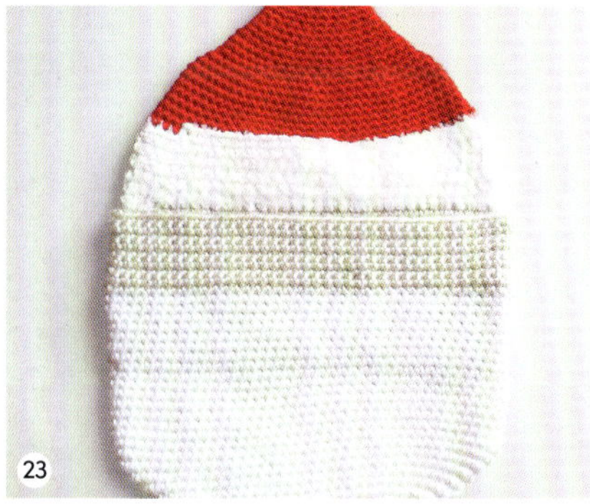
23

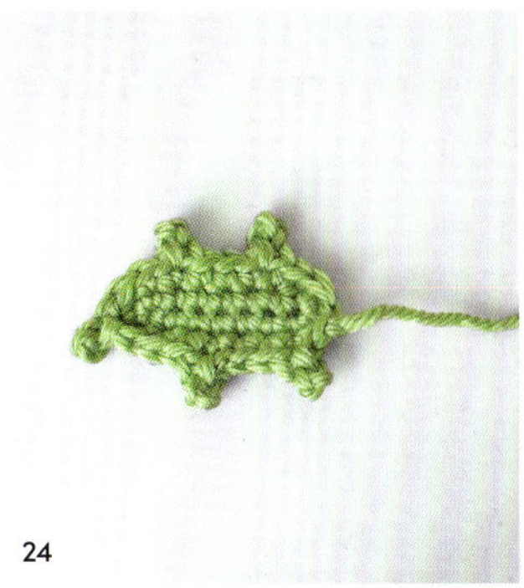
24

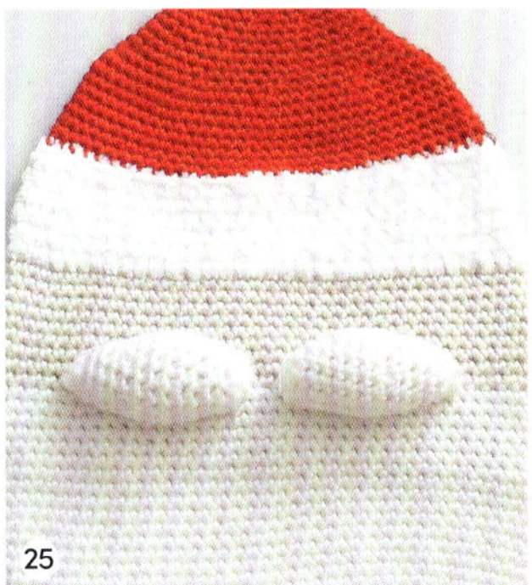
25

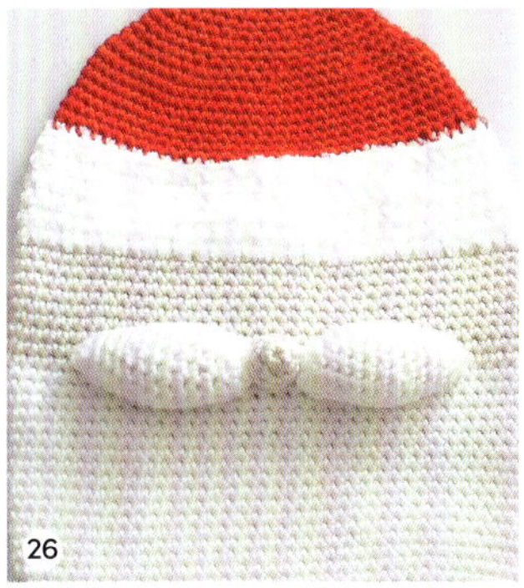
26

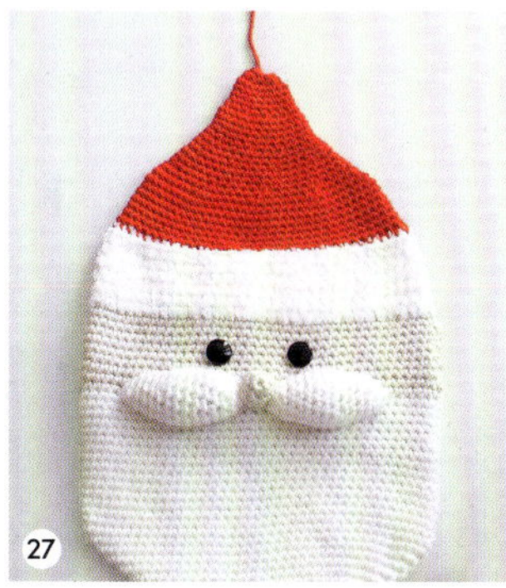
27

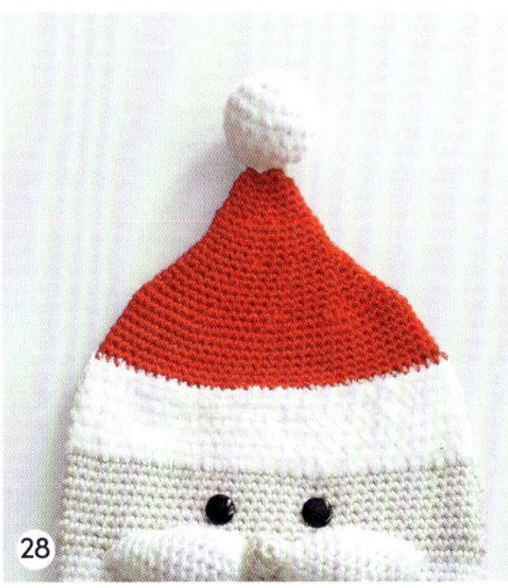
28

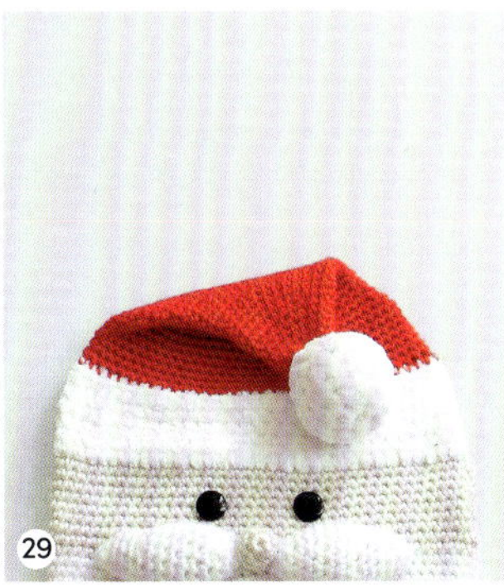
29

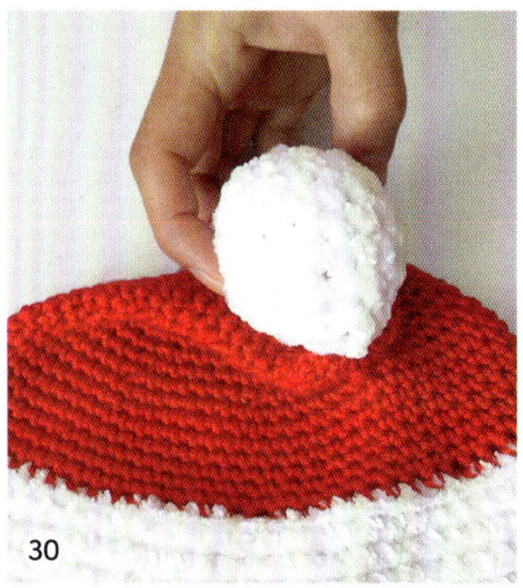
30

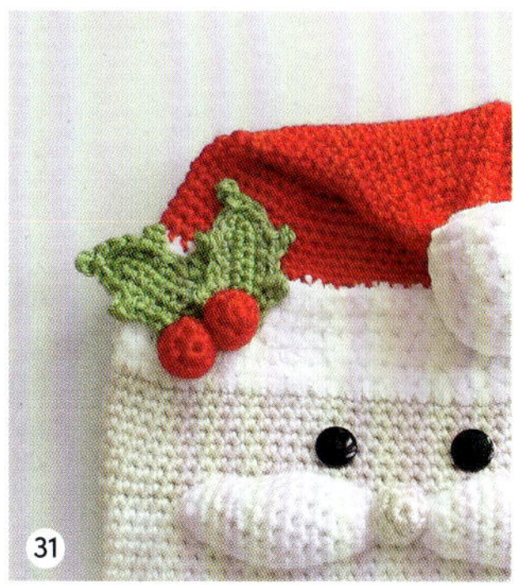
31

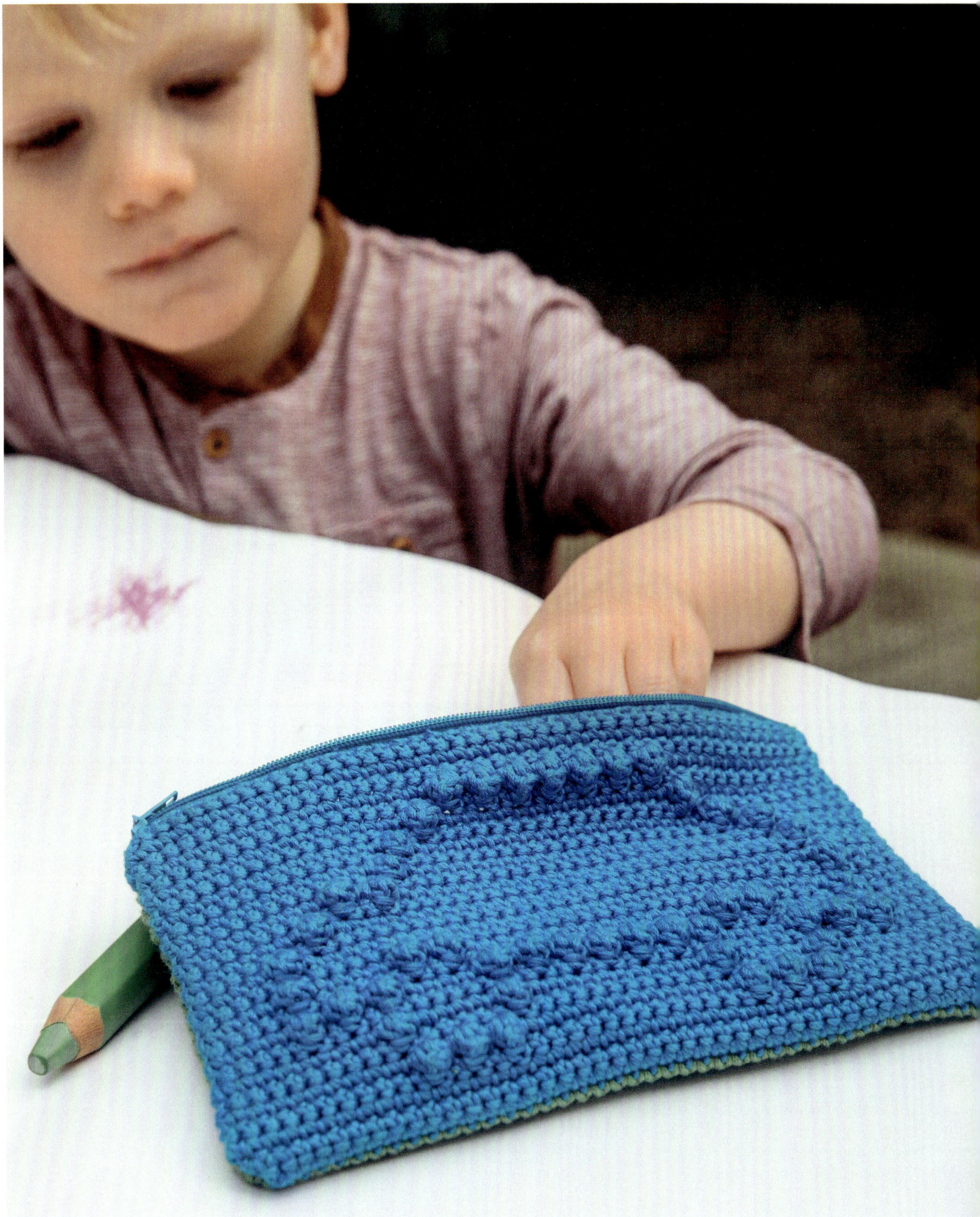

MÄPPCHEN AUTO/FAHRRAD

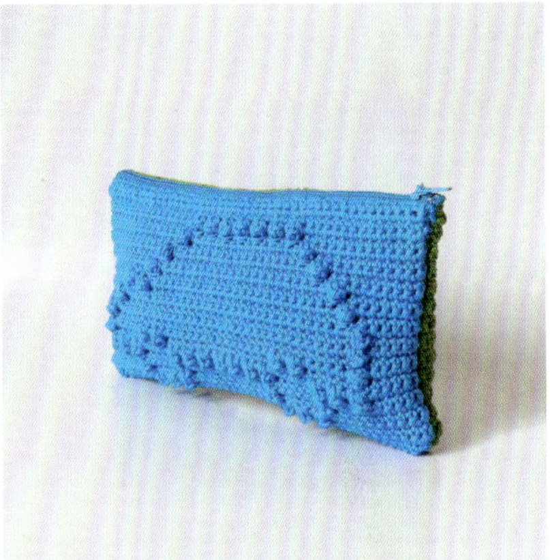

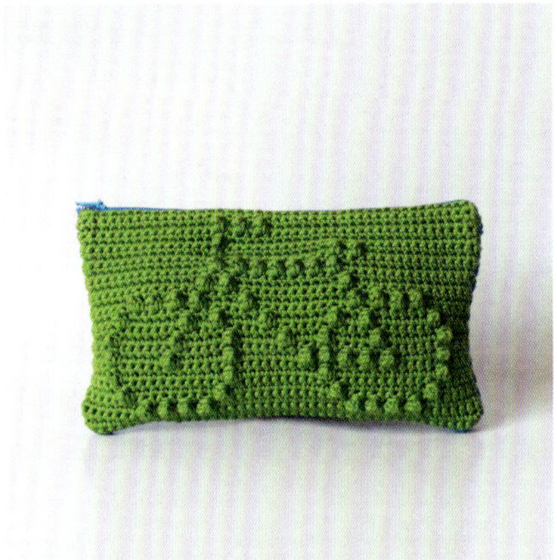

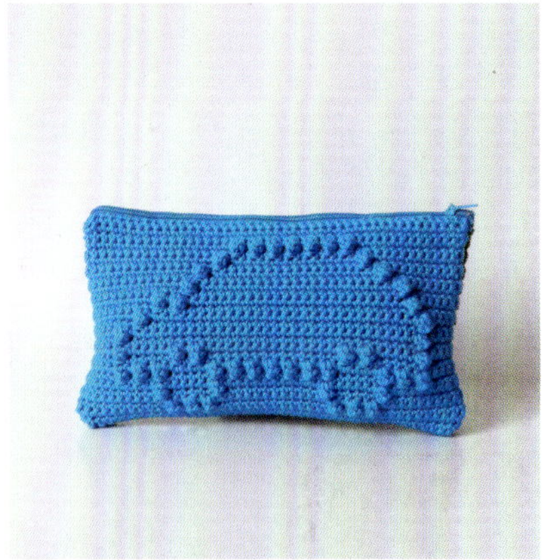

LEVEL ●●○
GRÖSSE 20 x 11 cm
MASCHENPROBE (fM) 23 M x 24 R = 10 cm
MATERIAL

- Feines Garn in Blau (LL 100 m/50 g) und Grün (LL 100 m/50 g)
- Häkelnadel in Nadelstärke 3 mm
- 20 cm langer Reißverschluss in Blau (sofern du mit einer ähnlichen Garnstärke wie im Original arbeitest)
- Stopfnadel
- Nähgarn in Blau oder Grün

ANLEITUNG FÜR DIE NOPPENMASCHE

4 fM in die gleiche M arbeiten (1), die Schlaufe der letzten fM von der Nadel fallen lassen (2), Nadel (von vorne nach hinten) in die 1. der 4 fM einführen (3), die fallengelassene Schlaufe aufnehmen (4) und durch die M ziehen (5). Mit 1 LM abschließen (6) (7) (8).
In dieser Anleitung bestehen die ungeraden Reihen auf der Rückseite der Arbeit aus 45 fM. Für die richtige Maschenzahl in diesen Reihen für jede Noppe aus der vorherigen Reihe 1 fM arbeiten. Bis zur Rückseite der Noppe fM häkeln (9) und die fM in die kleine Lücke neben der abschließenden LM der Noppe arbeiten (10) (11) (12).

MÄPPCHEN (in blauem Garn beginnen) (optional nach der Häkelschrift auf S. 66 arbeiten)
46 LM, dabei am Anfang einen langen Faden zum Zusammennähen hängen lassen.
In Reihen häkeln.
1. R: In der 2. LM ab der Nadel beginnen, fM in alle 45 M, wenden [45].
2.–3. R: 1 LM, fM in alle 45 M, wenden [45].
4. R: 1 LM, fM in nächste 18 M, (Noppe in nächste M, fM in nächste M) 7x wdh, fM in nächste 13 M, wenden [45].
5. R: 1 LM, fM in alle 45 M, wenden [45].
6. R: 1 LM, fM in nächste 16 M, Noppe in nächste M, fM in nächste 15 M, Noppe in nächste M, fM in nächste 12 M, wenden [45].
7. R: 1 LM, fM in alle 45 M, wenden [45].
8. R: 1 LM, fM in nächste 14 M, Noppe in nächste M, fM in nächste 19 M, Noppe in nächste M, fM in nächste 10 M, wenden [45].
9. R: 1 LM, fM in alle 45 M, wenden [45].
10. R: 1 LM, fM in nächste 13 M, Noppe in nächste M, fM in nächste 22 M, Noppe in nächste M, fM in nächste 8 M, wenden [45].
11. R: 1 LM, fM in alle 45 M, wenden [45].
12. R: 1 LM, fM in nächste 10 M, Noppe in nächste M, fM in nächste M, Noppe in nächste M, fM in nächste 24 M, Noppe in nächste M, fM in nächste 7 M, wenden [45].
13. R: 1 LM, fM in alle 45 M, wenden [45].

14. R: 1 LM, fM in nächste 8 M, Noppe in nächste M, fM in nächste 29 M, Noppe in nächste M, fM in nächste 6 M, wenden [45].
15. R: 1 LM, fM in alle 45 M, wenden [45].
16. R: 1 LM, fM in nächste 6 M, Noppe in nächste M, fM in nächste 31 M, Noppe in nächste M, fM in nächste 6 M, wenden [45].
17. R: 1 LM, fM in alle 45 M, wenden [45].
18. R: 1 LM, fM in nächste 6 M, Noppe in nächste M, fM in nächste 5 M, Noppe in nächste M, fM in nächste M, Noppe in nächste M, fM in nächste 15 M, Noppe in nächste M, fM in nächste M, Noppe in nächste M, fM in nächste 5 M, Noppe in nächste M, fM in nächste 6 M, wenden [45].
19. R: 1 LM, fM in alle 45 M, wenden [45].
20. R: 1 LM, fM in nächste 6 M, (Noppe in nächste M, fM in nächste M) 3x wdh, fM in nächste 4 M, (Noppe in nächste M, fM in nächste M) 7x wdh, fM in nächste 4 M, (Noppe in nächste M, fM in nächste M) 3x wdh, fM in nächste 5 M, wenden [45].
21. R: 1 LM, fM in alle 45 M, wenden [45].
22. R: 1 LM, fM in nächste 10 M, Noppe in nächste M, fM in nächste 5 M, Noppe in nächste M, fM in nächste 11 M, Noppe in nächste M, fM in nächste 5 M, Noppe in nächste M, fM in nächste 10 M, wenden [45].
23. R: 1 LM, fM in alle 45 M, wenden [45].
24. R: 1 LM, fM in nächste 11 M, (Noppe in nächste M, fM in nächste M) 3x wdh, fM in nächste 12 M, (Noppe in nächste M, fM in nächste M) 3x wdh, fM in nächste 10 M, wenden [45].
25.–28. R: 1 LM, fM in alle 45 M, wenden [45].
Zu grünem Garn wechseln. Mit dem Fahrradmuster fortfahren.
29.–31. R: 1 LM, fM in alle 45 M, wenden [45].
32. R: 1 LM, fM in nächste 8 M, (Noppe in nächste M, fM in nächste M) 4x wdh, fM in nächste 14 M, (Noppe in nächste M, fM in nächste M) 4x wdh, fM in nächste 7 M, wenden [45].
33. R: 1 LM, fM in alle 45 M, wenden [45].
34. R: 1 LM, fM in nächste 6 M, Noppe in nächste M, fM in nächste 9 M, Noppe in nächste M, fM in nächste 11 M, Noppe in nächste M, fM in nächste 9 M, Noppe in nächste M, fM in nächste 6 M, wenden [45].
35. R: 1 LM, fM in alle 45 M, wenden [45].
36. R: 1 LM, fM in nächste 5 M, Noppe in nächste M, fM in nächste 11 M, Noppe in nächste M, fM in nächste 9 M, Noppe in nächste M, fM in nächste 11 M, Noppe in nächste M, fM in nächste 5 M, wenden [45].
37. R: 1 LM, fM in alle 45 M, wenden [45].
38. R: 1 LM, fM in nächste 5 M, Noppe in nächste M, fM in nächste 5 M, (Noppe in nächste M, fM in nächste M) 5x wdh, fM in nächste 6 M, (Noppe in nächste M, fM in nächste 5 M) 3x wdh, wenden [45].
39. R: 1 LM, fM in alle 45 M, wenden [45].
40. R: 1 LM, fM in nächste 5 M, Noppe in nächste M, fM in nächste 6 M, Noppe in nächste M, fM in nächste 4 M, Noppe

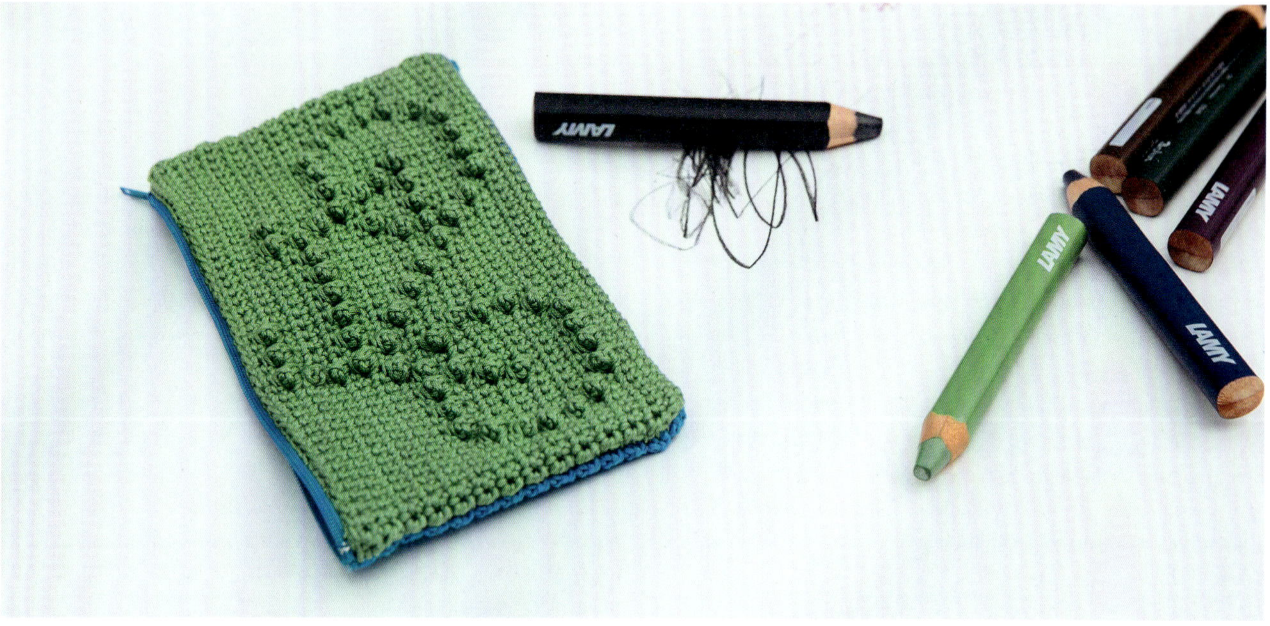

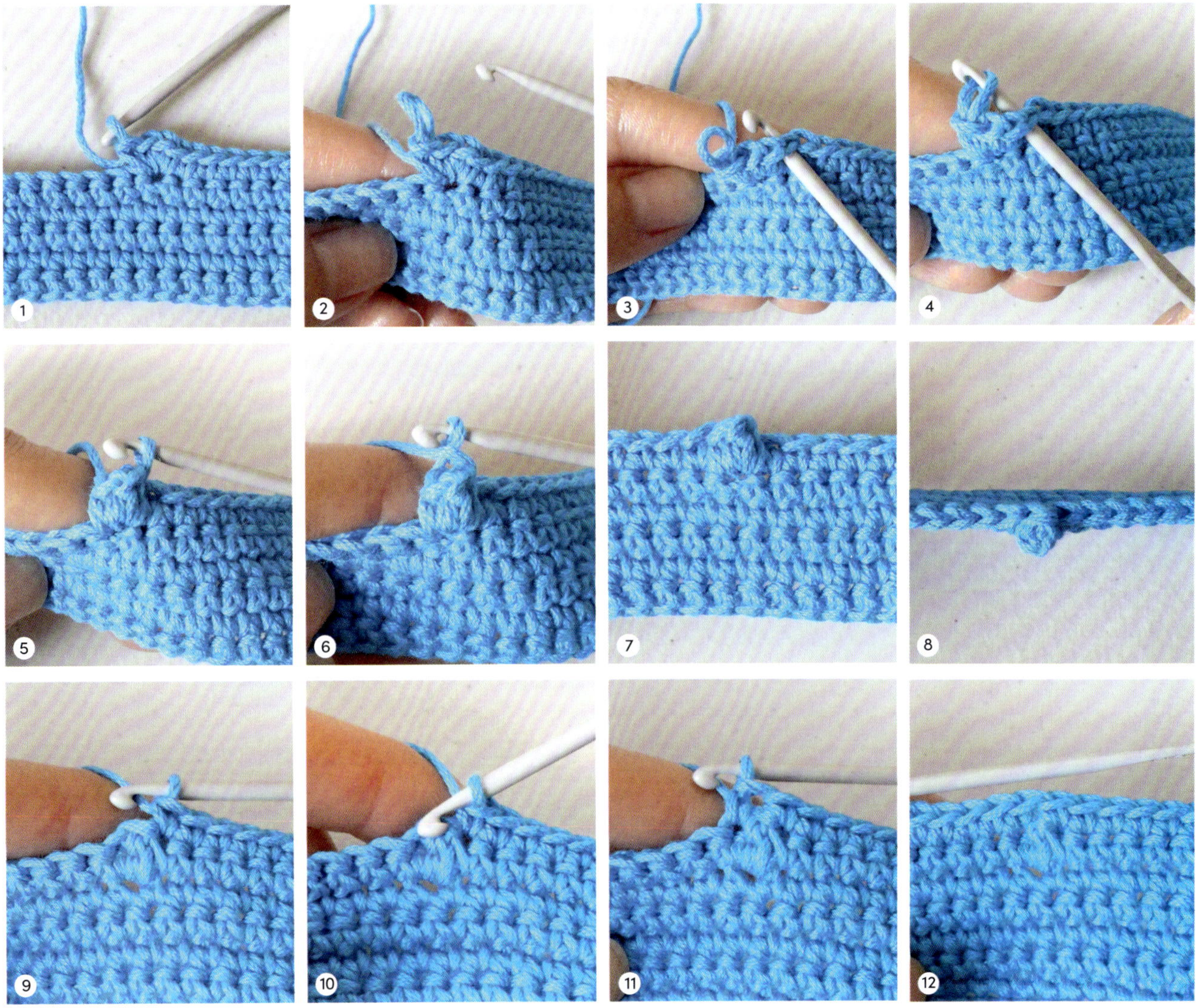

in nächste M, fM in nächste 3 M, Noppe in nächste M, fM in nächste 5 M, Noppe in nächste M, fM in nächste 4 M, Noppe in nächste M, fM in nächste 6 M, Noppe in nächste M, fM in nächste 5 M, wenden [45].

41. R: 1 LM, fM in alle 45 M, wenden [45].

42. R: 1 LM, fM in nächste 6 M, Noppe in nächste M, fM in nächste 6 M, Noppe in nächste M, fM in nächste 2 M, Noppe in nächste M, fM in nächste 6 M, Noppe in nächste M, fM in nächste 4 M, Noppe in nächste M, fM in nächste 2 M, (Noppe in nächste M, fM in nächste 6 M) 2x wdh, wenden [45].

43. R: 1 LM, fM in alle 45 M, wenden [45].

44. R: 1 LM, fM in nächste 8 M, (Noppe in nächste M, fM in nächste M) 4x wdh, fM in nächste 9 M, Noppe in nächste M, fM in nächste 4 M, (Noppe in nächste M, fM in nächste M) 4x wdh, fM in nächste 7 M, wenden [45].

45. R: 1 LM, fM in alle 45 M, wenden [45].

46. R: 1 LM, fM in nächste 15 M, Noppe in nächste M, fM in nächste 11 M, Noppe in nächste M, fM in nächste M, Noppe in nächste M, fM in nächste 15 M, wenden [45].

47. R: 1 LM, fM in alle 45 M, wenden [45].

48. R: 1 LM, fM in nächste 16 M, (Noppe in nächste M, fM in nächste M) 7x wdh, fM in nächste 15 M, wenden [45].

49. R: 1 LM, fM in alle 45 M, wenden [45].
50. R: 1 LM, fM in nächste 14 M, Noppe in nächste M, fM in nächste M, Noppe in nächste M, fM in nächste 11 M, Noppe in nächste M, fM in nächste 16 M, wenden [45].
51. R: 1 LM, fM in alle 45 M, wenden [45].
52. R: 1 LM, fM in nächste 28 M, Noppe in nächste M, fM in nächste 16 M, wenden [45].
53. R: 1 LM, fM in alle 45 M, wenden [45].
54. R: 1 LM, fM in nächste 24 M, (Noppe in nächste M, fM in nächste M) 3x wdh, fM in nächste 15 M, wenden [45].
55.–56. R: 1 LM, fM in alle 45 M, wenden [45].
Arbeit beenden, langen Faden zum Zusammennähen hängen lassen ⓭.

FERTIGSTELLEN

- Das Mäppchen in der Mitte falten.
- Die Seiten des Mäppchens zunähen ⓮.
- Das Innere des Mäppchens nach außen wenden ⓯. Den Reißverschluss mit der linken Seite an den Rand des Mäppchens stecken ⓰. Mit einem Heftstich in einer Kontrastfarbe fixieren ⓱. Den Reißverschluss öffnen und für die andere Seite des Mäppchens und die andere Seite des Reißverschlusses wiederholen ⓲ ⓳. Dann mit dem blauen oder grünen Nähgarn rundherum mit einem Steppstich festnähen ⓴ ㉑ ㉒. Faden vernähen und abschneiden. Den Heftstich entfernen. Das Mäppchen wieder auf rechts wenden ㉓ ㉔.

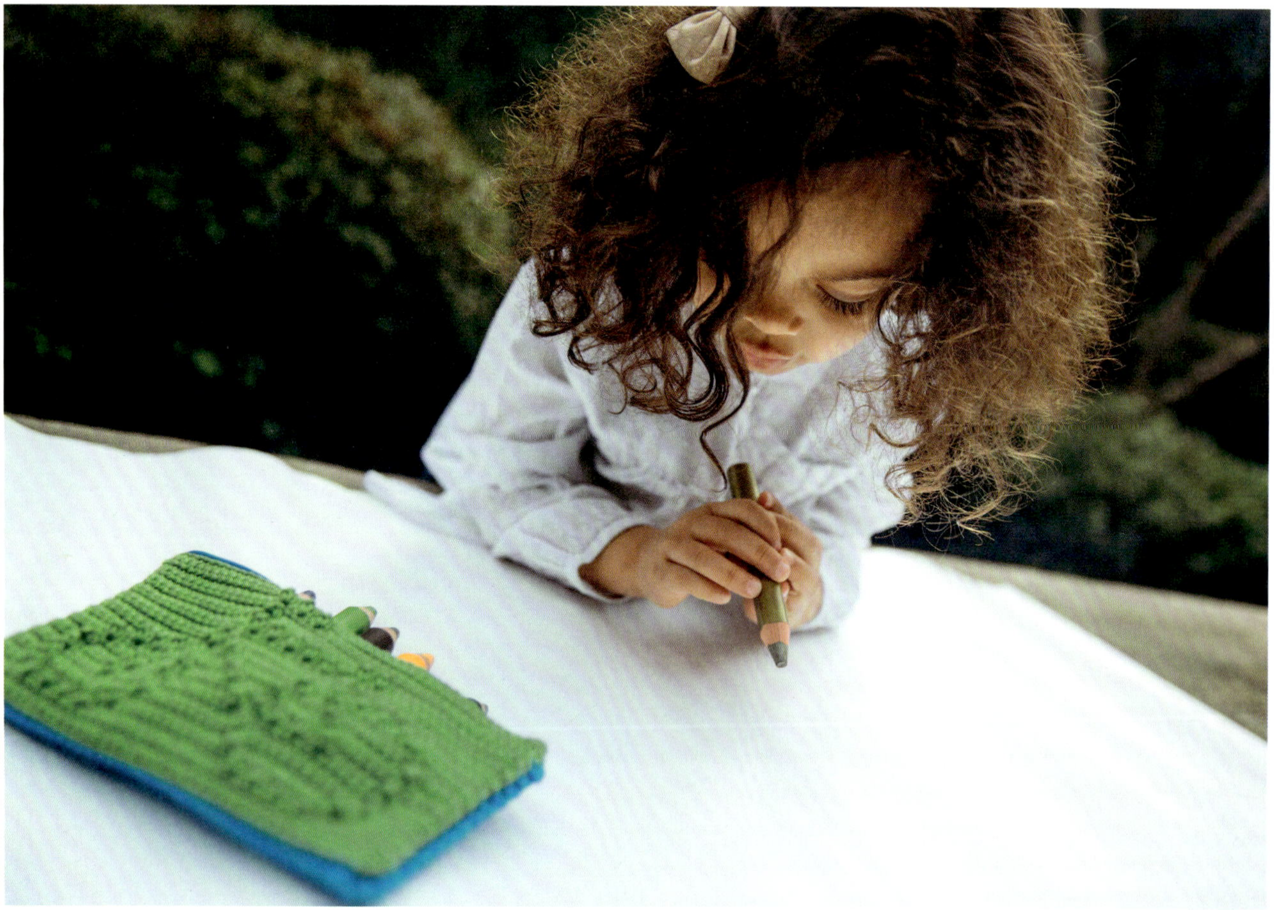

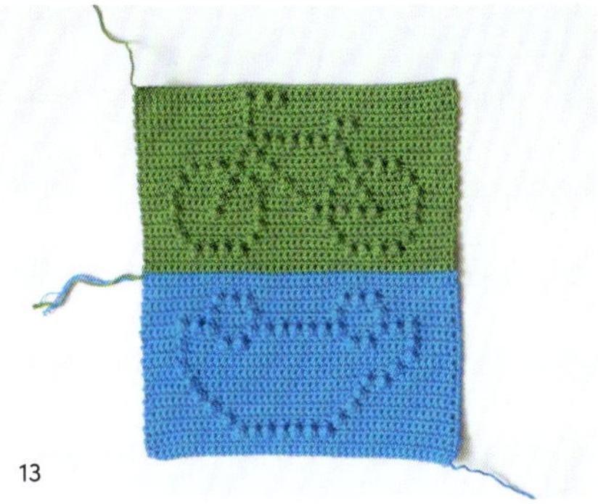
13

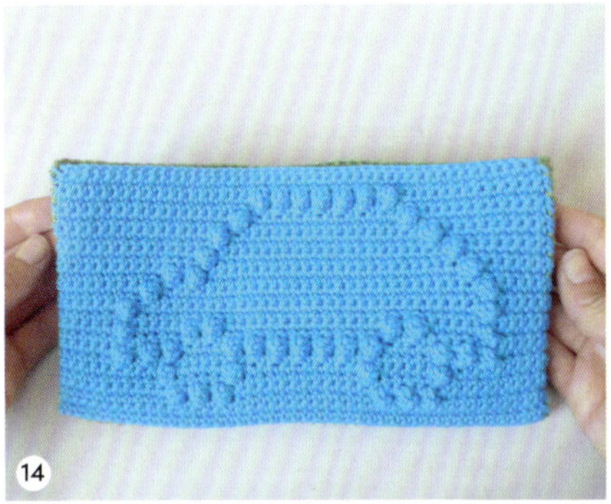
14

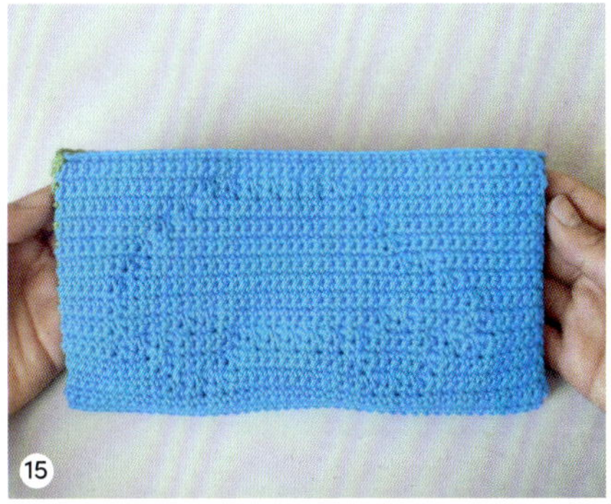
15

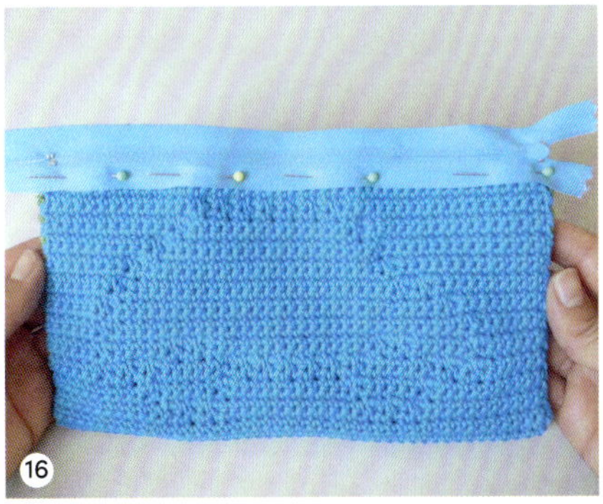
16

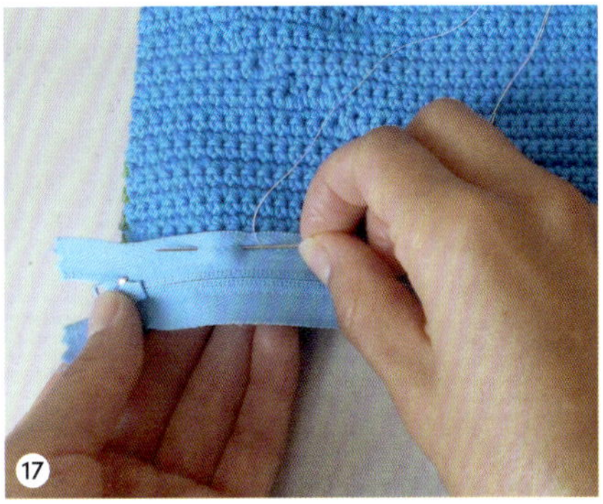
17

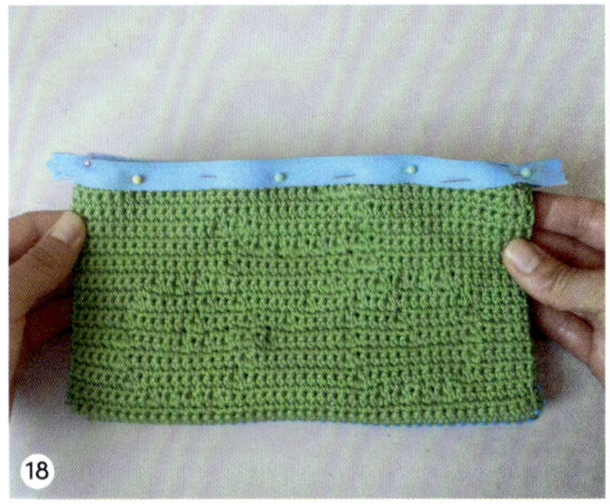
18

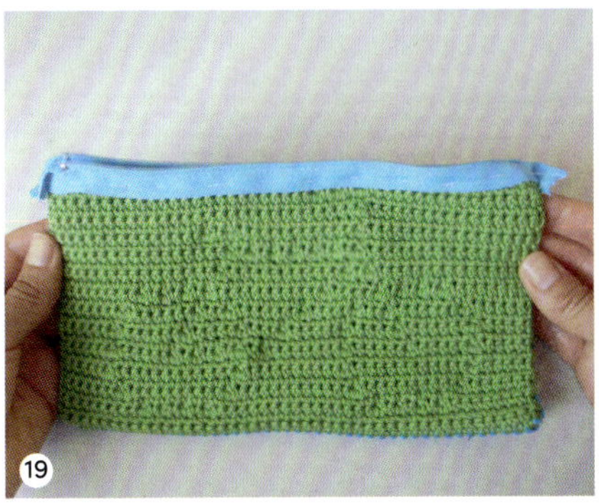
19

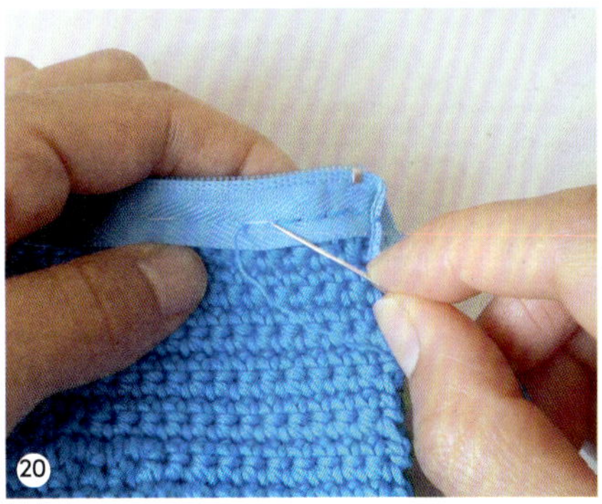
20

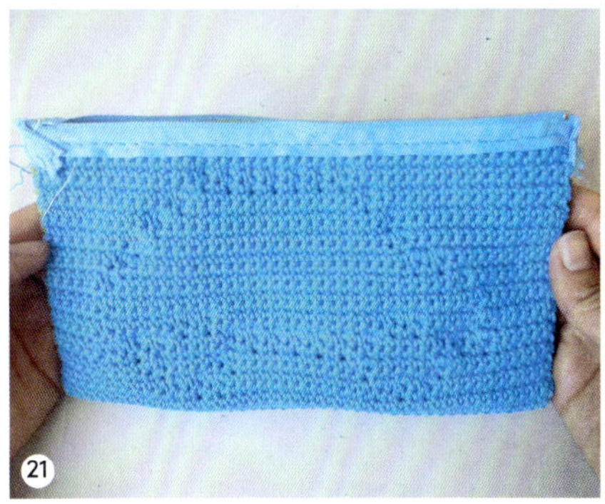
21

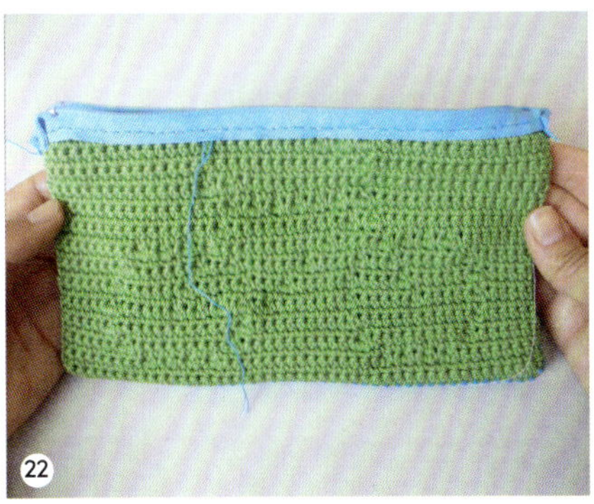
22

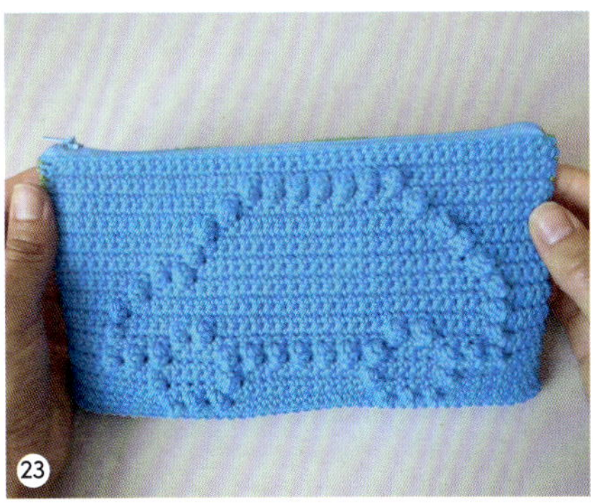
23

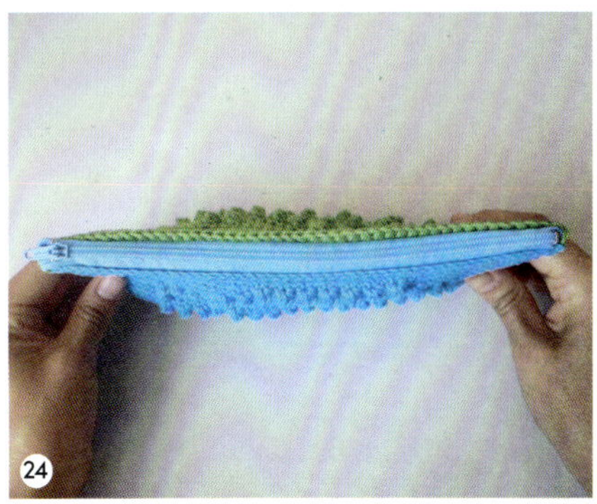
24

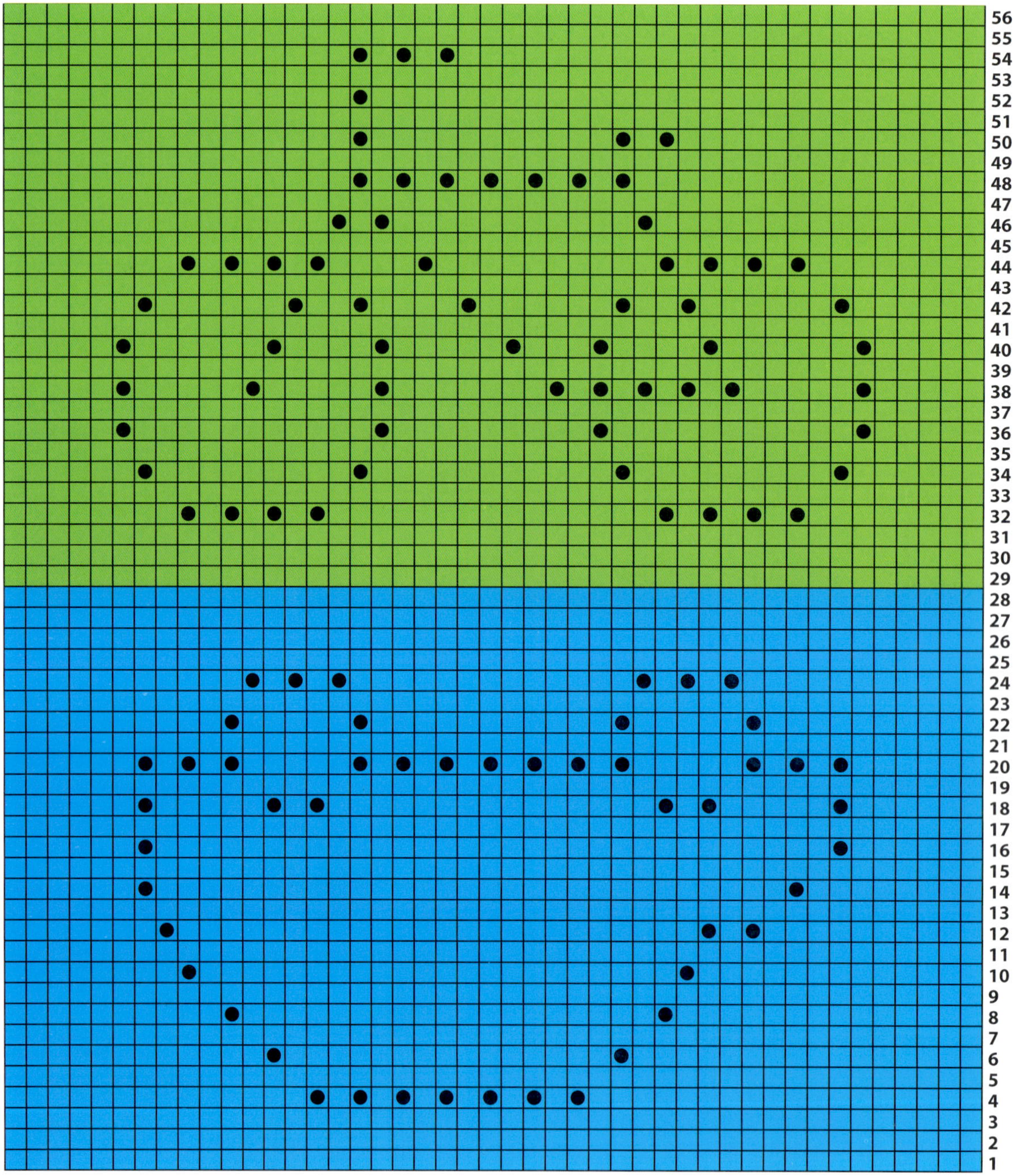

1 fM in Grün

Noppe in Grün

1 fM in Blau

Noppe in Blau

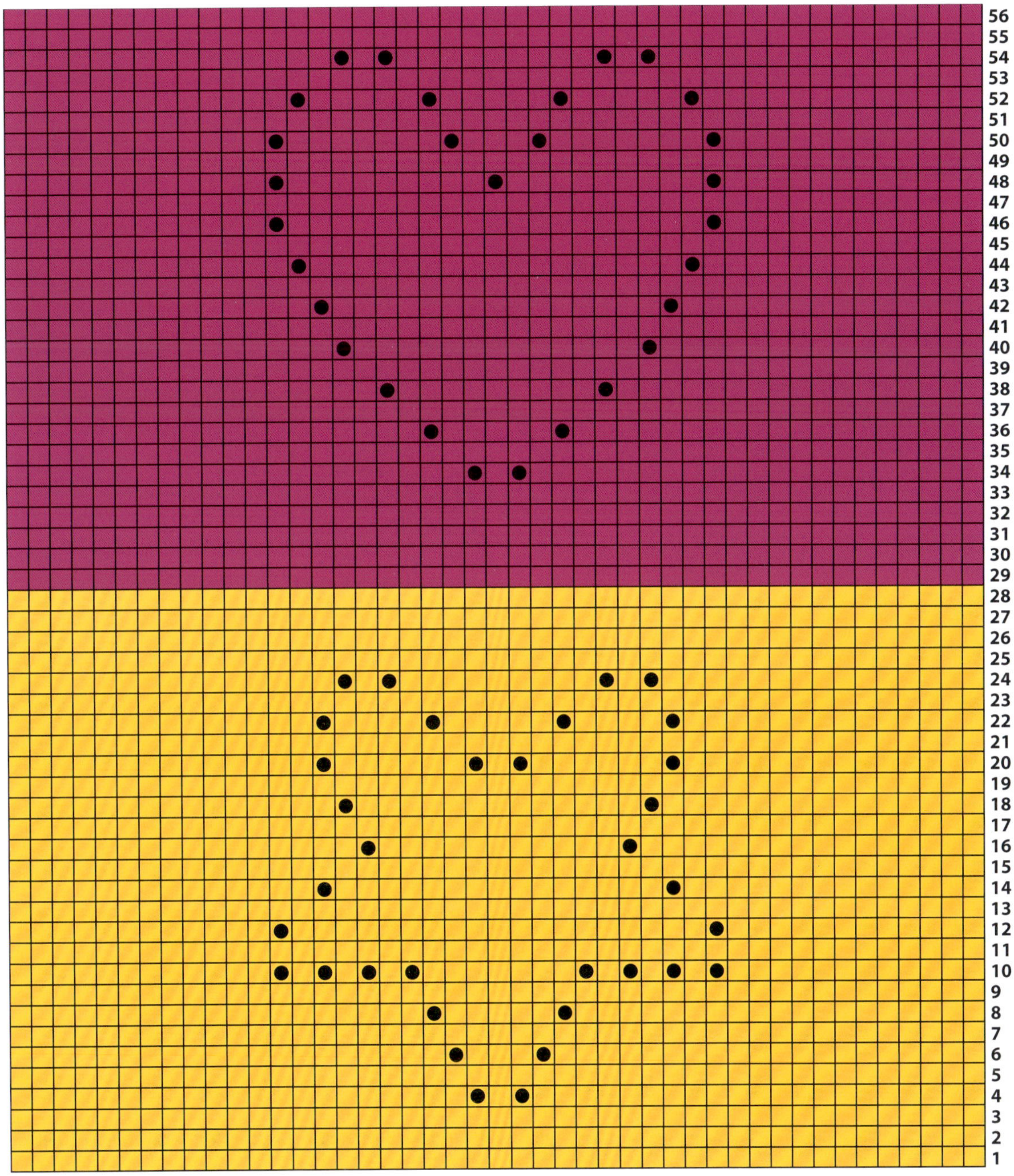

1 fM in Pink

Noppe in Pink

1 fM in Gelb

Noppe in Gelb

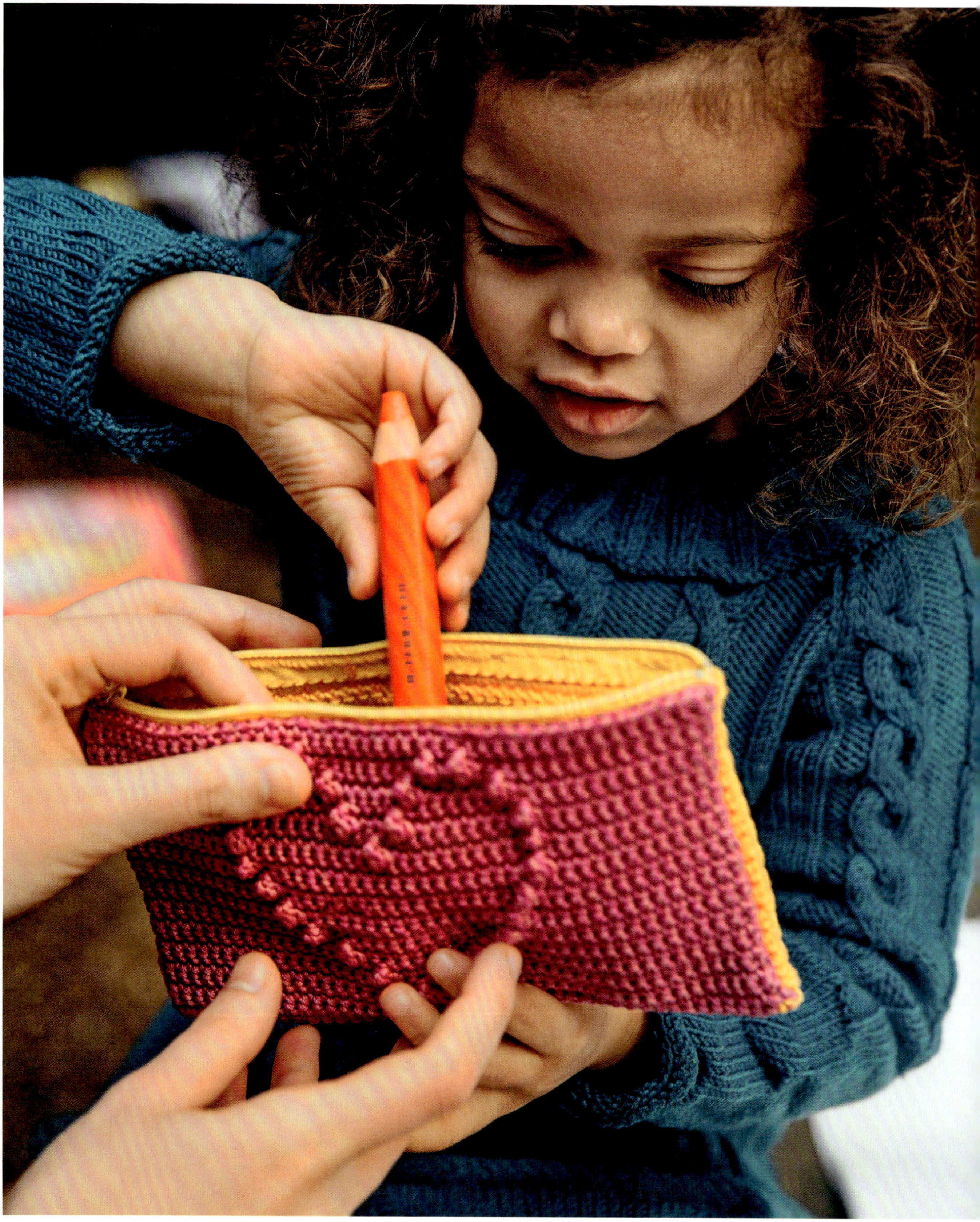

MÄPPCHEN STERN/HERZ

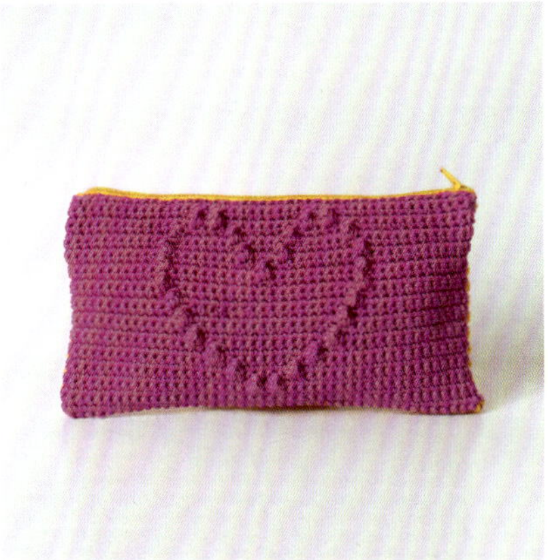

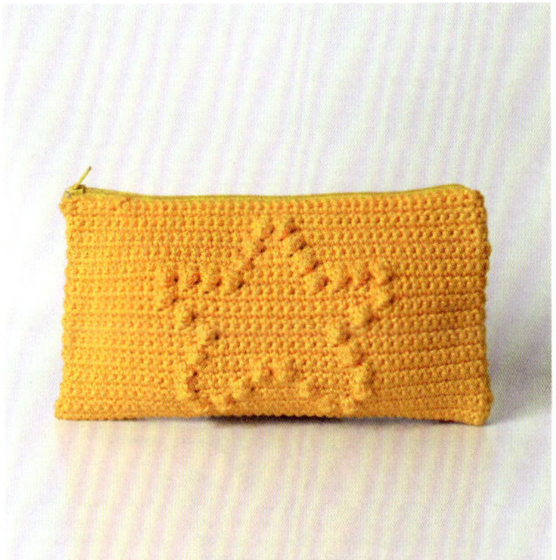

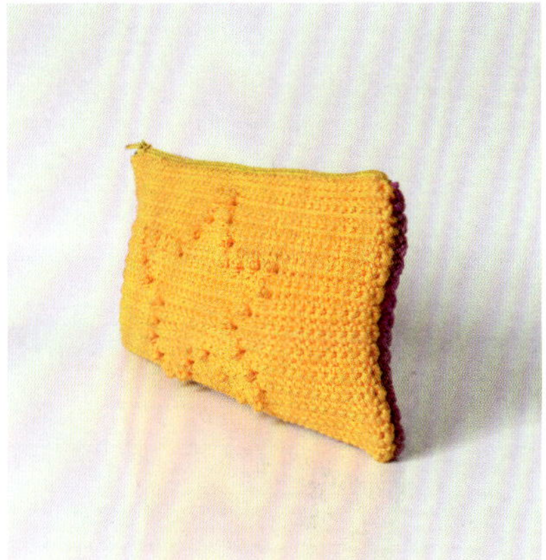

LEVEL ●●○
GRÖSSE 20 x 11 cm
MASCHENPROBE (fM) 23 M x 24 R = 10 cm
MATERIAL
- Feines Garn in Gelb (LL 100 m/50 g) und Pink (LL 100 m/50 g)
- Häkelnadel in Nadelstärke 3 mm
- 20 cm langer Reißverschluss in Gelb (sofern du mit einer ähnlichen Garnstärke wie im Original arbeitest)
- Stopfnadel
- Nähgarn in Gelb oder Pink

ANLEITUNG FÜR DIE NOPPENMASCHE
4 fM in die gleiche M arbeiten, die Schlaufe der letzten fM von der Nadel fallen lassen, Nadel (von vorne nach hinten) in die 1. der 4 fM einführen, die fallengelassene Schlaufe aufnehmen und durch die M ziehen. 1 LM zum Abschließen (Abb. 1–8, S. 63).
In dieser Anleitung bestehen die ungeraden Reihen auf der Rückseite der Arbeit aus 45 fM. Für die richtige Maschenzahl in diesen Reihen für jede Noppe aus der vorherigen Reihe 1 fM arbeiten. Bis zur Rückseite der Noppe fM häkeln und die fM in die kleine Lücke neben der abschließenden LM der Noppe arbeiten. (Abb. 9–12, S. 63).

MÄPPCHEN (mit gelbem Garn beginnen) (optional nach der Häkelschrift auf S. 67 arbeiten)
46 LM, dabei am Anfang einen langen Faden zum Zusammennähen hängen lassen.
In Reihen häkeln.
1. R: In der 2. LM ab Häkelnadel beginnen, fM in alle 45 M, wenden [45].
2.–3. R: 1 LM, fM in alle 45 M, wenden [45].
4. R: 1 LM, fM in nächste 21 M, Noppe in nächste M, fM in nächste M, Noppe in nächste M, fM in nächste 21 M, wenden [45].
5. R: 1 LM, fM in alle 45 M, wenden [45].
6. R: 1 LM, fM in nächste 20 M, Noppe in nächste M, fM in nächste 3 M, Noppe in nächste M, fM in nächste 20 M, wenden [45].
7. R: 1 LM, fM in alle 45 M, wenden [45].
8. R: 1 LM, fM in nächste 19 M, Noppe in nächste M, fM in nächste 5 M, Noppe in nächste M, fM in nächste 19 M, wenden [45].
9. R: 1 LM, fM in alle 45 M, wenden [45].
10. R: 1 LM, fM in nächste 12 M, (Noppe in nächste M, fM in nächste M) 4x wdh, fM in nächste 6 M, (Noppe in nächste M, fM in nächste M) 4x wdh, fM in nächste 11 M, wenden [45].
11. R: 1 LM, fM in alle 45 M, wenden [45].
12. R: 1 LM, fM in nächste 12 M, Noppe in nächste M, fM in nächste 19 M, Noppe in nächste M, fM in nächste 12 M, wenden [45].

13. R: 1 LM, fM in alle 45 M, wenden [45].

14. R: 1 LM, fM in nächste 14 M, Noppe in nächste M, fM in nächste 15 M, Noppe in nächste M, fM in nächste 14 M, wenden [45].

15. R: 1 LM, fM in alle 45 M, wenden [45].

16. R: 1 LM, fM in nächste 16 M, Noppe in nächste M, fM in nächste 11 M, Noppe in nächste M, fM in nächste 16 M, wenden [45].

17. R: 1 LM, fM in alle 45 M, wenden [45].

18. R: 1 LM, fM in nächste 15 M, Noppe in nächste M, fM in nächste 13 M, Noppe in nächste M, fM in nächste 15 M, wenden [45].

19. R: 1 LM, fM in alle 45 M, wenden [45].

20. R: 1 LM, fM in nächste 14 M, Noppe in nächste M, fM in nächste 6 M, Noppe in nächste M, fM in nächste M, Noppe in nächste M, fM in nächste 6 M, Noppe in nächste M, fM in nächste 14 M, wenden [45].

21. R: 1 LM, fM in alle 45 M, wenden [45].

22. R: 1 LM, fM in nächste 14 M, Noppe in nächste M, fM in nächste 4 M, Noppe in nächste M, fM in nächste 5 M, Noppe in nächste M, fM in nächste 4 M, Noppe in nächste M, fM in nächste 14 M, wenden [45].

23. R: 1 LM, fM in alle 45 M, wenden [45].

24. R: 1 LM, fM in nächste 15 M, Noppe in nächste M, fM in nächste M, Noppe in nächste M, fM in nächste 9 M, Noppe in nächste M, fM in nächste M, Noppe in nächste M, fM in nächste 15 M, wenden [45].

25.–28. R: 1 LM, fM in alle 45 M, wenden [45].

Zu pinkfarbenem Garn wechseln. Weiter mit dem Herzmuster.

29.–33. R: 1 LM, fM in alle 45 M, wenden [45].

34. R: 1 LM, fM in nächste 21 M, Noppe in nächste M, fM in nächste M, Noppe in nächste M, fM in nächste 21 M, wenden [45].

35. R: 1 LM, fM in alle 45 M, wenden [45].

36. R: 1 LM, fM in nächste 19 M, Noppe in nächste M, fM in nächste 5 M, Noppe in nächste M, fM in nächste 19 M, wenden [45].

37. R: 1 LM, fM in alle 45 M, wenden [45].

38. R: 1 LM, fM in nächste 17 M, Noppe in nächste M, fM in nächste 9 M, Noppe in nächste M, fM in nächste 17 M, wenden [45].

39. R: 1 LM, fM in alle 45 M, wenden [45].

40. R: 1 LM, fM in nächste 15 M, Noppe in nächste M, fM in nächste 13 M, Noppe in nächste M, fM in nächste 15 M, wenden [45].

41. R: 1 LM, fM in alle 45 M, wenden [45].

42. R: 1 LM, fM in nächste 14 M, Noppe in nächste M, fM in nächste 15 M, Noppe in nächste M, fM in nächste 14 M, wenden [45].

43. R: 1 LM, fM in alle 45 M, wenden [45].

44. R: 1 LM, fM in nächste 13 M, Noppe in nächste M, fM in nächste 17 M, Noppe in nächste M, fM in nächste 13 M, wenden [45].

45. R: 1 LM, fM in alle 45 M, wenden [45].

46. R: 1 LM, fM in nächste 12 M, Noppe in nächste M, fM in nächste 19 M, Noppe in nächste M, fM in nächste 12 M, wenden [45].

47. R: 1 LM, fM in alle 45 M, wenden [45].

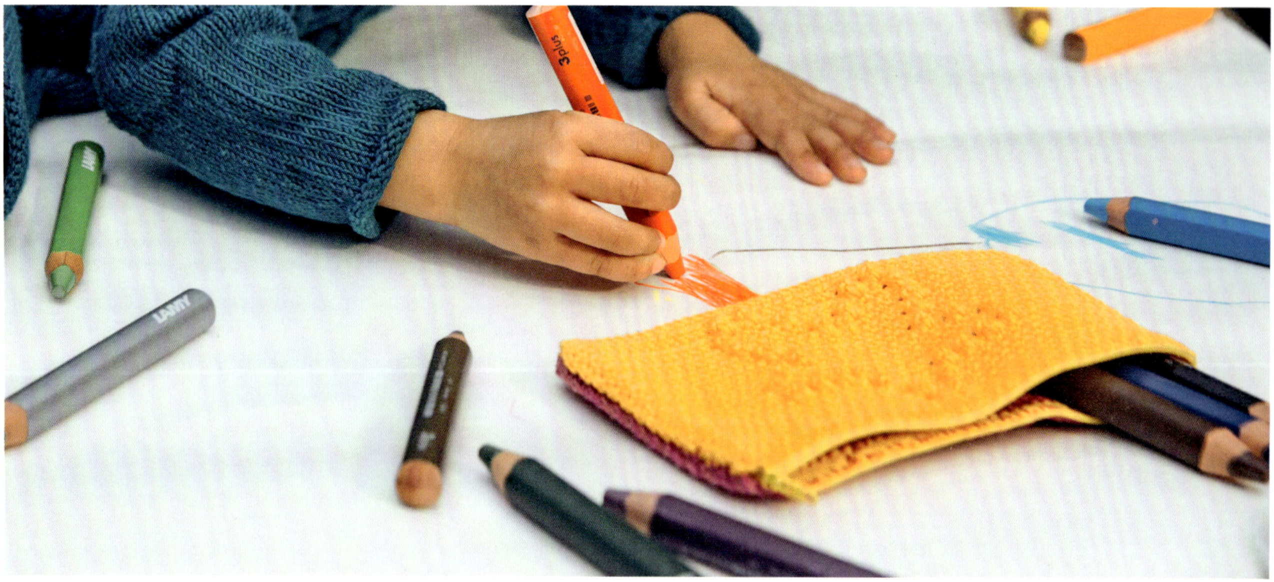

48. R: 1 LM, fM in nächste 12 M, (Noppe in nächste M, fM in nächste 9 M) 3x wdh, fM in nächste 3 M, wenden [45].
49. R: 1 LM, fM in alle 45 M, wenden [45].
50. R: 1 LM, fM in nächste 12 M, Noppe in nächste M, fM in nächste 7 M, Noppe in nächste M, fM in nächste 3 M, Noppe in nächste M, fM in nächste 7 M, Noppe in nächste M, fM in nächste 12 M, wenden [45].
51. R: 1 LM, fM in alle 45 M, wenden [45].
52. R: 1 LM, fM in nächste 13 M, (Noppe in nächste M, fM in nächste 5 M) 4x wdh, fM in nächste 8 M, wenden [45].
53. R: 1 LM, fM in alle 45 M, wenden [45].
54. R: 1 LM, fM in nächste 15 M, Noppe in nächste M, fM in nächste M, Noppe in nächste M, fM in nächste 9 M, Noppe in nächste M, fM in nächste M, Noppe in nächste M, fM in nächste 15 M, wenden [45].
55.–56. R: 1 LM, fM in alle 45 M, wenden [45].
Arbeit beenden, langen Faden zum Zusammennähen hängen lassen.

FERTIGSTELLEN

- Das Mäppchen in der Mitte falten.
- Die Seiten des Mäppchens zunähen.
- Das Innere des Mäppchens nach außen wenden. Den Reißverschluss mit der linken Seite an den Rand des Mäppchens stecken. Mit einem Heftstich in einer Kontrastfarbe fixieren. Den Reißverschluss öffnen und für die andere Seite des Mäppchens und die andere Seite des Reißverschlusses wiederholen. Dann mit dem pinkfarbenen oder gelben Nähgarn rundherum mit einem Steppstich festnähen. Faden vernähen und abschneiden. Den Heftstich entfernen. Das Mäppchen wieder auf rechts wenden (Abb. 16–24, S. 65).

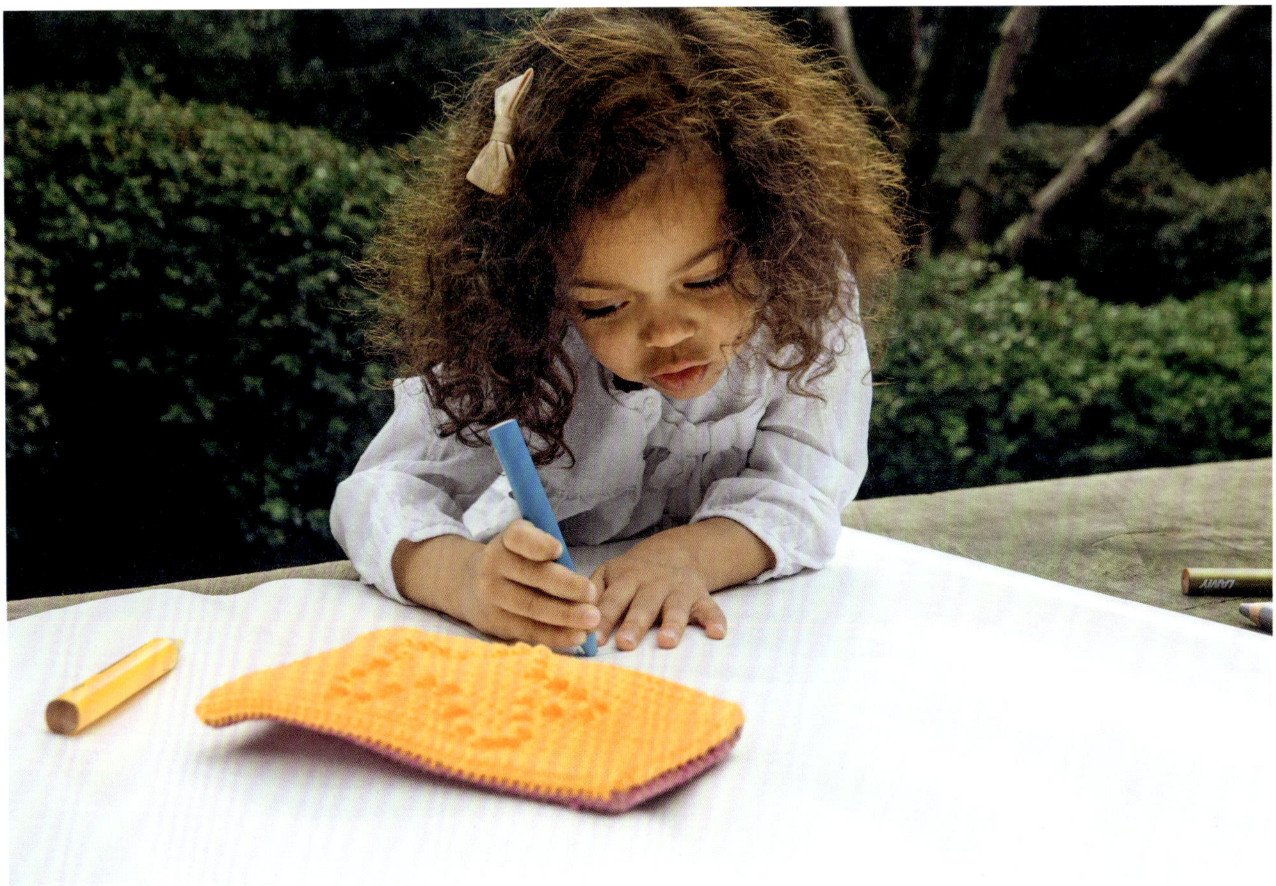

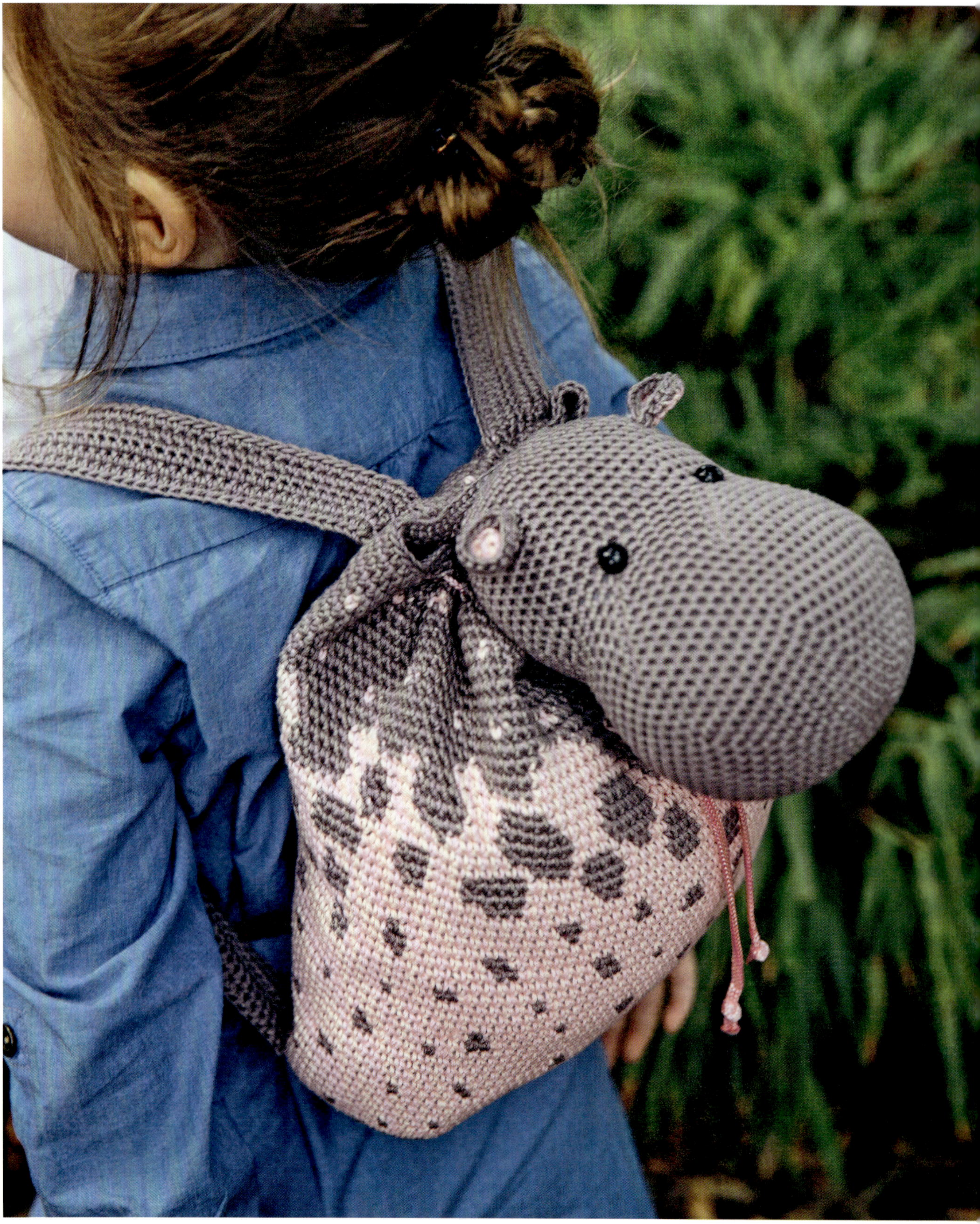

RUCKSACK NILPFERD

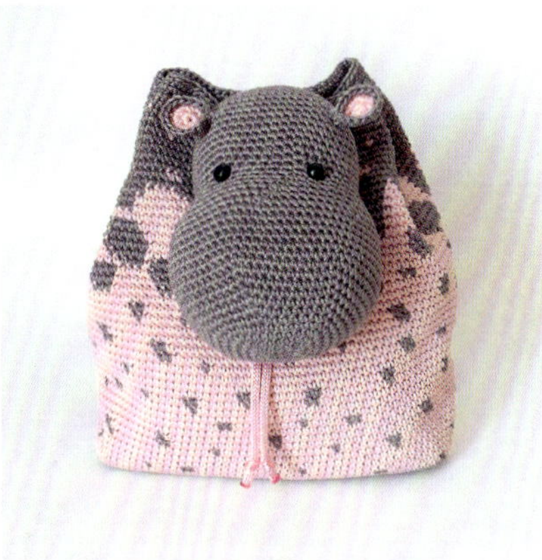
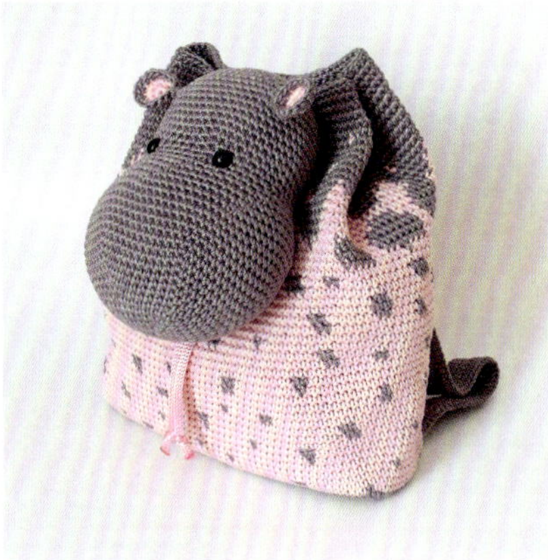
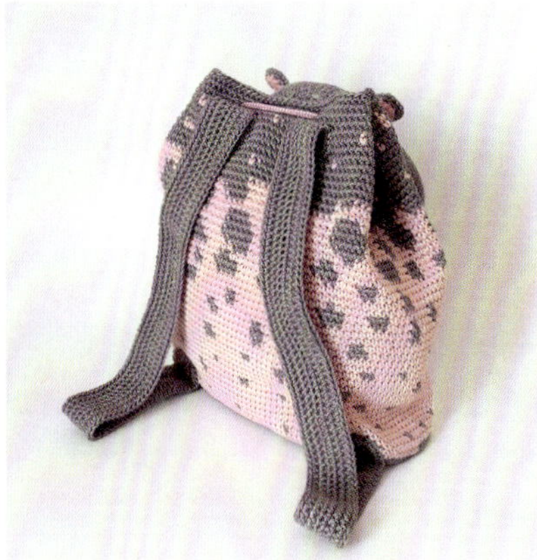

LEVEL ●●●
GRÖSSE 26 x 23, 5 cm
MASCHENPROBE (fM) 25 M x 21 R = 10 cm
ZUSÄTZLICHE ABKÜRZUNGEN
HF: Hauptfarbe
ZF: Zweitfarbe
MATERIAL
- Feines Garn in Grau = HF: (LL 400 m/200 g)
- Feines Garn in Rosa = ZF: (LL 400 m/200 g)
- Häkelnadel in Nadelstärke 3,5 mm
- 64 cm Kordel (4 mm dick)
- Transparenter Kordelstopper
- Sicherheitsaugen (10 mm ∅)
- Füllwatte zum Ausstopfen
- Stopfnadel
- Optional Maschenmarkierer (1 in Farbe A, 4 in Farbe B)

EINFÜHRUNG INS TAPESTRY-HÄKELN (Seite 10)
Garnschalen verwenden, damit sich die Fäden nicht verknoten. Alternativ wie folgt von der HF zur ZF und von der ZF zur HF wechseln:
- Von HF zu ZF: Lege die ZF vor die HF, Umschlag mit der ZF und die M beenden. Die erforderlichen M mit der ZF arbeiten und die HF dabei mitführen (Abb. 1–4, S. 44).
- Von ZF zu HF: Lege die HF hinter die ZF, Umschlag mit der HF und die M beenden. Die erforderlichen M mit der HF arbeiten und die ZF dabei mitführen (Abb. 5–8, S. 44).

TASCHE (mit HF beginnen) (optional Maschenmarkierer)
35 LM. Die M werden auf beiden Seiten der Luftmaschenkette gearbeitet.
1. Rd: In 2. LM ab Nadel beginnen, in 1. M zun (Maschenmarkierer in Farbe A und Farbe B in der 1. M anbringen ❶), fM in nächste 32 M, 4 fM in nächste M (Maschenmarkierer in Farbe B in der 2. und 3. M anbringen). Auf der anderen Seite der Luftmaschenkette fortfahren, fM in nächste 32 M, in nächster M zun (Maschenmarkierer in Farbe B in der 2. M anbringen) [72] ❷.
Ab 2. Rd: Den Faden in der ZF für mehr Stabilität mitführen. Der Boden der Tasche wird durch den zweiten Faden in den M des Arbeitsgarns fester.
Die 1. fM der Runde arbeiten. Vor dem letzten Umschlag die ZF nehmen, einen 10 cm langen Faden hängen lassen, zwischen Nadel und HF legen und die 1. fM fertigstellen ❸ ❹. Mit der HF weiterhäkeln, dabei ZF mitführen. Maschenmarkierer in Farbe A in der 1. M jeder Runde anbringen. Maschenmarkierer in Farbe B immer in der mittleren M anbringen, wenn du 3 fM in einer M arbeitest.
2. Rd: 3 fM in 1. M, fM in nächste 34 M, 3 fM in nächste 2 M, fM in nächste 34 M, 3 fM in nächste M [80] ❺.

3. Rd: fM in 1. M, 3 fM in nächste M, fM in nächste 36 M, 3 fM in nächste M, fM in nächste 2 M, 3 fM in nächste M, fM in nächste 36 M, 3 fM in nächste M, fM in nächste M [88] ❻.
4. Rd: fM in nächste 2 M, 3 fM in nächste M, fM in nächste 38 M, 3 fM in nächste M, fM in nächste 4 M, 3 fM in nächste M, fM in nächste 38 M, 3 fM in nächste M, fM in nächste 2 M [96].
5. Rd: fM in nächste 3 M, 3 fM in nächste M, fM in nächste 40 M, 3 fM in nächste M, fM in nächste 6 M, 3 fM in nächste M, fM in nächste 40 M, 3 fM in nächste M, fM in nächste 3 M [104].
6. Rd: fM in nächste 4 M, 3 fM in nächste M, fM in nächste 42 M, 3 fM in nächste M, fM in nächste 8 M, 3 fM in nächste M, fM in nächste 42 M, 3 fM in nächste M, fM in nächste 4 M [112].
7. Rd: fM in nächste 5 M, 3 fM in nächste M, fM in nächste 44 M, 3 fM in nächste M, fM in nächste 10 M, 3 fM in nächste M, fM in nächste 44 M, 3 fM in nächste M, fM in nächste 5 M [120].
8. Rd: fM in nächste 6 M, 3 fM in nächste M, fM in nächste 46 M, 3 fM in nächste M, fM in nächste 12 M, 3 fM in nächste M, fM in nächste 46 M, 3 fM in nächste M, fM in nächste 6 M [128] ❼.
Maschenmarkierer in Farbe B entfernen.
9.–55. Rd: fM in alle 128 M. Dabei die Farben entsprechend der Häkelschrift für das Nilpferdmuster abwechseln [128] ❽ ❾ ❿ (Häkelschrift, S. 78–80).
56. Rd: fM in nächste 12 M, dabei Farben nach der Häkelschrift abwechseln (um die Faltkante der Tasche zu erreichen) [12] ⓫.
Maschenmarkierer in die 1. M der nächsten Runde umsetzen. Das ist der neue Rundenanfang.
57. Rd (HF um ZF)**:** fM in nächste 6 M, 3 fM nur über ZF ⓬, 3 M überspringen ⓭, (fM in nächste 13 M, 3 fM nur über ZF, 3 M überspringen) 7x wdh, fM in nächste 7 M [128].
58.–59. Rd (HF um ZF)**:** fM in alle 128 M [128].
Kett-M in nächste M. Arbeit beenden. ZF abschneiden, dabei 10 cm Faden hängen lassen.

RUCKSACK-RIEMEN (2x arbeiten, mit HF beginnen)
{Größen: 3, 4, 5, 6 Jahre} (optional Maschenmarkierer)
Langen Faden zum Annähen hängen lassen. {97, 104, 111, 118} LM. Die M werden auf beiden Seiten der Luftmaschenkette gearbeitet.
1. Rd: In 2. LM ab Nadel beginnen, in 1. M zun (Maschenmarkierer in Farbe A und Farbe B in der 1. M anbringen), fM in nächste {94, 101, 108, 115} M, 4 fM in nächste M (Maschenmarkierer in Farbe B in der 2. und 3. M anbringen). Auf der anderen Seite der Luftmaschenkette fortfahren, fM in nächste {94, 101, 108, 115} M, in nächster M zun (Maschenmarkierer in Farbe B in der 2. M anbringen) [196, 210, 224, 238].
Ab der 2. Rd: Den Faden in der ZF für mehr Stabilität mitführen. Die Riemen halten besser und sind belastbarer, wenn der zweite Faden in den M mitgeführt wird.
Die 1. fM der Runde arbeiten. Vor dem letzten Umschlag die ZF nehmen und dabei 10 cm Faden hängen lassen. Zwischen Nadel und HF legen und 1. fM fertigstellen. Weiter mit HF arbeiten, aber dabei jetzt ZF mitführen. Maschenmarkierer in Farbe A in die 1. M jeder Reihe umsetzen und Maschenmarkierer in Farbe B immer

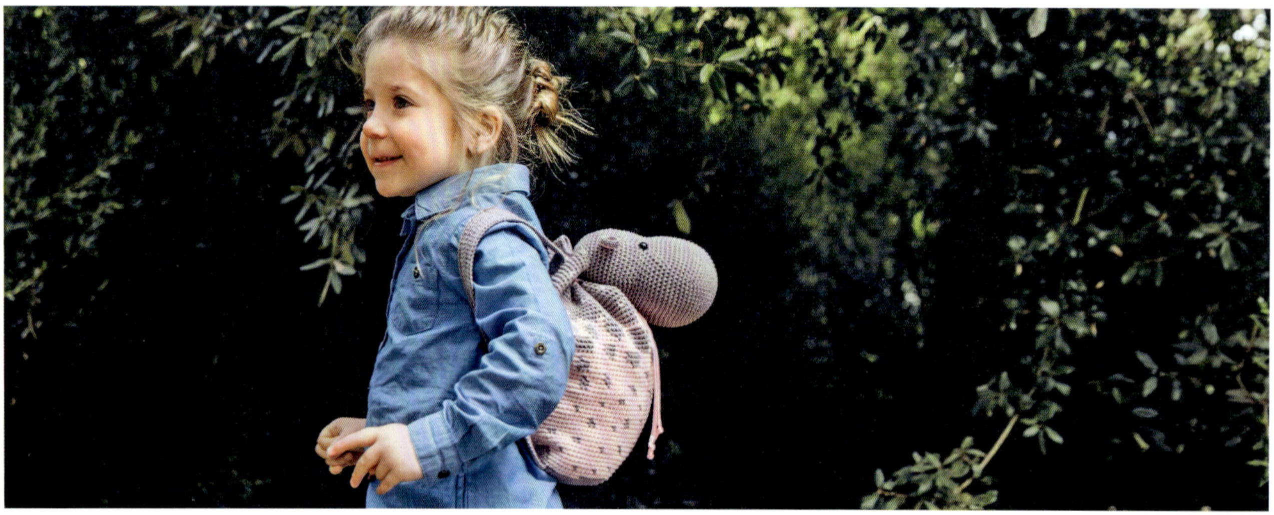

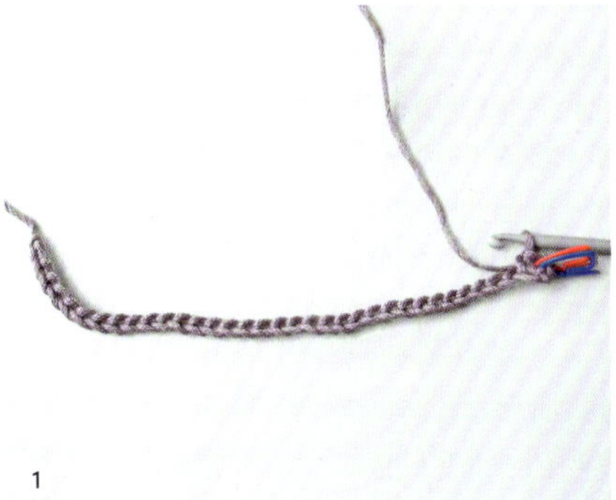
1

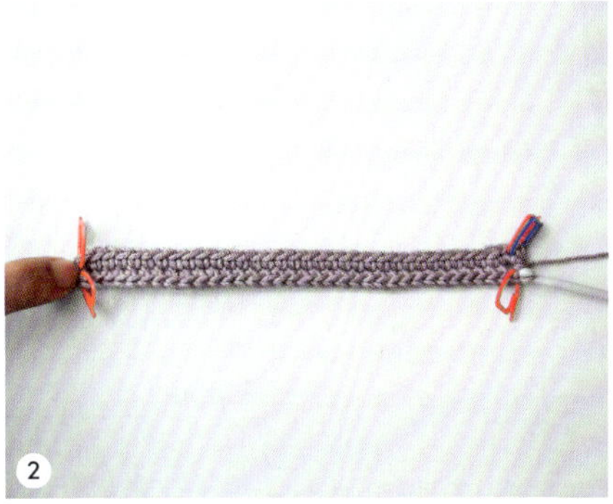
2

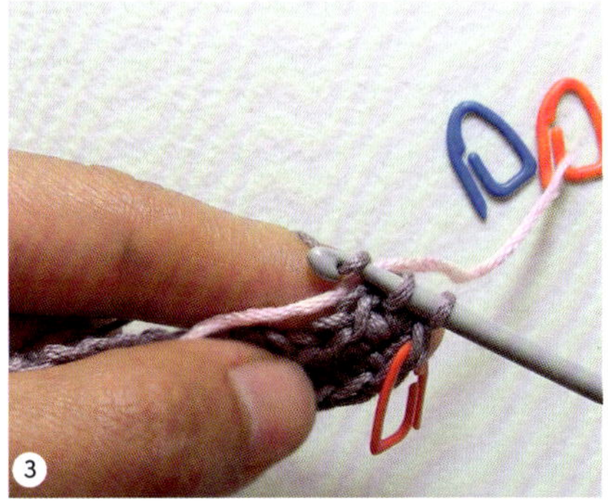
3

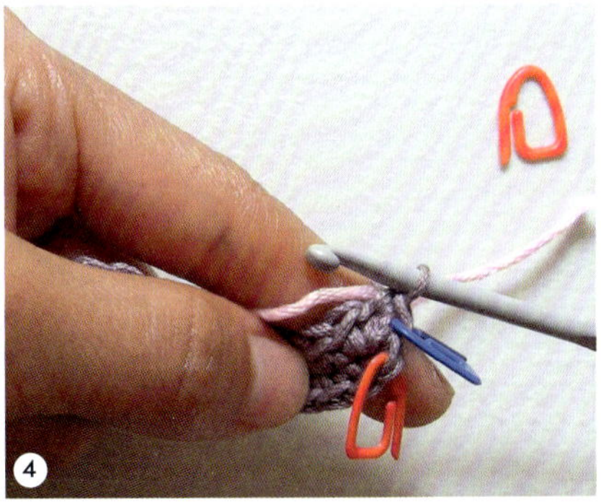
4

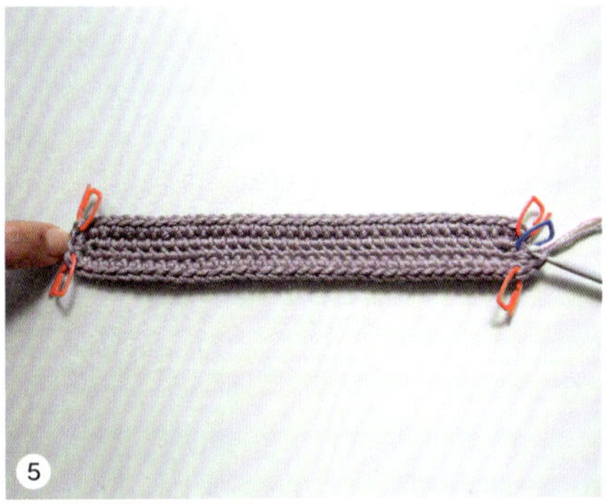
5

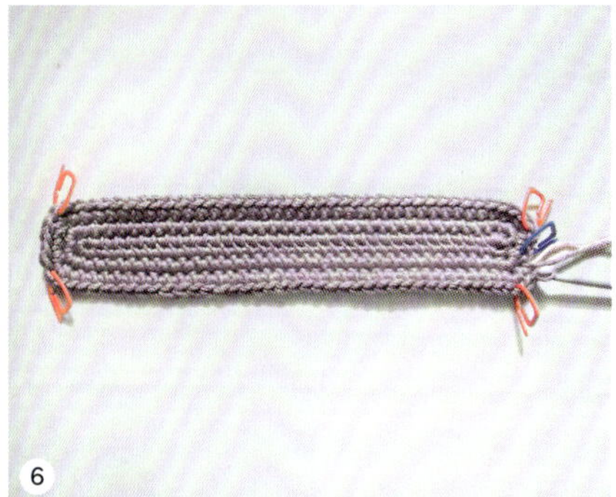
6

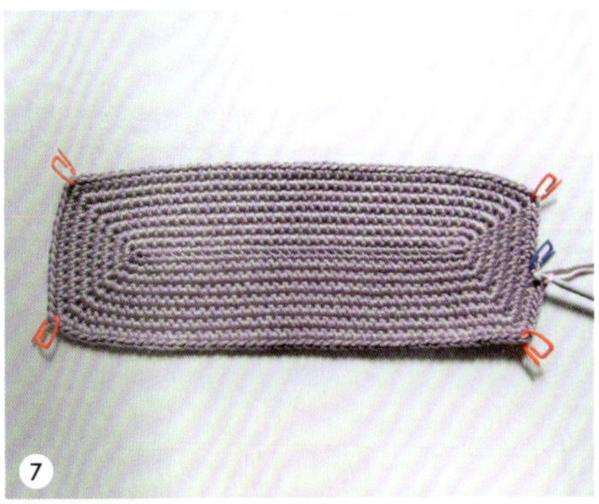
7

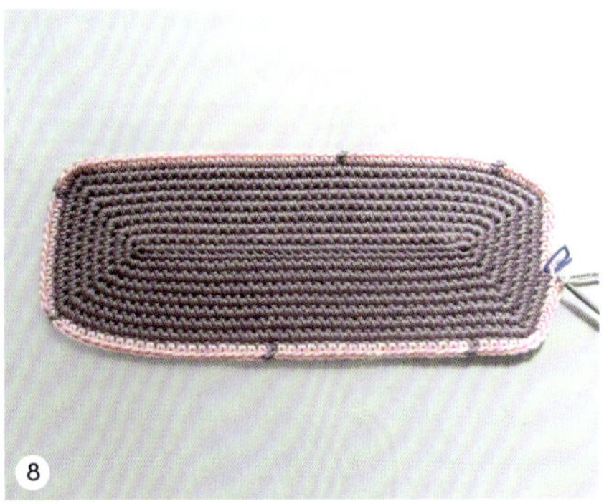
8

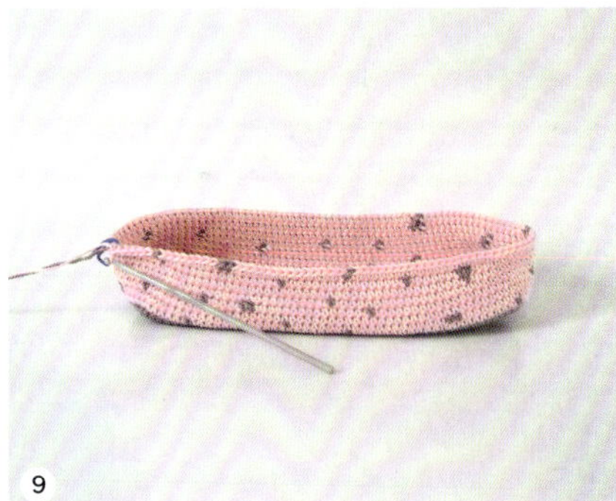
9

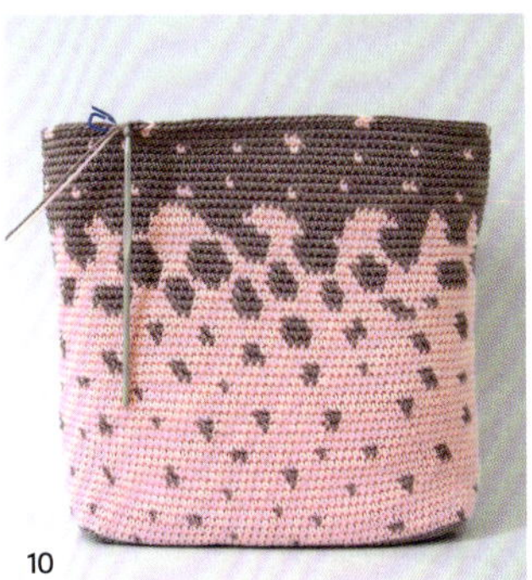
10

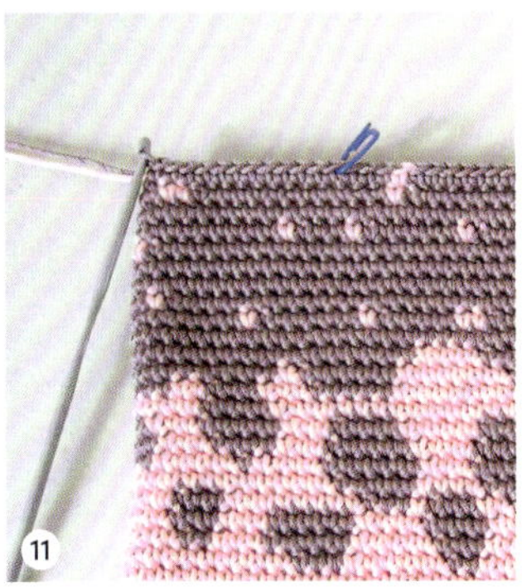
11

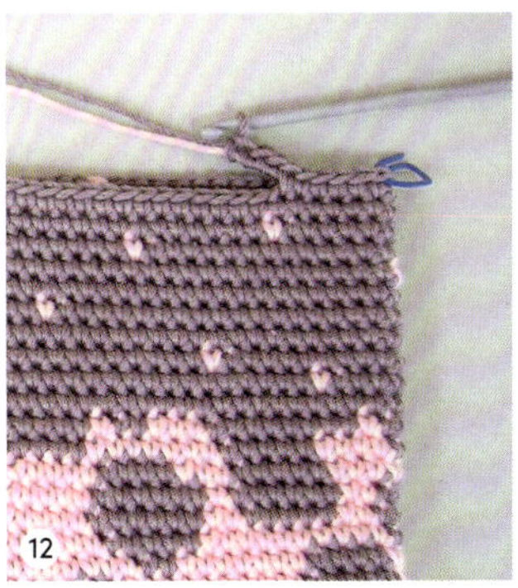
12

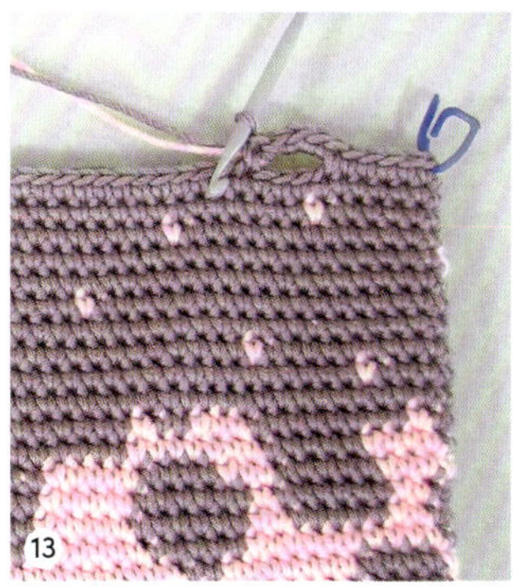
13

in der mittleren M anbringen, wenn du 3 fM in einer M arbeitest.

2. Rd: 3 fM in 1. M, fM in nächste {96, 103, 110, 117} M, 3 fM in nächste 2 M, fM in nächste {96, 103, 110, 117} M, 3 fM in nächste M [204, 218, 232, 246].

3. Rd: fM in 1. M, 3 fM in nächste M, fM in nächste {98, 105, 112, 119} M, 3 fM in nächste M, fM in nächste 2 M, 3 fM in nächste M, fM in nächste {98, 105, 112, 119} M, 3 fM in nächste M, fM in nächste M [212, 226, 240, 254].

Kett-M in nächste M. Arbeit beenden, langen Faden zum Annähen hängen lassen.

KOPF (in HF) (optional Maschenmarkierer)

6 LM. Die M werden auf beiden Seiten der Luftmaschenkette gearbeitet.

1. Rd: In 2. LM ab Nadel beginnen, in 1. M zun (Maschenmarkierer in Farbe A in der 1. M anbringen und Maschenmarkierer in Farbe B in der 2. M ⓮), fM in nächste 3 M, 3 fM in nächste M (Maschenmarkierer in Farbe B in der 1. und 3. M anbringen). Auf der anderen Seite der Luftmaschenkette fortfahren, fM in nächste 4 M (Maschenmarkierer in Farbe B in der letzten M anbringen) [12] ⓯.

Den Maschenmarkierer in Farbe A in die 1. M jeder Runde umsetzen und die Maschenmarkierer in Farbe B immer in der mittleren M anbringen, wenn du 3 fM in einer M arbeitest.

2. Rd: fM in 1. M, 3 fM in nächste M, fM in nächste 3 M, 3 fM in nächste M, fM in nächste M, 3 fM in nächste M, fM in nächste 3 M, 3 fM in nächste M [20] ⓰.

3. Rd: fM in nächste 2 M, 3 fM in nächste M, fM in nächste 5 M, 3 fM in nächste M, fM in nächste 3 M, 3 fM in nächste M, fM in nächste 5 M, 3 fM in nächste M, fM in nächste M [28] ⓱.

4. Rd: fM in nächste 3 M, 3 fM in nächste M, fM in nächste 7 M, 3 fM in nächste M, fM in nächste 5 M, 3 fM in nächste M, fM in nächste 7 M, 3 fM in nächste M, fM in nächste 2 M [36] ⓲.

Maschenmarkierer in Farbe B entfernen.

5. Rd: fM in alle 36 M [36].

6. Rd: (fM in nächste 5 M, in nächster M zun) 6x wdh [42].

7. Rd: (fM in nächste 6 M, in nächster M zun) 6x wdh [48].

8. Rd: (fM in nächste 7 M, in nächster M zun) 6x wdh [54].

9. Rd: (fM in nächste 8 M, in nächster M zun) 6x wdh [60].

10. Rd: (fM in nächste 9 M, in nächster M zun) 6x wdh [66].

11. Rd: (fM in nächste 10 M, in nächster M zun) 6x wdh [72].

12.–18. Rd: fM in alle 72 M [72].

19. Rd: (fM in nächste 10 M, abn) 6x wdh [66] ⓳.

20. Rd: (fM in nächste 9 M, abn) 6x wdh [60].

21. Rd: (fM in nächste 8 M, abn) 6x wdh [54].

22. Rd: (fM in nächste 7 M, abn) 6x wdh [48].

23. Rd: (fM in nächste 6 M, abn) 6x wdh [42].

24. Rd: (fM in nächste 5 M, abn) 6x wdh [36].

25. Rd: (fM in nächste 5 M, in nächster M zun) 6x wdh [42].

26. Rd: (fM in nächste 6 M, in nächster M zun) 6x wdh [48].

27. Rd: (fM in nächste 7 M, in nächster M zun) 6x wdh [54].

28.–35. Rd: fM in alle 54 M [54] ⓴.

Die Sicherheitsaugen zwischen der 24. und 25. Rd einsetzen. Dabei einen Zwischenraum von 7 M lassen. Sie sollten mit der Luftmaschenkette ausgerichtet sein ㉑.

Mit Füllwatte ausstopfen ㉒.

36. Rd: (fM in nächste 7 M, abn) 6x wdh [48].

37. Rd: (fM in nächste 6 M, abn) 6x wdh [42].

38. Rd: (fM in nächste 5 M, abn) 6x wdh [36].

39. Rd: (fM in nächste 4 M, abn) 6x wdh [30].

40. Rd: (fM in nächste 3 M, abn) 6x wdh [24].

41. Rd: (fM in nächste 2 M, abn) 6x wdh [18].

42. Rd: (fM in nächste M, abn) 6x wdh [12].

43. Rd: 6x abn [6].

44. Rd: (fM in nächste M, 1 M überspringen) 3x wdh [3].

Kett-M in nächste M. Arbeit beenden, langen Faden zum Annähen hängen lassen.

OHR (2x arbeiten, mit ZF beginnen)

1. Rd: Mit 6 fM in Magischem Ring beginnen [6].

2. Rd: 6x zun [12].

Zu HF wechseln.

3. Rd: (fM in nächste M, in nächster M zun) 6x wdh [18].

Kett-M in nächste M. Arbeit beenden, langen Faden zum Annähen hängen lassen.

Die Ohren zusammendrücken und mit einem Stich zusammennähen. Die Ohren 7 Runden über den Augen mit einem Abstand von 14 M annähen ㉓.

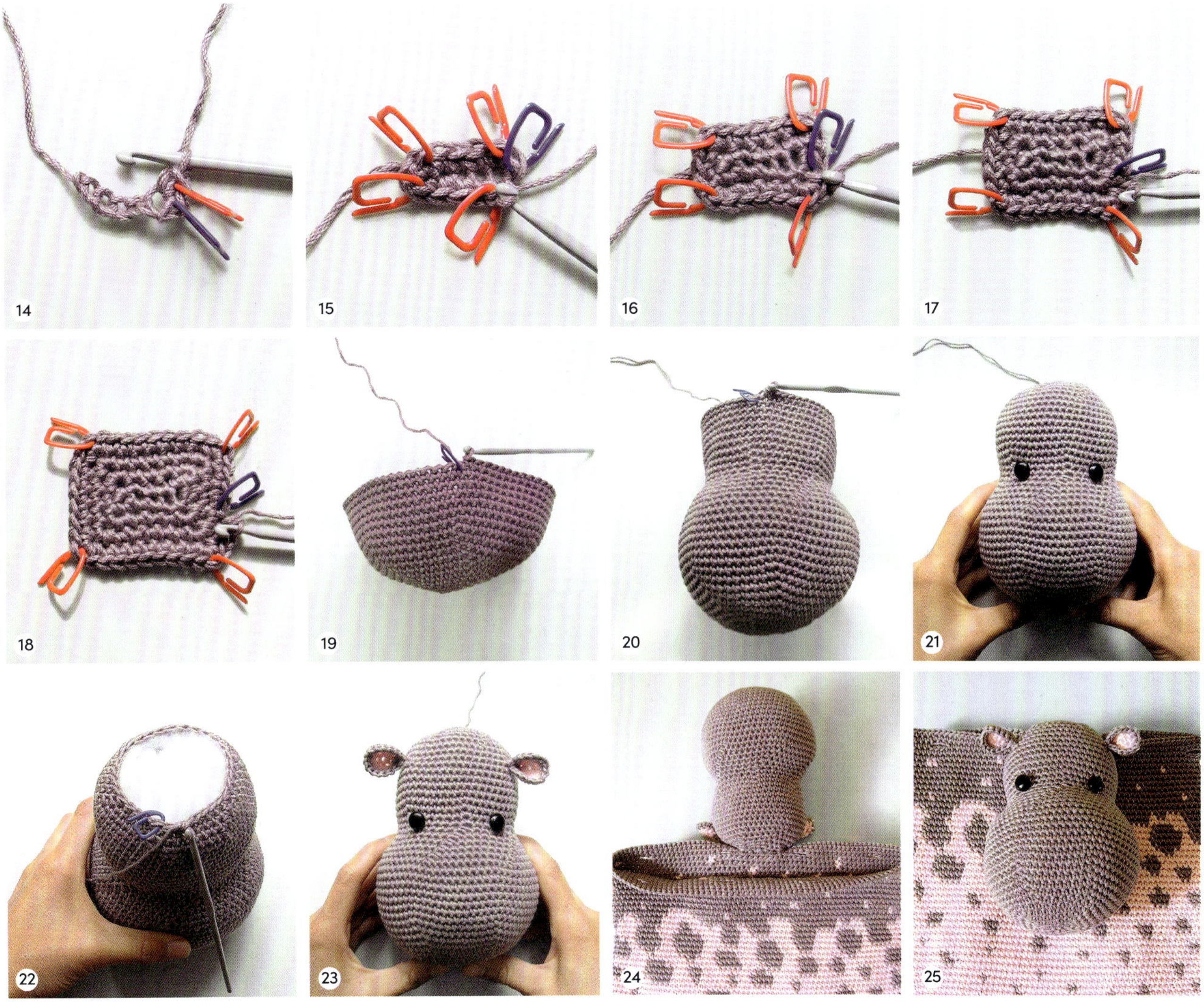

RUCKSACK FERTIGSTELLEN

- Die Vorderseite der Tasche festlegen, dabei sicherstellen, dass die Öffnungen an der Vorder- und Rückseite symmetrisch sind.
- Die Riemen jeweils 2 cm von einem Ende 1 Rd unter den beiden mittleren Öffnungen hinten annähen (Abb. 31–32, S. 49).
- Dann 2 cm von den anderen Enden an der 9. Rd der Tasche annähen, wo die Musterung beginnt. Einen Abstand von etwa 30 M zwischen den beiden Riemen lassen (Abb. 33, S. 49).
- Den Kopf an den Rucksack nähen. Die Kopfrückseite auf Höhe der 56. Rd an die Innenseite der Tasche nähen. Der Kopf sollte zwischen den beiden mittleren Öffnungen hinten sitzen (24) (25).
- Die Kordel durch eine der vorderen mittleren Öffnungen führen. Rundherum durch die Öffnungen ziehen, bis du die zweite mittlere Öffnung vorne erreicht hast. Die Kordelenden durch den Stopper fädeln (Abb. 37–39, S. 49). In beide Enden jeweils einen Knoten machen und festziehen.

1 fM mit HF

1 fM mit ZF

h MC

h SC

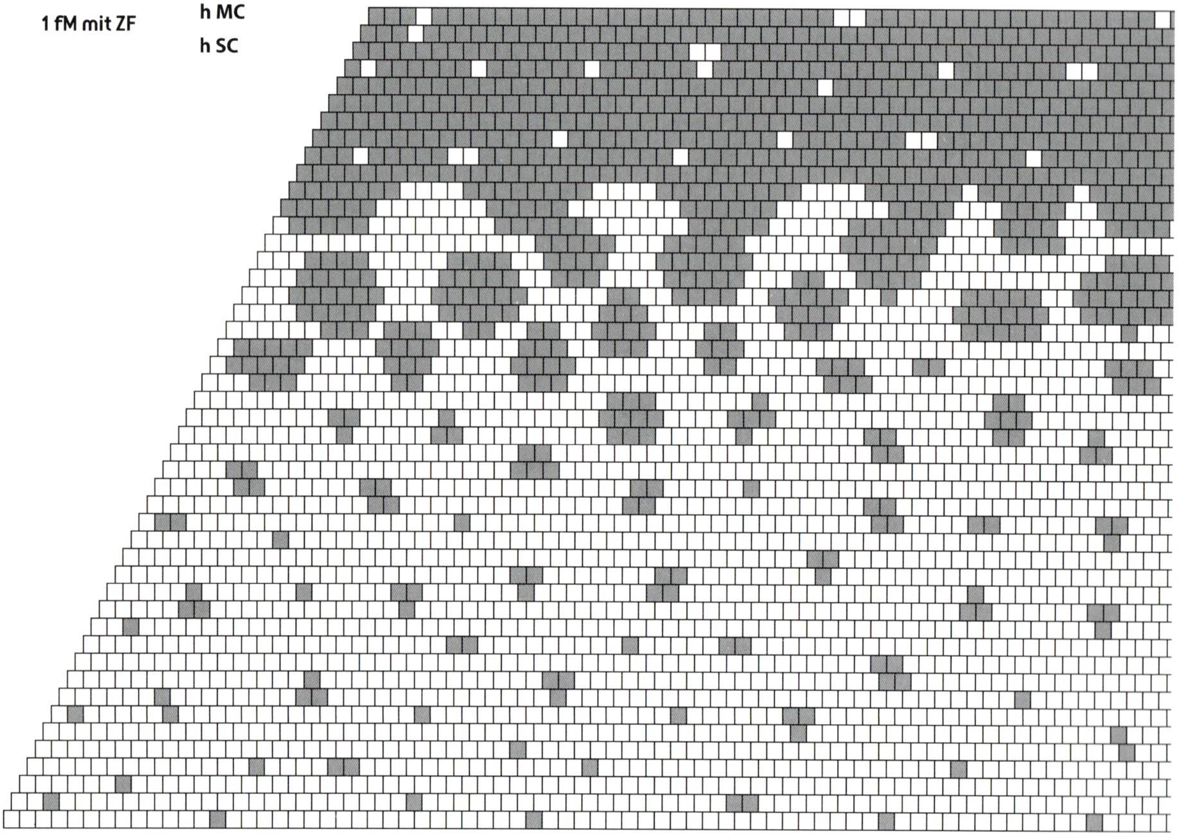

^

HÄKELSCHRIFT FÜR NILPFERD-RUCKSACK FÜR 9.–56. RD DER TASCHE

Der Nilpferd-Rucksack wird in Tapestry-Technik gehäkelt. Da man in diesen Abschnitten oft die Farbe wechselt, um die Musterung zu erhalten, ist eine Häkelschrift sehr nützlich, in der man die Farbe ablesen kann, mit der man gerade arbeitet.

Die Häkelschrift ist zwar in Zeilen angeordnet, aber es wird in Spiralrunden gehäkelt. Die Häkelschrift wird von rechts nach links gelesen. Die Rundennummer ist vorne angegeben. Am Ende einer Runde direkt mit dem Anfang der nächsten Zeile rechts fortfahren. Jede M wird als kleines Quadrat dargestellt. Für einen Farbwechsel die Anzahl der Quadrate zählen und bei Bedarf mit einem Bleistift abhaken.

Um es noch einfacher zu machen, habe ich auf der linken Seite eine Tabelle eingefügt, in der ich bereits gezählt habe, wie viele M vor einem Farbwechsel gearbeitet werden.

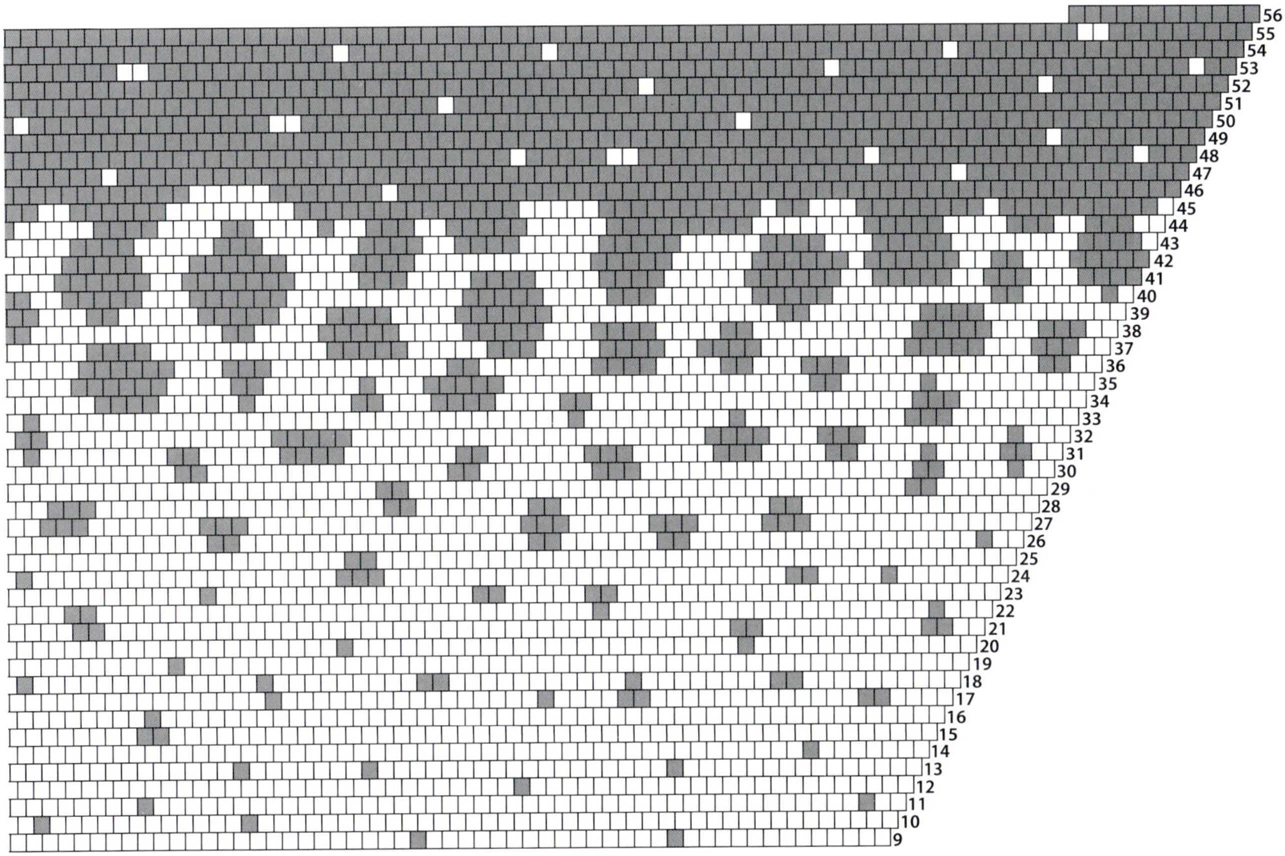

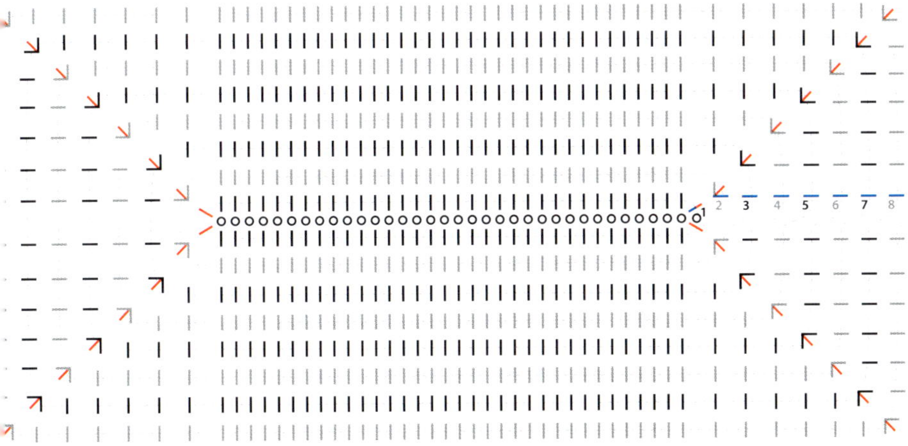

< NILPFERD-RUCKSACK, HÄKELSCHRIFT FÜR 1.–8. RD, UNTERSEITE DER TASCHE

Dieser Teil wird in Spiralrunden gearbeitet. Die Häkelschrift gegen den Uhrzeigersinn lesen und dabei von der Mitte aus der gepunkteten Linie folgen.

- o Luftmasche
- I feste Masche
- ⋁ 3 fM in eine Masche

RD	ZF	HF	ZF	HF	ZF	HF	ZF	HF	ZF	HF	ZF	HF	ZF	HF	ZF	HF	ZF	HF	ZF	HF	ZF	HF	ZF	HF	ZF	HF	ZF	HF	ZF	HF	ZF	HF	ZF	M
9.	13	1	15	1	29	1	12	1	21	1	19	1	13	-	-	-	-	-	-	-	-	-	-	-	-	-	-	-	-	-	-	-	-	**128**
10.	40	1	12	1	27	2	19	1	22	1	2	-	-	-	-	-	-	-	-	-	-	-	-	-	-	-	-	-	-	-	-	-	-	**128**
11.	2	1	44	1	73	1	6	-	-	-	-	-	-	-	-	-	-	-	-	-	-	-	-	-	-	-	-	-	-	-	-	-	-	**128**
12.	24	1	44	1	22	1	14	2	4	1	14	-	-	-	-	-	-	-	-	-	-	-	-	-	-	-	-	-	-	-	-	-	-	**128**
13.	15	1	18	1	7	1	16	1	37	1	30	-	-	-	-	-	-	-	-	-	-	-	-	-	-	-	-	-	-	-	-	-	-	**128**
14.	7	1	52	1	19	1	47	-	-	-	-	-	-	-	-	-	-	-	-	-	-	-	-	-	-	-	-	-	-	-	-	-	-	**128**
15.	48	2	30	2	6	1	15	1	15	1	5	1	1	-	-	-	-	-	-	-	-	-	-	-	-	-	-	-	-	-	-	-	-	**128**
16.	49	1	17	1	28	1	14	2	8	1	6	-	-	-	-	-	-	-	-	-	-	-	-	-	-	-	-	-	-	-	-	-	-	**128**
17.	4	2	13	2	4	1	16	1	32	2	19	2	14	1	15	-	-	-	-	-	-	-	-	-	-	-	-	-	-	-	-	-	-	**128**
18.	10	2	8	1	11	2	9	1	14	1	17	2	50	-	-	-	-	-	-	-	-	-	-	-	-	-	-	-	-	-	-	-	-	**128**
19.	49	1	36	2	5	1	9	2	23	-	-	-	-	-	-	-	-	-	-	-	-	-	-	-	-	-	-	-	-	-	-	-	-	**128**
20.	14	1	24	1	24	1	60	1	2	-	-	-	-	-	-	-	-	-	-	-	-	-	-	-	-	-	-	-	-	-	-	-	-	**128**
21.	2	2	10	2	39	2	7	2	6	2	34	1	12	2	5	-	-	-	-	-	-	-	-	-	-	-	-	-	-	-	-	-	-	**128**
22.	3	1	20	1	31	2	15	1	18	2	7	1	6	2	5	1	6	1	5	-	-	-	-	-	-	-	-	-	-	-	-	-	-	**128**
23.	24	2	5	2	16	1	33	1	8	2	7	2	25	-	-	-	-	-	-	-	-	-	-	-	-	-	-	-	-	-	-	-	-	**128**
24.	7	1	4	2	25	3	19	1	21	2	43	-	-	-	-	-	-	-	-	-	-	-	-	-	-	-	-	-	-	-	-	-	-	**128**
25.	40	2	24	1	51	1	9	-	-	-	-	-	-	-	-	-	-	-	-	-	-	-	-	-	-	-	-	-	-	-	-	-	-	**128**
26.	2	1	18	2	6	2	18	2	15	2	6	2	4	2	25	1	17	2	1	-	-	-	-	-	-	-	-	-	-	-	-	-	-	**128**
27.	14	3	4	3	5	3	17	3	7	3	19	2	13	2	14	2	14	-	-	-	-	-	-	-	-	-	-	-	-	-	-	-	-	**128**
28.	15	2	13	2	7	2	18	3	28	1	5	2	15	2	6	2	5	-	-	-	-	-	-	-	-	-	-	-	-	-	-	-	-	**128**
29.	7	2	31	2	61	3	16	2	4	-	-	-	-	-	-	-	-	-	-	-	-	-	-	-	-	-	-	-	-	-	-	-	-	**128**
30.	2	1	4	2	17	3	7	2	15	2	14	2	11	2	20	2	22	-	-	-	-	-	-	-	-	-	-	-	-	-	-	-	-	**128**
31.	2	2	4	1	4	2	4	3	5	3	6	2	7	4	5	2	8	1	5	1	4	2	6	2	7	1	5	3	9	2	5	1	10	**128**
32.	3	1	9	3	3	4	22	5	14	2	9	3	13	3	4	4	9	1	5	2	9	-	-	-	-	-	-	-	-	-	-	-	-	**128**
33.	8	3	10	1	9	1	33	1	10	2	14	1	6	3	26	-	-	-	-	-	-	-	-	-	-	-	-	-	-	-	-	-	-	**128**
34.	8	3	20	2	4	4	3	2	6	1	5	4	6	3	15	3	16	3	6	2	6	3	3	-	-	-	-	-	-	-	-	-	-	**128**
35.	10	1	5	2	19	5	3	1	6	2	4	6	5	3	10	2	3	3	5	2	8	4	5	3	5	5	1	-	-	-	-	-	-	**128**
36.	2	2	12	3	3	2	4	4	7	2	11	3	3	6	31	3	3	3	2	3	5	4	4	5	1	-	-	-	-	-	-	-	-	**128**
37.	2	3	3	5	9	4	2	4	4	3	5	5	11	4	7	1	5	5	8	3	3	2	3	4	2	2	2	2	2	3	1	3	6	**128**
38.	2	3	3	5	10	2	4	4	3	5	4	5	4	2	12	7	2	6	7	4	8	3	5	5	4	5	4	-	-	-	-	-	-	**128**
39.	9	4	7	2	14	6	4	4	3	5	5	2	3	8	2	5	4	1	2	5	2	4	2	2	5	6	3	6	3	-	-	-	-	**128**
40.	1	1	5	2	10	5	6	3	4	5	11	6	3	5	2	7	10	4	2	2	3	5	4	3	2	5	4	5	3	-	-	-	-	**128**
41.	-	4	3	3	2	5	2	6	5	4	4	4	4	3	4	7	2	6	3	4	11	5	6	6	3	4	2	4	5	4	3	-	-	**128**
42.	-	5	3	2	2	6	1	6	5	5	11	4	4	6	3	5	10	4	4	6	6	5	3	5	17	-	-	-	-	-	-	-	-	**128**
43.	1	4	8	5	3	4	5	5	5	4	2	4	6	3	5	4	4	4	3	4	3	6	5	5	6	6	8	5	1	-	-	-	-	**128**
44.	2	3	2	3	4	5	7	9	5	5	2	3	2	1	4	2	4	4	5	5	2	4	3	4	7	6	7	5	7	6	-	-	-	**128**
45.	1	10	1	8	3	2	1	10	5	14	8	6	2	7	1	6	1	6	4	9	4	8	4	7	-	-	-	-	-	-	-	-	-	**128**
46.	-	49	1	7	5	66	-	-	-	-	-	-	-	-	-	-	-	-	-	-	-	-	-	-	-	-	-	-	-	-	-	-	-	**128**
47.	-	14	1	52	1	14	1	21	1	12	2	5	1	3	-	-	-	-	-	-	-	-	-	-	-	-	-	-	-	-	-	-	-	**128**
48.	-	3	1	16	1	14	2	5	1	46	2	7	1	13	1	15	-	-	-	-	-	-	-	-	-	-	-	-	-	-	-	-	-	**128**
49.	-	9	1	118	-	-	-	-	-	-	-	-	-	-	-	-	-	-	-	-	-	-	-	-	-	-	-	-	-	-	-	-	-	**128**
50.	-	29	1	27	2	15	1	53	-	-	-	-	-	-	-	-	-	-	-	-	-	-	-	-	-	-	-	-	-	-	-	-	-	**128**
51.	-	48	1	48	1	30	-	-	-	-	-	-	-	-	-	-	-	-	-	-	-	-	-	-	-	-	-	-	-	-	-	-	-	**128**
52.	-	11	1	24	1	44	2	7	1	14	1	6	1	6	1	6	1	1	-	-	-	-	-	-	-	-	-	-	-	-	-	-	-	**128**
53.	-	2	1	22	1	42	2	35	2	21	-	-	-	-	-	-	-	-	-	-	-	-	-	-	-	-	-	-	-	-	-	-	-	**128**
54.	-	18	1	24	1	12	1	67	1	3	-	-	-	-	-	-	-	-	-	-	-	-	-	-	-	-	-	-	-	-	-	-	-	**128**
55.	-	9	2	67	1	18	2	25	1	3	-	-	-	-	-	-	-	-	-	-	-	-	-	-	-	-	-	-	-	-	-	-	-	**128**
56.	-	12	-	-	-	-	-	-	-	-	-	-	-	-	-	-	-	-	-	-	-	-	-	-	-	-	-	-	-	-	-	-	-	**12**

NILPFERD-RUCKSACK, MASCHENZAHL FÜR 9.–56. RD DER TASCHE

Jede Zeile zeigt die Maschenzahl für die Farben in jeder Runde. Jede Runde enthält 128 Maschen, außer der kürzeren 56. Runde.

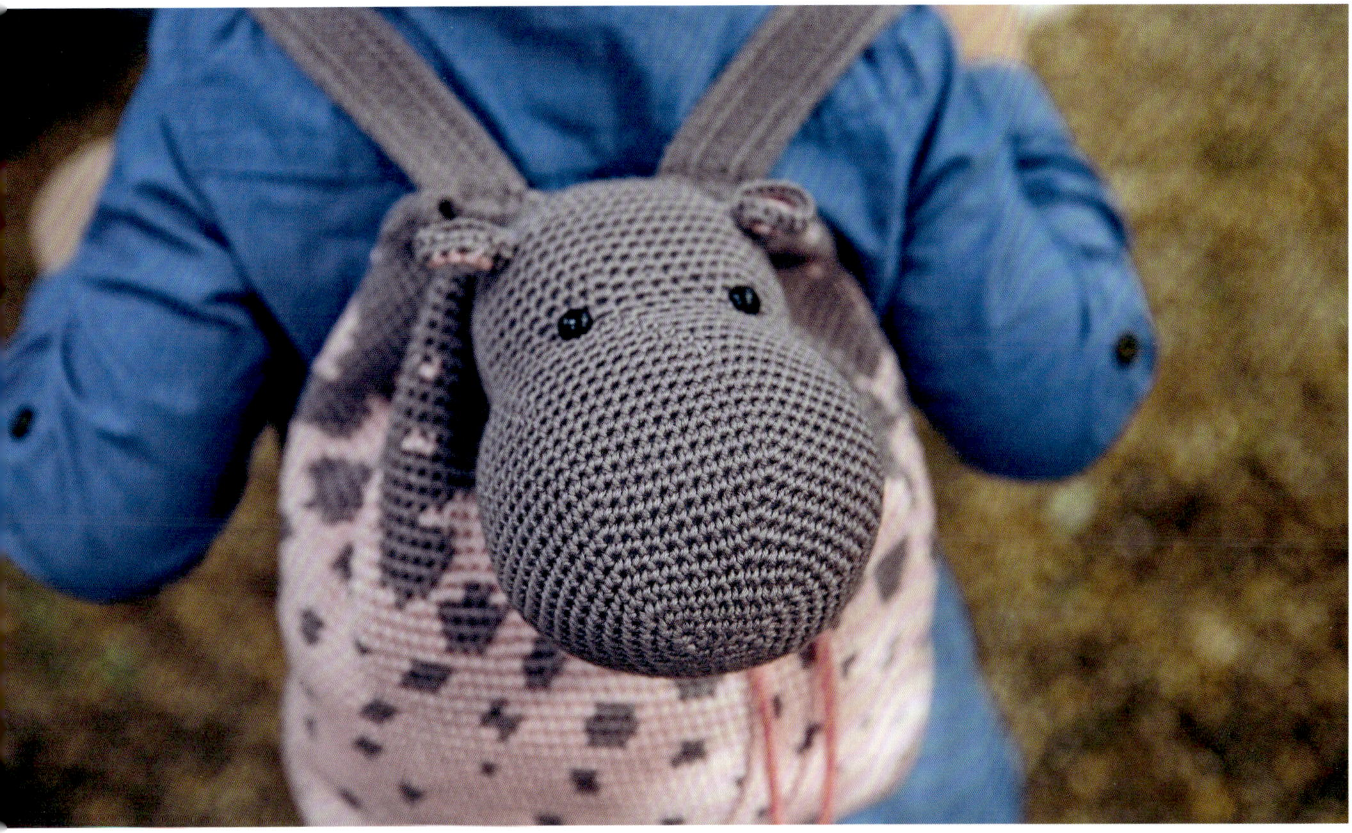

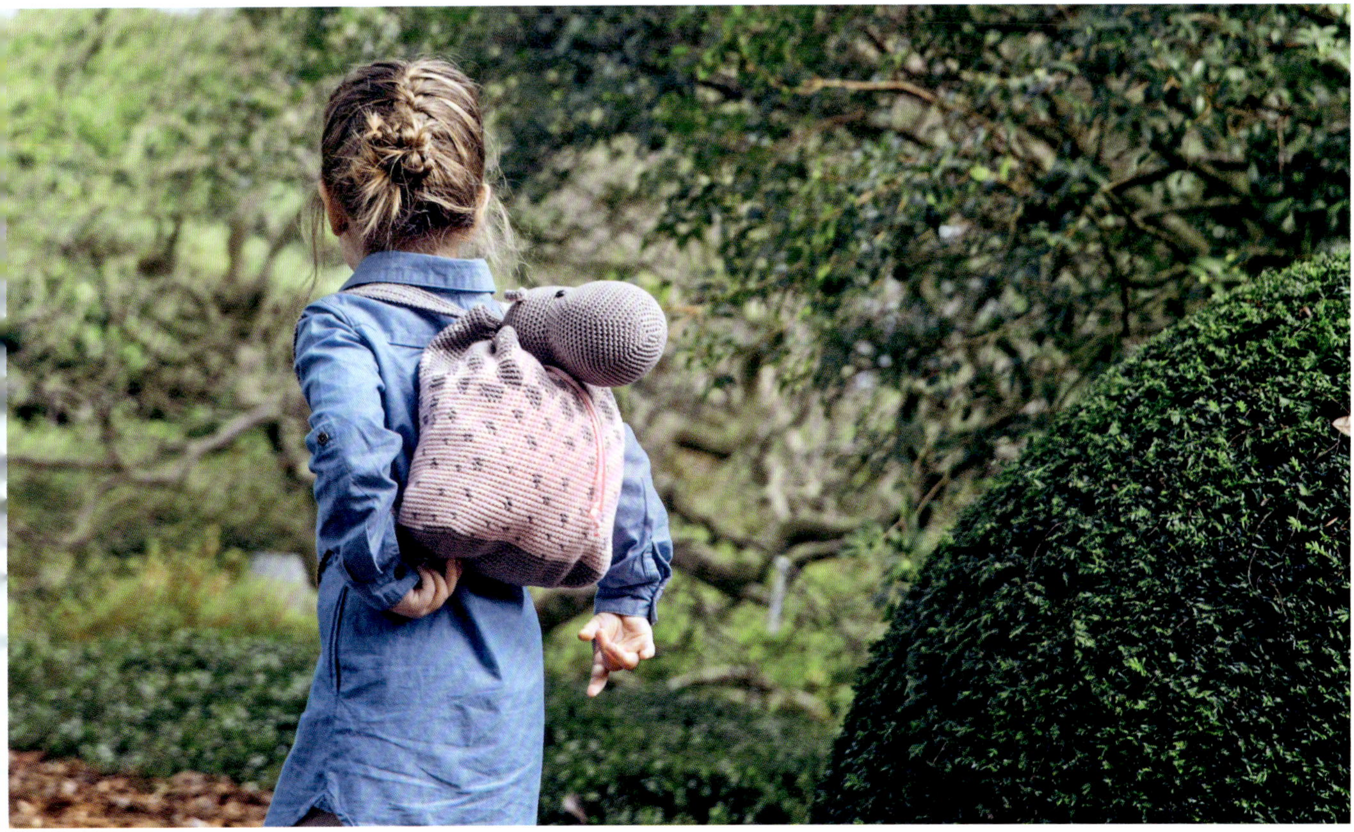

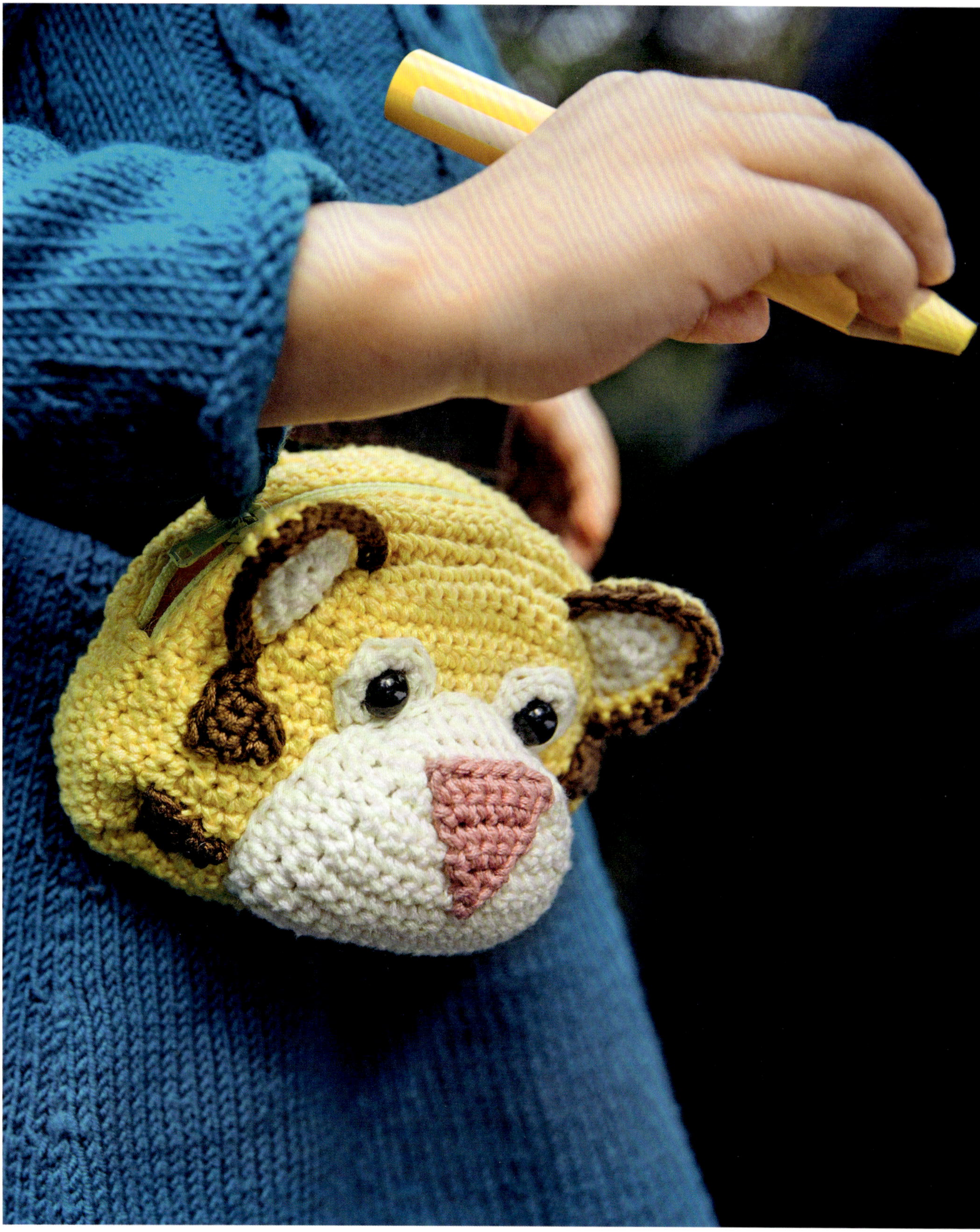

GÜRTELTASCHE TIGER

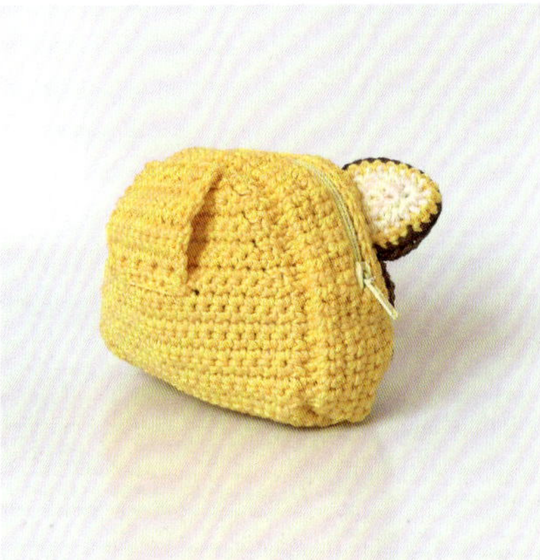
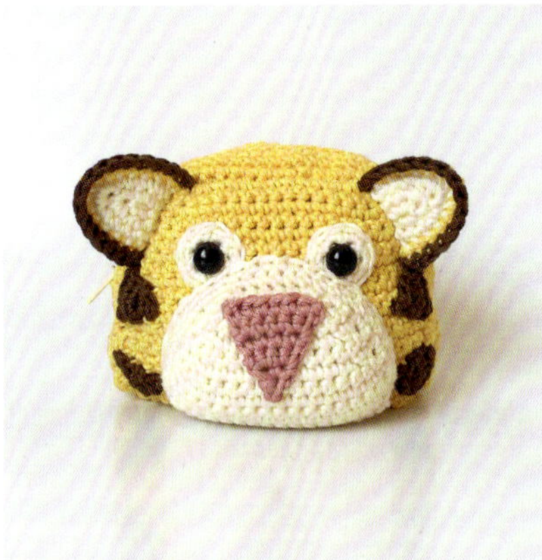
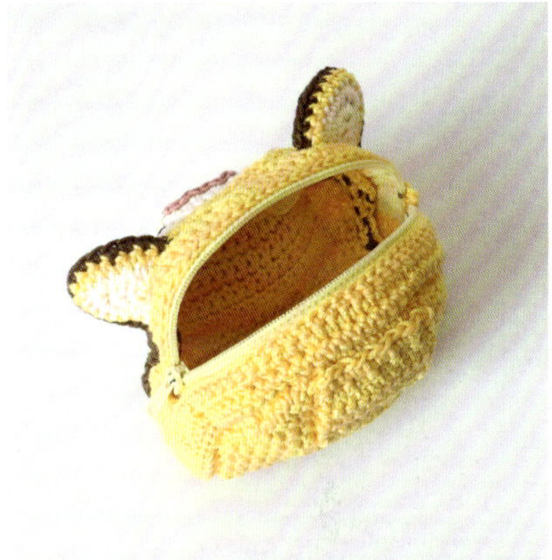

LEVEL ●●○
GRÖSSE 11 x 8 cm
MASCHENPROBE (fM) 23 M x 25 R = 10 cm
MATERIAL

- Feines Garn in Naturweiß (LL 50 m/25 g), Gelb (LL 200 m/100 g), Braun (Wollrest) und Rosa (Wollrest)
- Häkelnadel in Nadelstärke 3,5 mm
- 15 cm langer Reißverschluss in Gelb (sofern du mit einer ähnlichen Garnstärke wie im Original arbeitest)
- Sicherheitsaugen (10 mm ∅)
- Füllwatte zum Ausstopfen
- Stopfnadel
- Nähgarn in Gelb
- Optional Maschenmarkierer (1 in Farbe A, 2 in Farbe B)

HAUPTTEIL (in gelbem Garn)
13 LM. In Reihen häkeln.
1. R: In 2. LM ab Nadel beginnen, fM in alle 12 M, wenden [12].
2. R: 1 LM, fM in nächste M, 3 fM in nächste M, fM in nächste 8 M, 3 fM in nächste M, fM in nächste M, wenden [16].
3. R: 1 LM, fM in alle 16 M, wenden [16].
4. R: 1 LM, fM in nächste M, in nächster M zun, fM in nächste 12 M, in nächster M zun, fM in nächste M, wenden [18].
5. R: 1 LM, fM in alle 18 M, wenden [18].
6. R: 1 LM, fM in nächste M, in nächster M zun, fM in nächste 14 M, in nächste M zun, fM in nächste M, wenden [20].
7. R: 1 LM, fM in alle 20 M, wenden [20].
8. R: 1 LM, fM in nächste M, in nächster M zun, fM in nächste 16 M, in nächster M zun, fM in nächste M, wenden [22].
9. R: 1 LM, fM in alle 22 M, wenden [22].
10. R: 1 LM, fM in nächste M, in nächster M zun, fM in nächste 18 M, in nächster M zun, fM in nächste M, wenden [24].
11.–41. R: 1 LM, fM in alle 24 M, wenden [24] (Maschenmarkierer in der 1. und letzten M der 20. Reihe und 30. Reihe anbringen).
42. R: 1 LM, fM in nächste M, abn, fM in nächste 18 M, abn, fM in nächste M, wenden [22].
43. R: 1 LM, fM in alle 22 M, wenden [22].
44. R: 1 LM, fM in nächste M, abn, fM in nächste 16 M, abn, fM in nächste M, wenden [20].
45. R: 1 LM, fM in alle 20 M, wenden [20].
46. R: 1 LM, fM in nächste M, abn, fM in nächste 14 M, abn, fM in nächste M, wenden [18].
47. R: 1 LM, fM in alle 18 M, wenden [18].
48. R: 1 LM, fM in nächste M, abn, fM in nächste 12 M, abn, fM in nächste M, wenden [16].
49. R: 1 LM, fM in alle 16 M, wenden [16].
50. R: 1 LM, fM in nächste M, 3 fM zus, fM in nächste 8 M, 3 fM zus, fM in nächste M [12]. Arbeit beenden ❶.

REISSVERSCHLUSSLEISTE (in gelbem Garn)
55 LM, dabei am Anfang einen langen Faden zum Zusammennähen hängen lassen.
In Reihen häkeln.
1. R: In 2. LM ab Nadel beginnen, fM in alle 54 M, wenden [54].
2.–4. R: 1 LM, fM in alle 54 M, wenden [54].
5. R, Teil 1: 1 LM, fM in nächste 10 M [10] ❷
Arbeit beenden. Nicht wenden. Auf derselben Seite eine Schlaufe in M 45 von rechts nach links ziehen:
5. R, Teil 2: 1 LM, fM in nächste 10 M, wenden [10] ❸
6. R: 1 LM, fM in nächste 10 M, 34 LM (Luftmaschen nicht zu locker arbeiten), fM in nächste 10 M (über den ersten Teil der 5. Reihe), wenden [54] ❹
7. R: 1 LM, fM in nächste 10 M, fM in nächste 34 LM, fM in nächste 10 M, wenden [54] ❺
8.–9. R: 1 LM, fM in alle 54 M, wenden [54].
10. R: 1 LM, fM in alle 54 M [54].
Arbeit beenden, langen Faden zum Zusammennähen hängen lassen ❻.

SCHNAUZE (in naturweißem Garn)
17 LM, dabei am Anfang zum Annähen einen langen Faden hängen lassen.
In Reihen häkeln.
1. R: In 2. LM ab Nadel beginnen, fM in alle 16 M, wenden [16].
2.–9. R: 1 LM, fM in alle 16 M, wenden [16] (Maschenmarkierer in der 1. und letzten Masche der 4. Reihe anbringen).
10. R: 1 LM, fM in nächste M, abn, fM in nächste 10 M, abn, fM in nächste M, wenden [14].
11. R: 1 LM, fM in alle 14 M, wenden [14].
12. R: 1 LM, fM in nächste M, abn, fM in nächste 8 M, abn, fM in nächste M, wenden [12].
13. R: 1 LM, fM in alle 12 M, wenden [12].
14. R: 1 LM, fM in nächste M, 3 fM zus, fM in nächste 4 M, 3 fM zus, fM in nächste M [8] ❼.
Arbeit beenden. Mit dem oberen Teil der Schnauze fortfahren.
In der M mit dem Maschenmarkierer rechts beginnen ❽.
Weiter in Reihen häkeln.
1. R: 1 LM, fM in nächste 10 Reihenenden, fM in nächste 8 M oben, fM in nächste 10 Reihenenden auf der anderen Seite, wenden [28] ❾.
2. R: 1 LM, fM in alle 28 M, wenden [28].
3. R: 1 LM, fM in alle 28 M [28].
Arbeit beenden, dabei einen langen Faden zum Annähen hängen lassen ❿.

OHR (2x arbeiten, mit naturweißem Garn beginnen) (optional Maschenmarkierer)
5 LM. Die M werden auf beiden Seiten der Luftmaschenkette gearbeitet.
1. Rd: In 2. LM ab Nadel beginnen, 3 fM in 1. M (Maschenmarkierer in Farbe A und Farbe B in der 1. Masche anbringen ⓫), fM in nächste 2 M, 5 fM in nächste M (Maschenmarkierer in Farbe B in der 3. Masche anbringen). Auf der anderen Seite der Luftmaschenkette fortfahren, fM in nächste 2 M, in nächster M zun [14] ⓬.
Den Maschenmarkierer in Farbe A in die 1. Masche jeder Runde umsetzen und die Maschenmarkierer in Farbe B immer in der mittleren Masche anbringen, wenn du 5 fM in eine Masche arbeitest.
2. Rd: 5 fM in 1. M, fM in nächste 6 M, 5 fM in nächste M, fM in nächste 6 M [22] ⓭.
3. Rd: fM in nächste 2 M, 5 fM in nächste M, fM in nächste 10 M, 5 fM in nächste M, fM in nächste 5 M [27] (diese Runde nicht beenden) ⓮.
Kett-M in nächste M. Arbeit beenden ⓯. Teil in der Mitte falten. Darauf achten, dass die M aneinander ausgerichtet sind und die rechte Seite der Arbeit nach außen zeigt.
Zu gelbem Garn wechseln. Weiter in Reihen durch beide Lagen häkeln.
1. R: 1 LM, fM in alle 15 M, wenden [15] ⓰ ⓱.
Zu braunem Garn wechseln.
2. R: 1 LM, fM in alle 15 M [15].
Arbeit beenden, dabei einen langen Faden zum Annähen hängen lassen ⓲.

AUGEN (2x arbeiten, in naturweißem Garn)
1. Rd: Mit 6 fM in Magischem Ring beginnen [6] (beim Zusammenziehen in der Mitte ein Loch lassen).
2. Rd: 6x zun [12].
Kett-M in nächste M. Arbeit beenden, dabei einen langen Faden zum Annähen hängen lassen.

NASE (in rosafarbenem Garn)
2 LM. In Reihen häkeln.

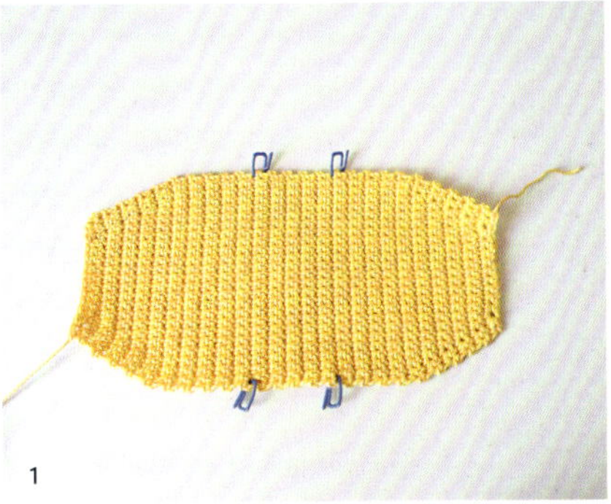
1

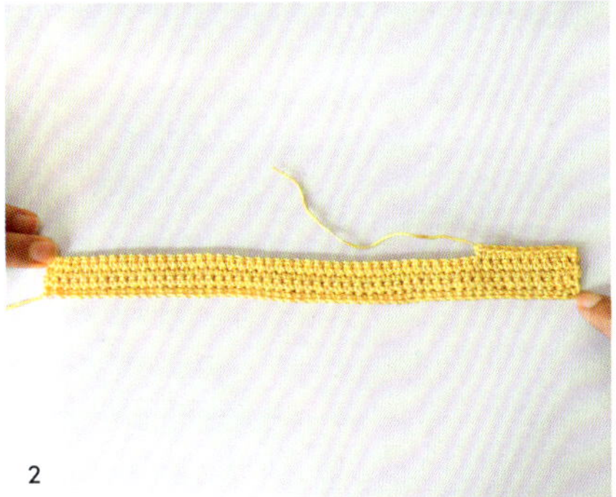
2

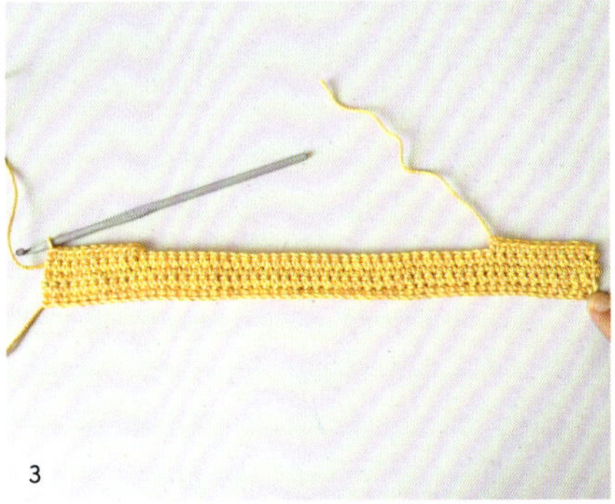
3

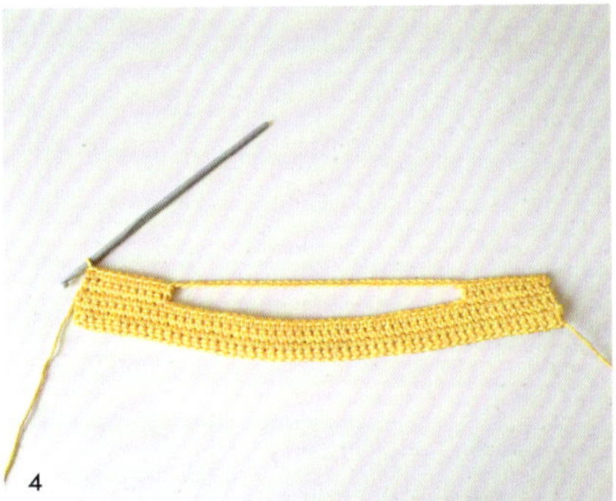
4

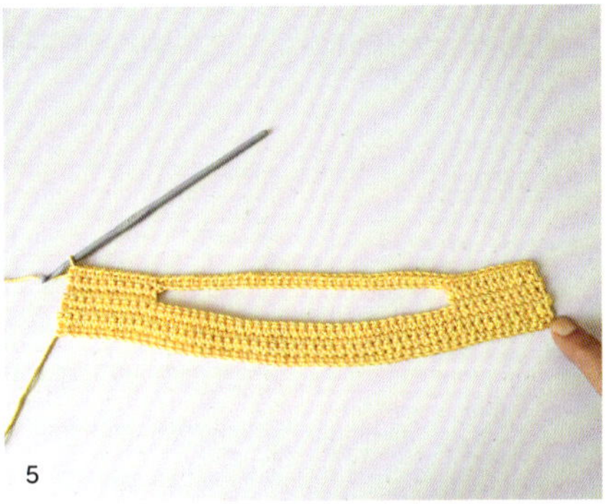
5

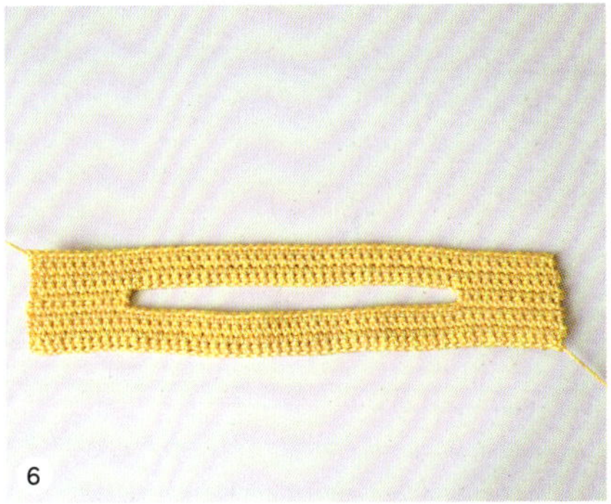
6

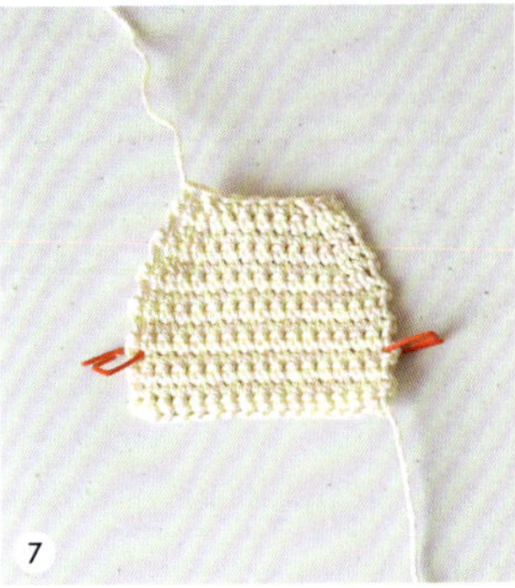
7

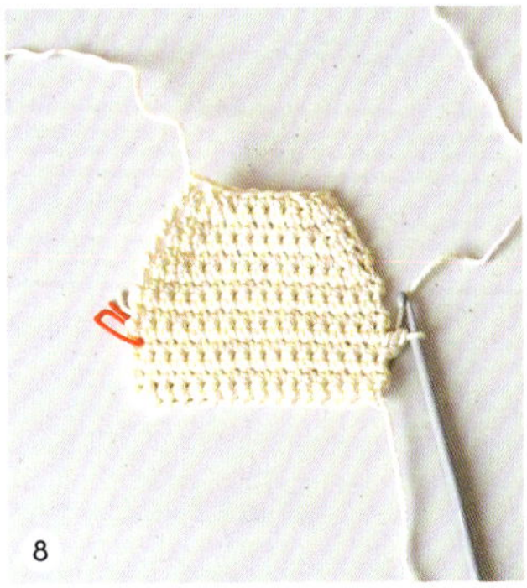
8

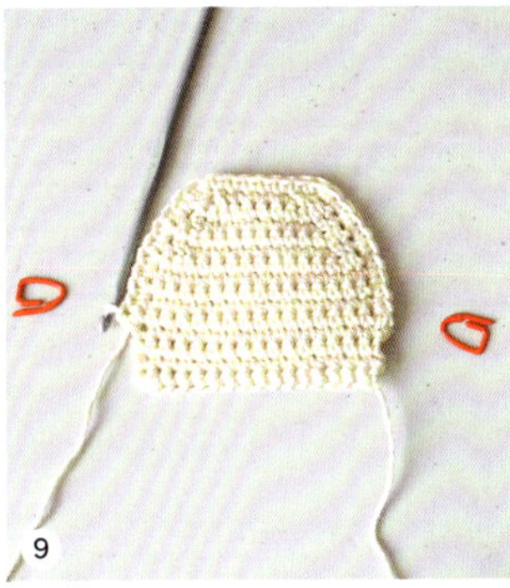
9

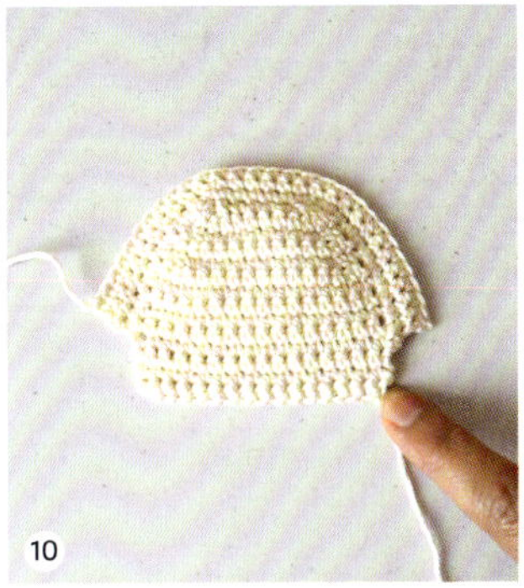
10

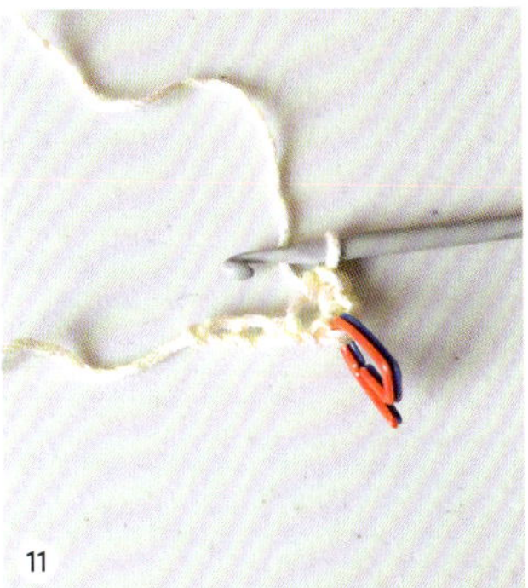
11

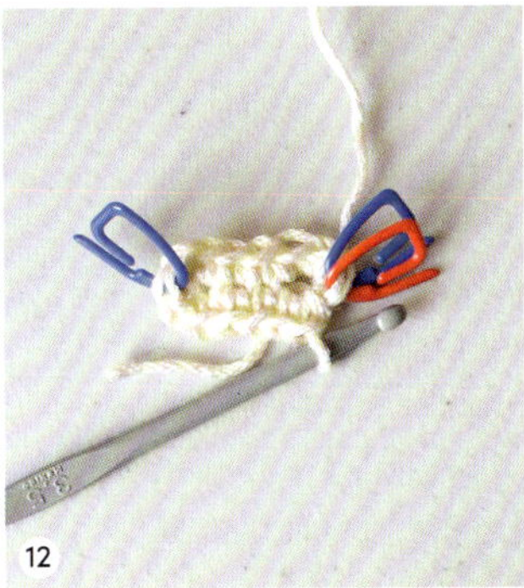
12

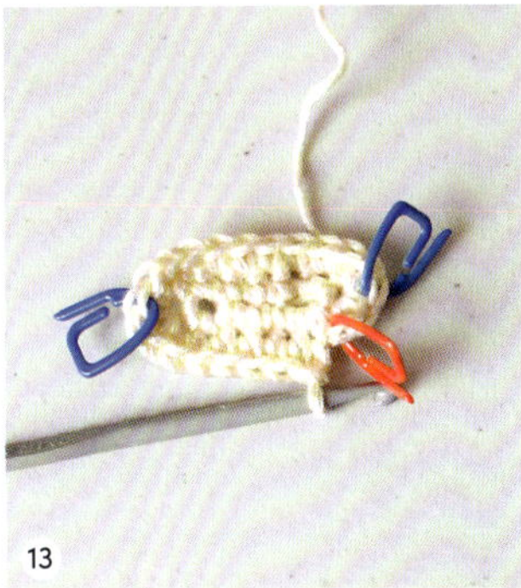
13

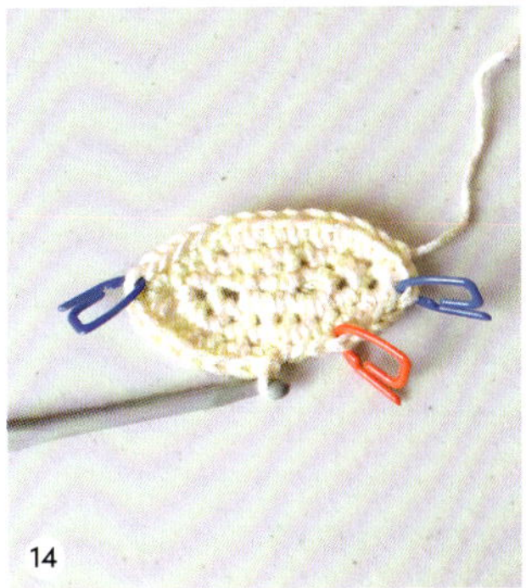
14

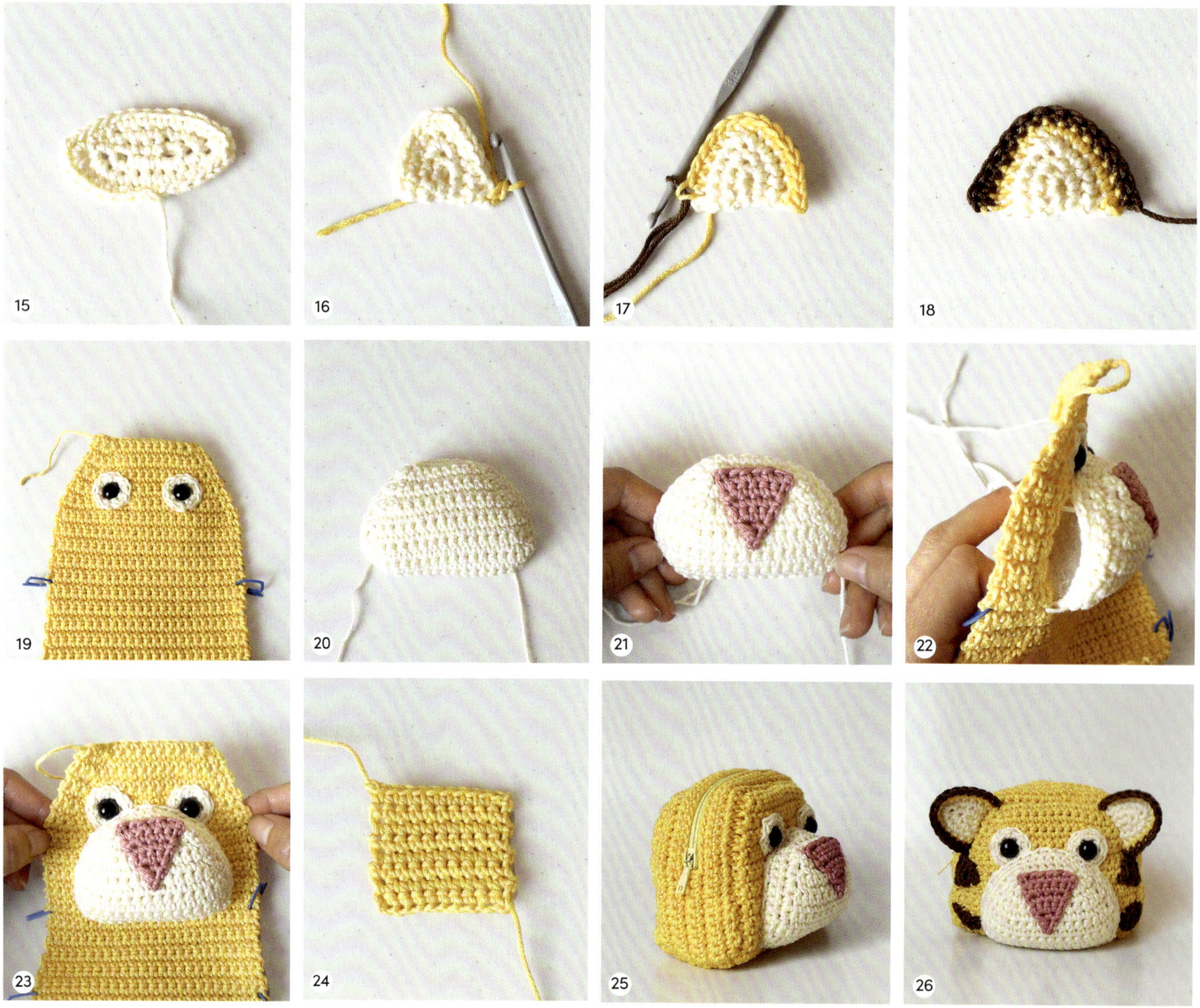

1. R: In 2. LM ab Nadel beginnen, fM in 1. M, wenden [1].
2. R: 1 LM, in 1. M zun, wenden [2].
3. R: 1 LM, in nächsten 2 M zun, wenden [4].
4. R: 1 LM, fM in alle 4 M, wenden [4].
5. R: 1 LM, in 1. M zun, fM in nächste 2 M, in nächster M zun, wenden [6].
6. R: 1 LM, fM in alle 6 M [6]. Arbeit beenden, dabei einen langen Faden zum Annähen hängen lassen.

TIGERSTREIFEN (4x arbeiten, in braunem Garn)

2 LM. In Reihen häkeln.
1.–4. R: 1. bis 4. R der Nase wiederholen.
Arbeit beenden, langen Faden zum Annähen hängen lassen.

GESICHT FERTIGSTELLEN

– Die Sicherheitsaugen mittig in die weißen Augen einsetzen und dabei jeweils den Magischen Ring zusammenziehen. Die Verschlüsse noch nicht auf der Rückseite anbringen.

– Die Augen an das Hauptteil nähen, 10 Reihen über den Maschenmarkierern und mit 1, 5 cm Abstand. Die Verschlüsse anbringen ⑲.

– Die Schnauze formen, dafür die äußeren Ecken des oberen Teils an die Reihenenden des ersten Teils nähen ⑳ (zusätzliche Abb. 16–18, S. 27).

– Die Nase an die Schnauze nähen ㉑.

– Die Schnauze so auf das Hauptteil setzen, dass die Unterseite an den Maschenmarkierern ausgerichtet ist und auf den unteren Kanten der Augen liegt. Mit Füllwatte ausstopfen und annähen ㉒㉓.

GÜRTELSCHLAUFE (in gelbem Garn)

11 LM, dabei am Anfang einen langen Faden zum Annähen hängen lassen.

In Reihen häkeln.

1. R: In 2. LM ab Nadel beginnen, fM in alle 10 M, wenden [10].

2.–7. R: 1 LM, fM in alle 10 M, wenden [10].

8. R: 1 LM, fM in alle 10 M [10].

Arbeit beenden, langen Faden zum Annähen hängen lassen ㉔.

GÜRTELTASCHE FERTIGSTELLEN

– Den Reißverschluss an der Reißverschlussleiste feststecken. Mit einem Heftstich in Kontrastfarbe den Reißverschluss zunächst fixieren, dann mit Nähgarn und einem Steppstich festnähen (Abb. 22–25, S. 27).

– Die Leiste am Hauptteil feststecken. Die kurzen Enden der Leiste auf beiden Seiten zwischen den Maschenmarkierern des Hauptteils positionieren. Darauf achten, dass Vorder- und Rückseite sowie Boden der Tasche schön geformt sind, und die Tasche mit der Stopfnadel zusammennähen ㉕.

LETZTE ARBEITSSCHRITTE

– Die Ohren über die Taschennaht nähen.

– Je 2 Tigerstreifen auf die Seiten des Gesichts nähen ㉖.

– Die Gürtelschlaufe auf die Rückseite der Tasche, mittig von der oberen Naht nach unten, nähen. Darauf achten, dass nur die Ober- und Unterseite der Schlaufe angenäht werden und die Seiten zum Hindurchführen des Gürtels offen bleiben.

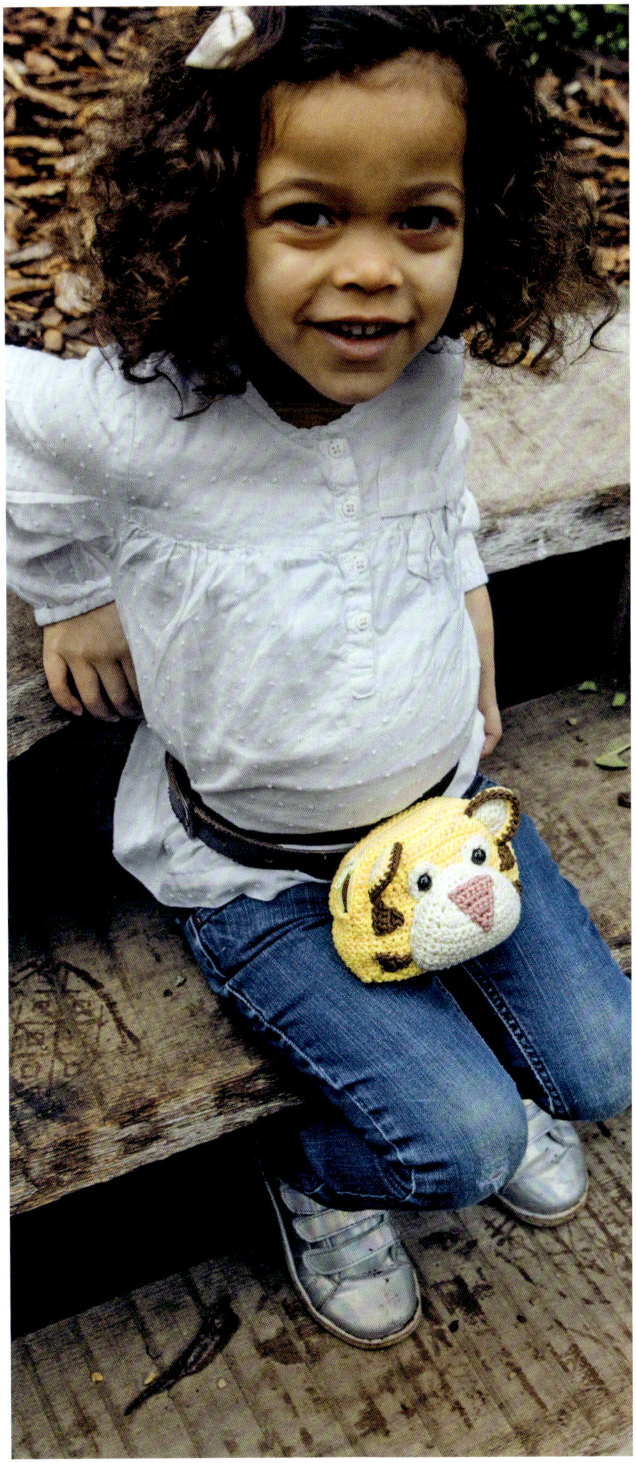

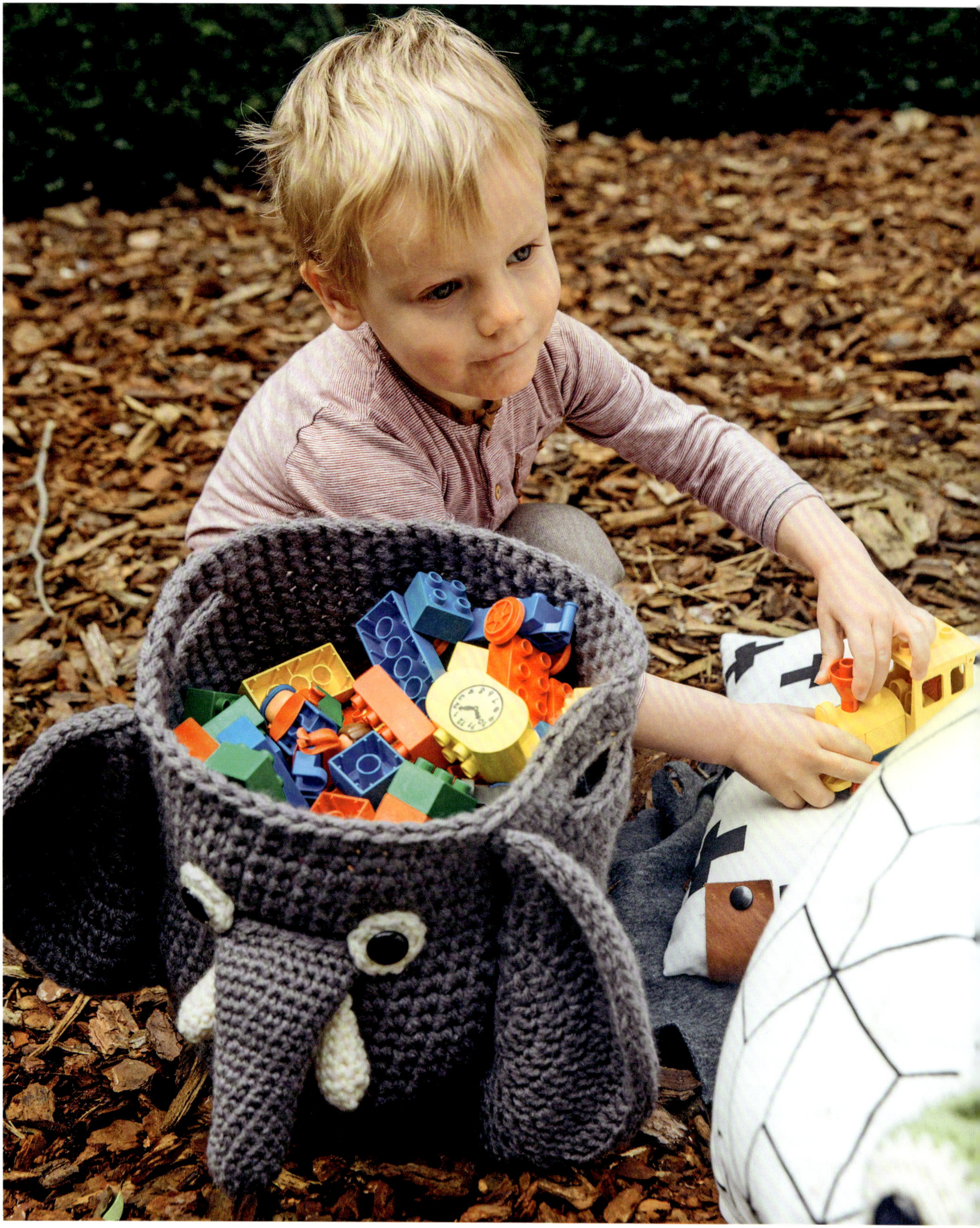

KORB ELEFANT

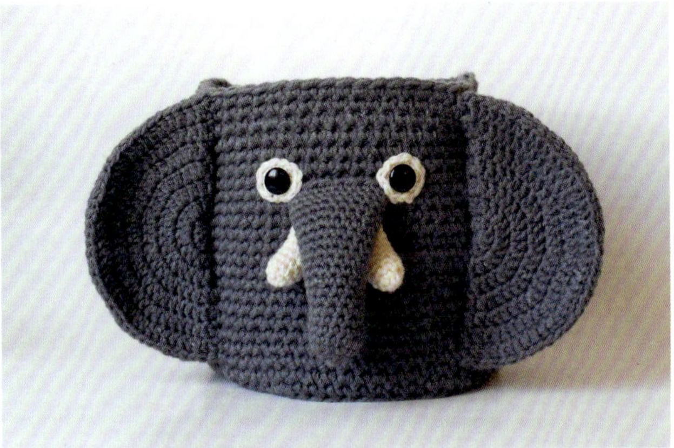
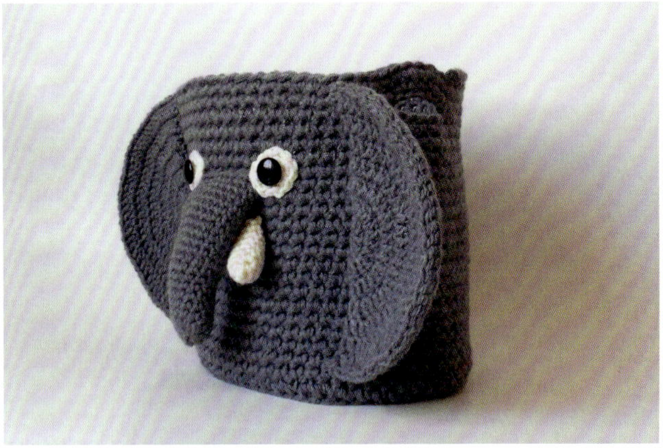

LEVEL ●○○
GRÖSSE 38 x 26 cm
MASCHENPROBE (fM)
Einfädig: 14 M x 14 R = 10 cm
Zweifädig: 8 M x 9 R = 10 cm
MATERIAL
– Dickes Garn in Grau (LL 600 m/500 g) und Naturweiß (LL 60 m/50 g)
– Häkelnadel in Nadelstärke 10 mm
– Häkelnadel in Nadelstärke 5,5 mm
– Sicherheitsaugen (24 mm ⌀)
– Füllwatte zum Ausstopfen
– Stopfnadel

KORB (in grauem Garn, zweifädig, mit 10-mm-Häkelnadel)
(Abb. 1–11, S. 30)
1. Rd: Mit 6 fM in Magischem Ring beginnen [6].
2. Rd: 6x zun [12].
3. Rd: (fM in nächste M, in nächster M zun) 6x wdh [18].
4. Rd: (fM in nächste 2 M, in nächster M zun) 6x wdh [24].
5. Rd: (fM in nächste 3 M, in nächster M zun) 6x wdh [30].
6. Rd: (fM in nächste 4 M, in nächster M zun) 6x wdh [36].
7. Rd: (fM in nächste 5 M, in nächster M zun) 6x wdh [42].
8. Rd: (fM in nächste 6 M, in nächster M zun) 6x wdh [48].
9. Rd: (fM in nächste 7 M, in nächster M zun) 6x wdh [54].
10. Rd: (fM in nächste 8 M, in nächster M zun) 6x wdh [60].
11. Rd: nur hMg fM in alle 60 M [60].
12.–30. Rd: fM in alle 60 M [60].
31. Rd: fM in nächste 12 M, 6 LM, 6 M überspringen, fM in nächste 24 M, 6 LM, 6 M überspringen, fM in nächste 12 M [60].
32.–33. Rd: fM in alle 60 M [60].
34. Rd: fM in nächste 11 M (eine M vor der Grifföffnung) [11].
Kett-M in nächste M. Arbeit beenden und Fadenenden vernähen.

RÜSSEL (in grauem Garn, mit 5,5-mm-Häkelnadel)
1. Rd: Mit 6 fM in Magischem Ring beginnen [6].
2. Rd: 6x zun [12].
3.–9. Rd: fM in alle 12 M [12].
10. Rd: (fM in nächste 3 M, in nächster M zun) 3x wdh [15].
11.–12. Rd: fM in alle 15 M [15].
13. Rd: (fM in nächste 4 M, in nächster M zun) 3x wdh [18].
14.–15. Rd: fM in alle 18 M [18].
16. Rd: (fM in nächste 5 M, in nächster M zun) 3x wdh [21].
17.–18. Rd: fM in alle 21 M [21].
19. Rd: (fM in nächste 6 M, in nächster M zun) 3x wdh [24].
20.–21. Rd: fM in alle 24 M [24].
Kett-M in nächste M. Arbeit beenden, langen Faden zum Annähen hängen lassen ❶.

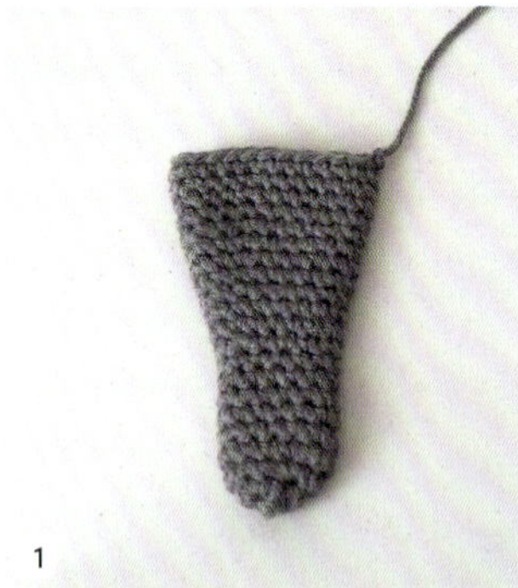

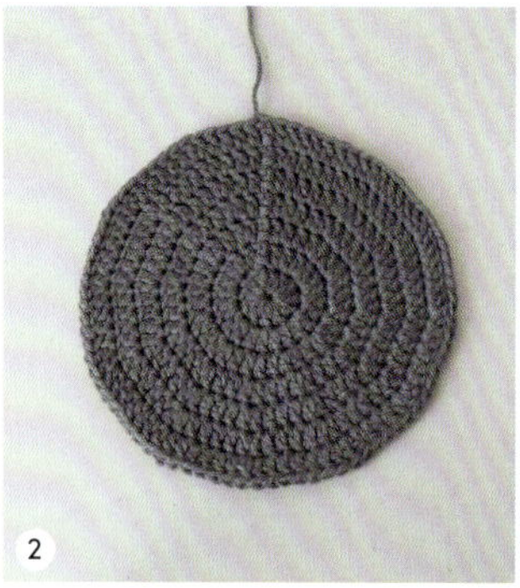

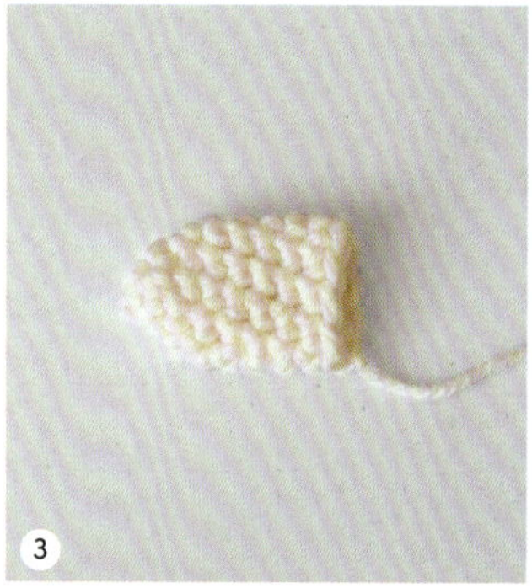

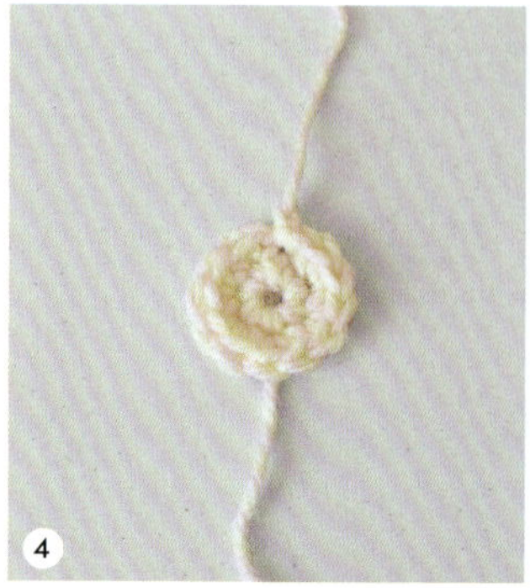

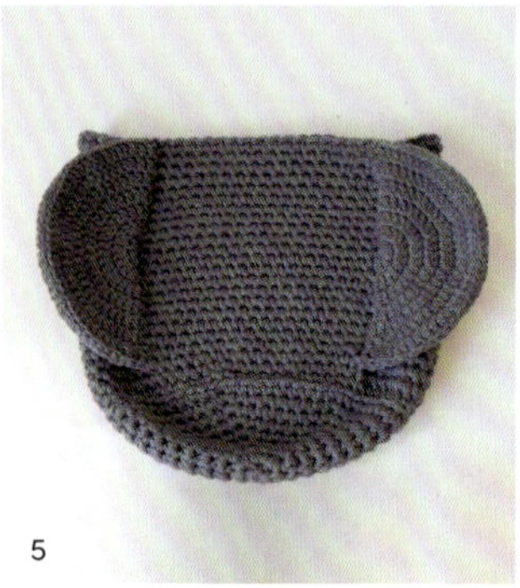

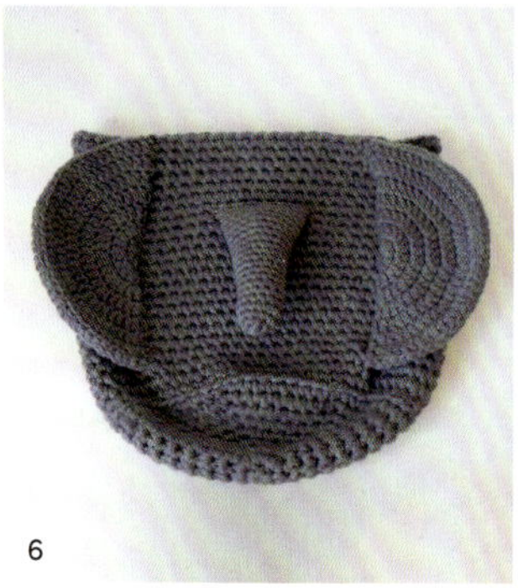

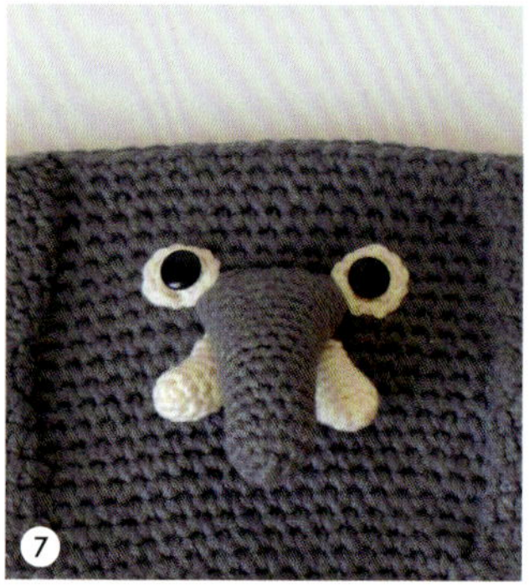

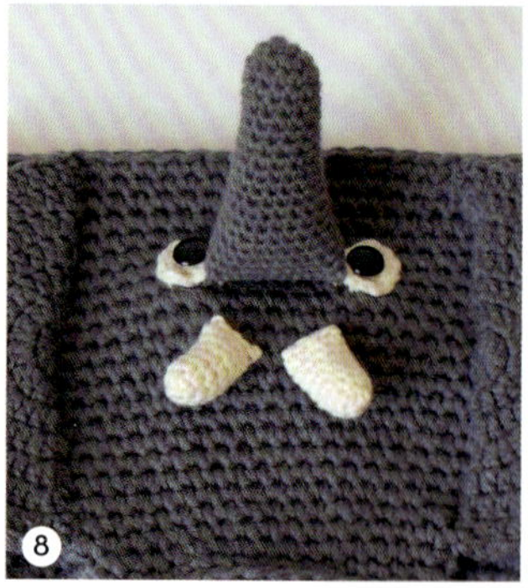

OHR (2x arbeiten, in grauem Garn, mit 5,5-mm-Häkelnadel)

Die Ohren werden in Runden gearbeitet, die jeweils mit einer Kett-M geschlossen werden.

1. Rd: 3 LM, mit 11 Stb in einem Magischen Ring beginnen, die Runde mit einer Kett-M beenden [12].

2. Rd: 3 LM, Stb in 1. M, 2 Stb in nächste 11 M, die Runde mit einer Kett-M beenden [24].

3. Rd: 3 LM, 2 Stb in nächste M, (Stb in nächste M, 2 Stb in nächste M) 11x wdh, die Runde mit einer Kett-M beenden [36].

4. Rd: 3 LM, Stb in nächste M, 2 Stb in nächste M, (Stb in nächste 2 M, 2 Stb in nächste M) 11x wdh, die Runde mit einer Kett-M beenden [48].

5. Rd: 3 LM, Stb in nächste 2 M, 2 Stb in nächste M, (Stb in nächste 3 M, 2 Stb in nächste M) 11x wdh, die Runde mit einer Kett-M beenden [60].

6. Rd: 3 LM, Stb in nächste 3 M, 2 Stb in nächste M, (Stb in nächste 4 M, 2 Stb in nächste M) 11x wdh, die Runde mit einer Kett-M beenden [72].

7. Rd: 3 LM, Stb in nächste 4 M, 2 Stb in nächste M, (Stb in nächste 5 M, 2 Stb in nächste M) 11x wdh, die Runde mit einer Kett-M beenden [84].

Arbeit beenden, langen Faden zum Annähen hängen lassen 2.

STOSSZAHN (2x arbeiten, in naturweißem Garn, mit 5,5-mm-Häkelnadel)

1. Rd: Mit 6 fM in Magischem Ring beginnen [6].

2. Rd: (fM in nächste M, in nächster M zun) 3x wdh [9].

3.–8. Rd: fM in alle 9 M [9].

Kett-M in nächste M. Arbeit beenden, langen Faden zum Annähen hängen lassen 3.

AUGE (2x arbeiten, in naturweißem Garn, mit 5,5-mm-Häkelnadel)

1. Rd: Mit 6 fM in Magischem Ring beginnen [6] (beim Zusammenziehen des Magischen Rings ein kleines Loch lassen).

2. Rd: 6x zun [12].

Kett-M in nächste M. Arbeit beenden, langen Faden zum Annähen hängen lassen 4.

Den Magischen Ring nicht ganz schließen, damit später die Augen in die Mitte eingesetzt werden können.

FERTIGSTELLEN

- Die Ohren in der Mitte falten und die offene Kante zunähen.
- Die Ohren von oben nach unten jeweils mit 3 M Abstand von der Grifföffnung an den Korb nähen 5.
- Den Rüssel mit Füllwatte ausstopfen. 6 Runden unter der Kante an das Gesicht nähen 6.
- Die Sicherheitsaugen in die Mitte der weißen Augen einsetzen.
- Die Augen über den oberen Ecken des Rüssels an den Korb nähen.
- Die Stoßzähne mit Füllwatte ausstopfen und dann diagonal 2 Runden unter dem Rüssel, oben mit einem Abstand von 4 M und unten 1 M, annähen 7 8.

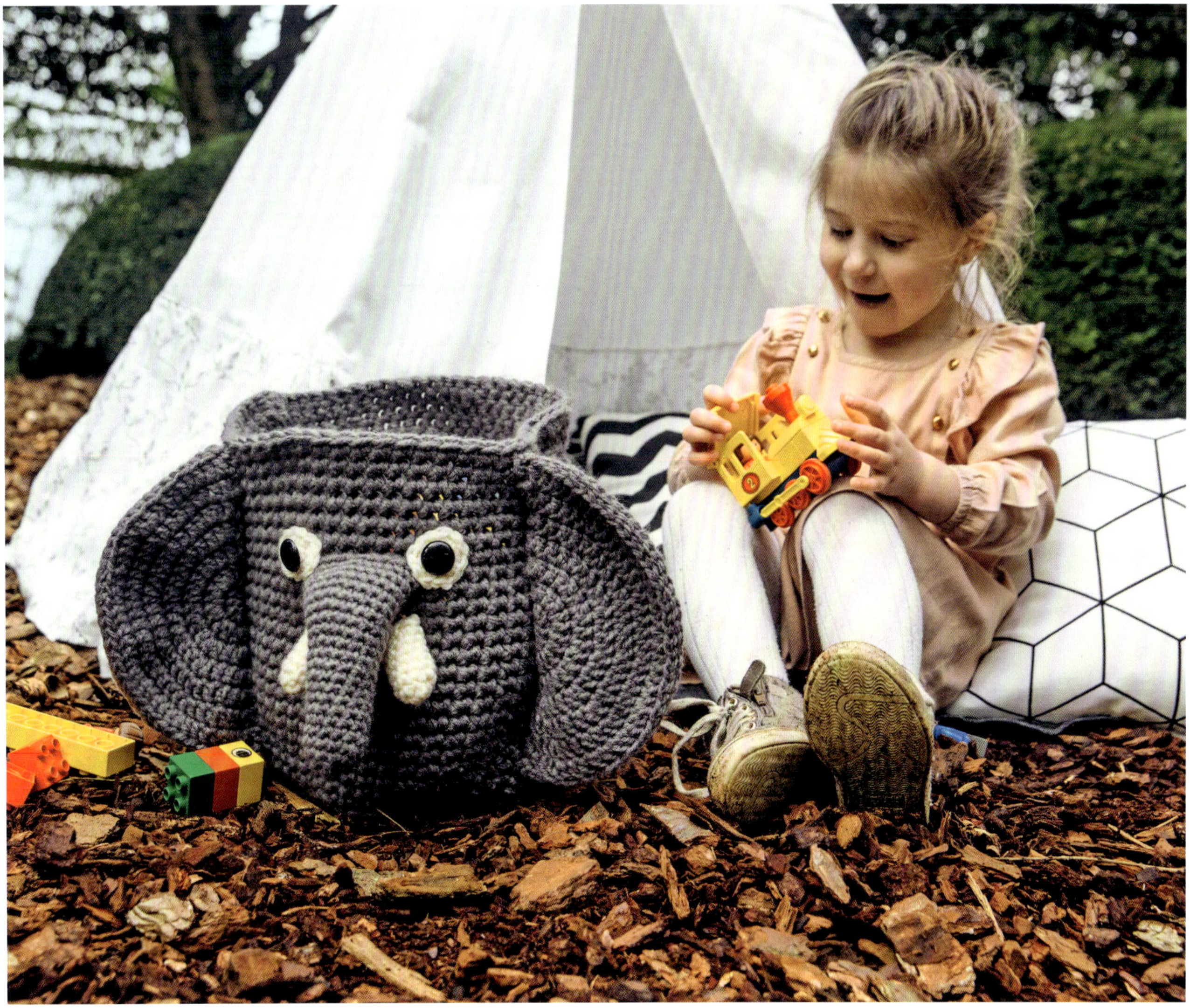

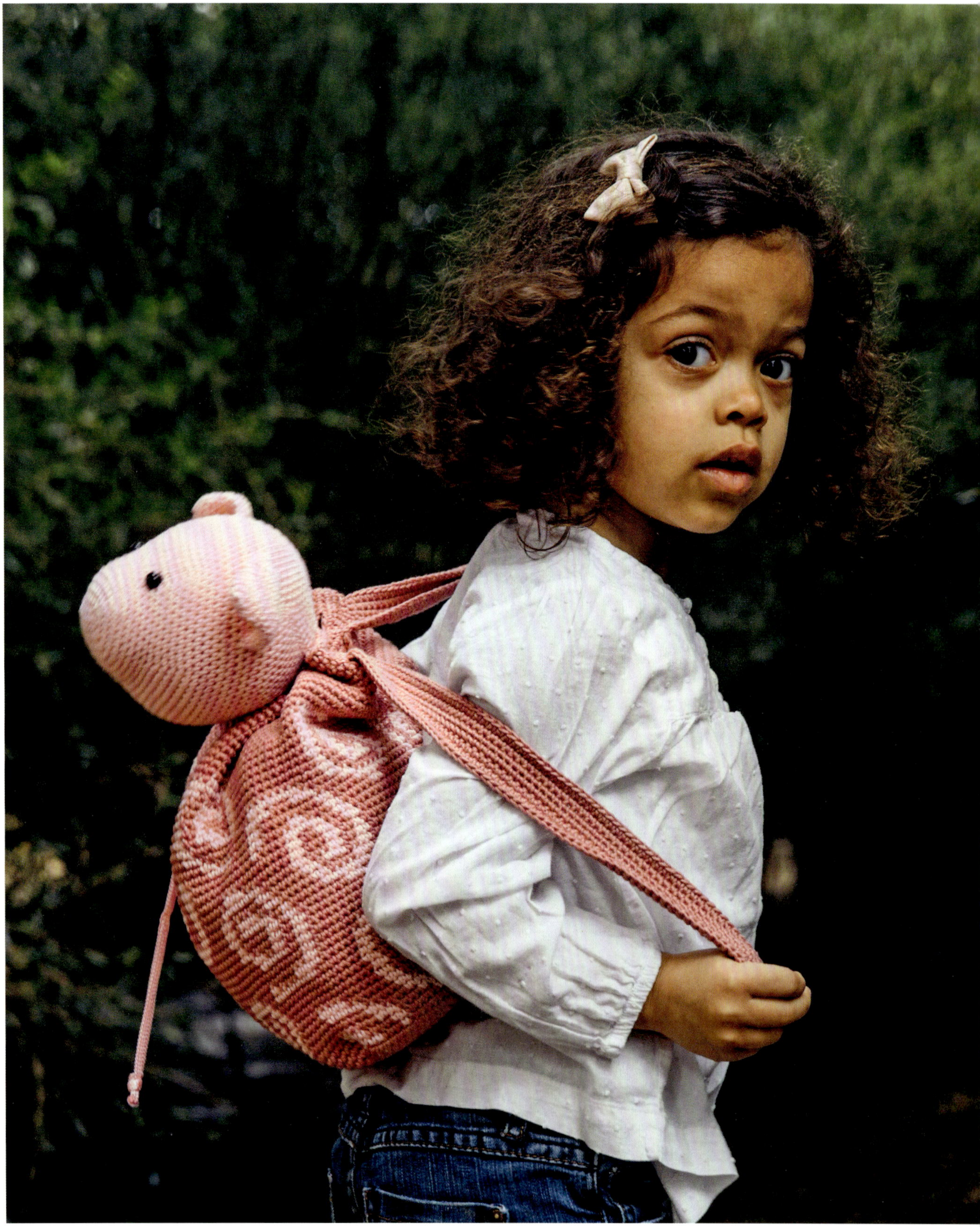

RUCKSACK SCHWEINCHEN

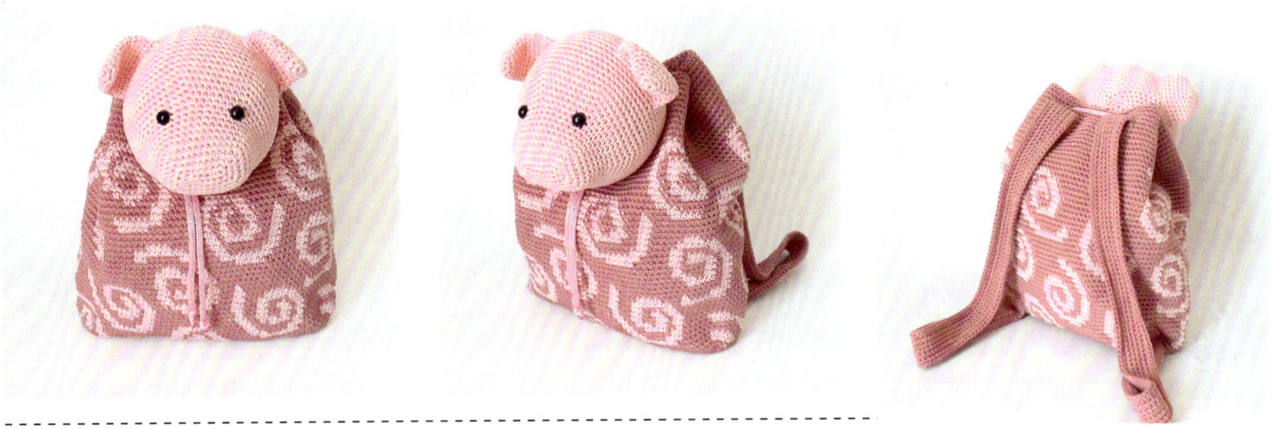

LEVEL ●●●
GRÖSSE 26 x 23, 5 cm
MASCHENPROBE (fM)
25 M x 21 R = 10 cm
ZUSÄTZLICHE ABKÜRZUNGEN
HF: Hauptfarbe
ZF: Zweitfarbe
MATERIAL
– Feines Garn in Dunkelrosa = HF: (LL 400 m/200 g)
– Feines Garn in Rosa = ZF: (LL 400 m/200 g)
– Häkelnadel in Nadelstärke 3,5 mm
– 64 cm Kordel (4 mm dick)
– Durchsichtiger Kordelstopper
– Sicherheitsaugen (10 mm ∅)
– Füllwatte zum Ausstopfen
– Stopfnadel
– Optional Maschenmarkierer (1 in Farbe A, 4 in Farbe B)

EINFÜHRUNG INS TAPESTRY-HÄKELN (Seite 10)
Garnschalen verwenden, damit sich die Fäden nicht verknoten. Alternativ wie folgt von der HF zur ZF und von der ZF zur HF wechseln:
– Von HF zu ZF: Lege die ZF vor die HF, Umschlag mit der ZF und die M beenden. Die erforderlichen M mit der ZF arbeiten und die HF dabei mitführen (Abb. 1–4, S. 44).
– Von ZF zu HF: Lege die HF hinter die ZF, Umschlag mit der HF und die M beenden. Die erforderlichen M mit der HF arbeiten und die ZF dabei mitführen (Abb. 5–8, S. 44).

TASCHE (mit HF beginnen) (optional Maschenmarkierer)
35 LM. Die M werden auf beiden Seiten der Luftmaschenkette gearbeitet.
1. Rd: In 2. LM ab Nadel beginnen, in 1. M zun (Maschenmarkierer in Farbe A und in Farbe B in der 1. M anbringen ❶), fM in nächste 32 M, 4 fM in nächste M (Maschenmarkierer in Farbe B in der 2. und 3. M anbringen).
Auf der anderen Seite der Luftmaschenkette fortfahren, fM in nächste 32 M, in nächster M zun (Maschenmarkierer in Farbe B in der 2. M anbringen) [72] ❷.
Ab 2. Rd: Den Faden in der ZF für mehr Stabilität mitführen. Der Boden der Tasche wird durch den zweiten Faden in den M des Arbeitsgarns fester.
Die 1. fM der Runde arbeiten. Vor dem letzten Umschlag die ZF nehmen, einen 10 cm langen Faden hängen lassen und das Garn zwischen Nadel und HF legen. Die 1. fM abschließen ❸ ❹. Mit der HF weiterhäkeln, aber jetzt die ZF mitführen. Maschenmarkierer in Farbe A in die 1. M jeder Runde umsetzen. Maschenmarkierer in

Farbe B immer in der mittleren M anbringen, wenn du 3 fM in eine M arbeitest.

2. Rd: 3 fM in 1. M, fM in nächste 34 M, 3 fM in nächste 2 M, fM in nächste 34 M, 3 fM in nächste M [80] ❺.

3. Rd: fM in 1. M, 3 fM in nächste M, fM in nächste 36 M, 3 fM in nächste M, fM in nächste 2 M, 3 fM in nächste M, fM in nächste 36 M, 3 fM in nächste M, fM in nächste M [88] ❻.

4. Rd: fM in nächste 2 M, 3 fM in nächste M, fM in nächste 38 M, 3 fM in nächste M, fM in nächste 4 M, 3 fM in nächste M, fM in nächste 38 M, 3 fM in nächste M, fM in nächste 2 M [96].

5. Rd: fM in nächste 3 M, 3 fM in nächste M, fM in nächste 40 M, 3 fM in nächste M, fM in nächste 6 M, 3 fM in nächste M, fM in nächste 40 M, 3 fM in nächste M, fM in nächste 3 M [104].

6. Rd: fM in nächste 4 M, 3 fM in nächste M, fM in nächste 42 M, 3 fM in nächste M, fM in nächste 8 M, 3 fM in nächste M, fM in nächste 42 M, 3 fM in nächste M, fM in nächste 4 M [112].

7. Rd: fM in nächste 5 M, 3 fM in nächste M, fM in nächste 44 M, 3 fM in nächste M, fM in nächste 10 M, 3 fM in nächste M, fM in nächste 44 M, 3 fM in nächste M, fM in nächste 5 M [120].

8. Rd: fM in nächste 6 M, 3 fM in nächste M, fM in nächste 46 M, 3 fM in nächste M, fM in nächste 12 M, 3 fM in nächste M, fM in nächste 46 M, 3 fM in nächste M, fM in nächste 6 M [128] ❼.

Maschenmarkierer in Farbe B entfernen.

9.–55. Rd: fM in alle 128 M, die Farben entsprechend der Häkelschrift wechseln [128] ❽ ❾ ❿ (Häkelschrift, S. 98–100).

56. Rd: fM in nächste 12 M, die Farben entsprechend der Häkelschrift wechseln (bis zur Faltkante der Tasche) [12] ⓫.

Den Maschenmarkierer in Farbe A in die 1. M der nächsten Runde setzen. Dies ist der neue Rundenanfang.

57. Rd (in HF, ZF mitgeführt): fM in nächste 6 M, 3 fM nur über ZF ⓬, 3 M überspringen ⓭, (fM in nächste 13 M, 3 fM nur über ZF, 3 M überspringen) 7x wdh, fM in nächste 7 M [128].

58.–59. Rd (in HF, ZF mitgeführt): fM in alle 128 M [128].

Kett-M in nächste M. Arbeit beenden. ZF abschneiden und 10 cm langen Faden hängen lassen.

RUCKSACK-RIEMEN (2x arbeiten, mit HF beginnen)

{Größen: 3, 4, 5, 6 Jahre} (optional Maschenmarkierer)

Langen Faden zum Annähen hängen lassen. {97, 104, 111, 118} LM. M werden auf beiden Seiten der Luftmaschenkette gearbeitet.

1. Rd: In 2. LM ab Nadel beginnen, in 1. M zun (Maschenmarkierer in Farbe A und Farbe B in der 1. M anbringen), fM in nächste {94, 101, 108, 115} M, 4 fM in nächste M (Maschenmarkierer in Farbe B in der 2. und 3. M anbringen). Auf der anderen Seite der Luftmaschenkette fortfahren, fM in nächste {94, 101, 108, 115} M, in nächster M zun (Maschenmarkierer in Farbe B in der 2. M anbringen) [196, 210, 224, 238].

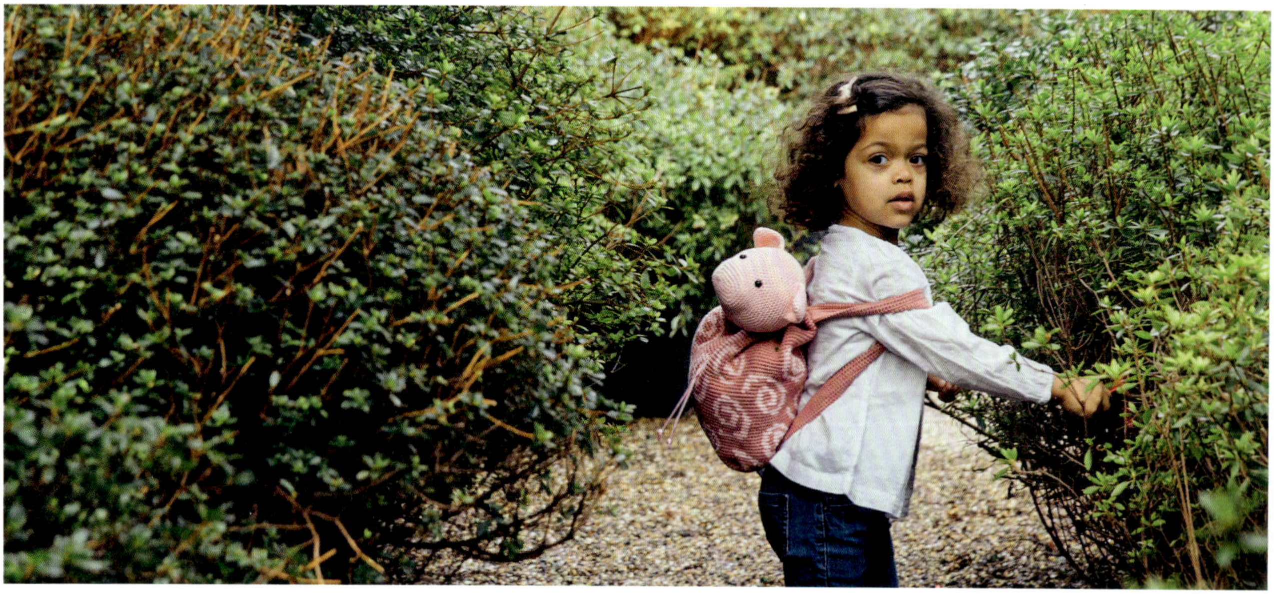

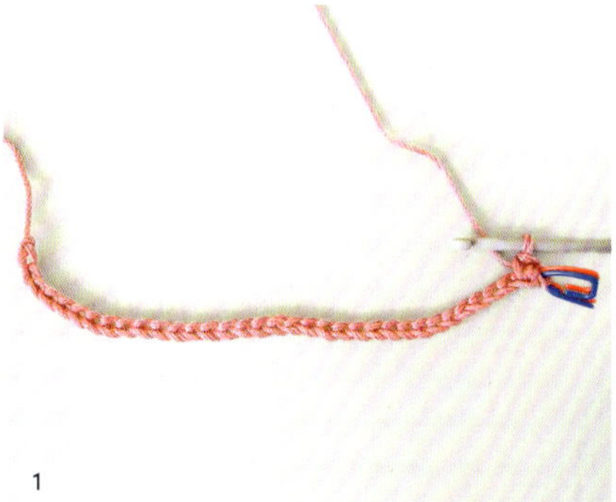
1

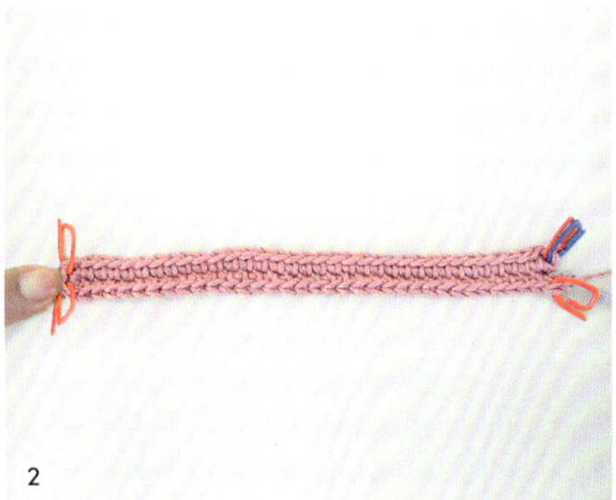
2

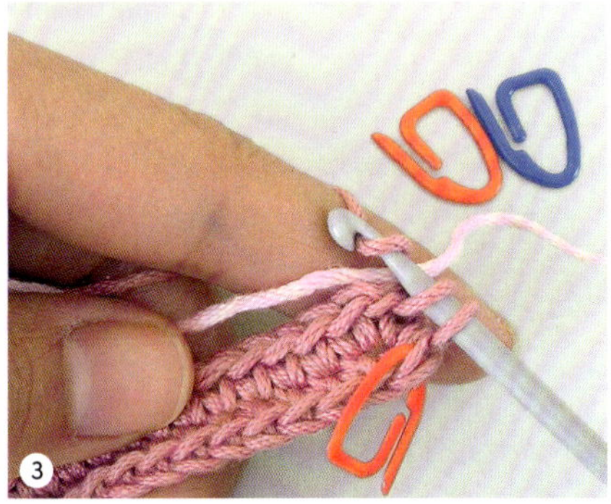
3

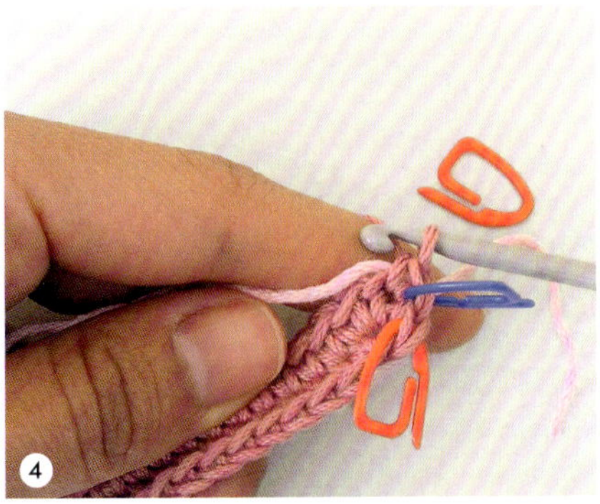
4

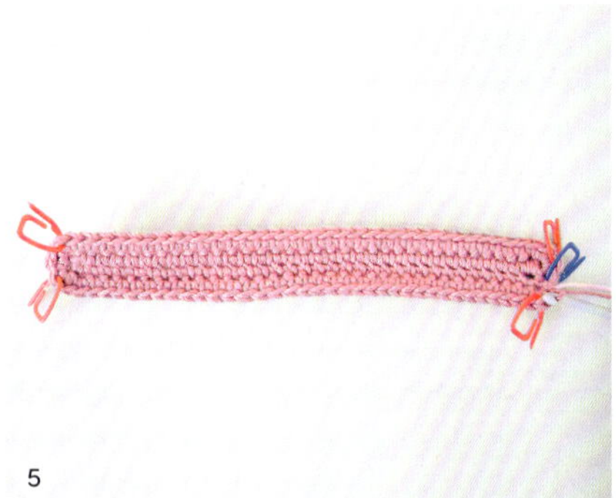
5

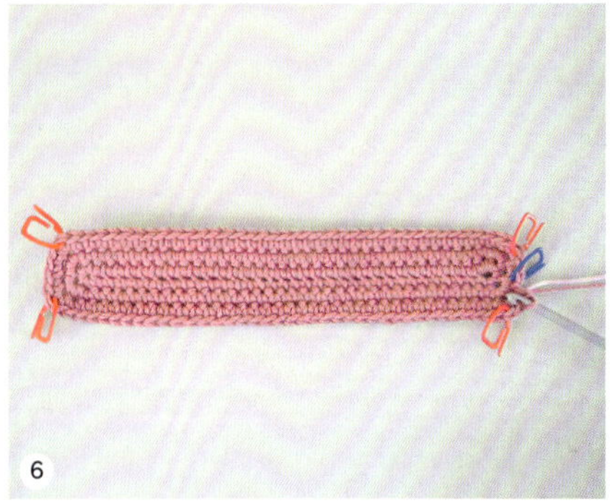
6

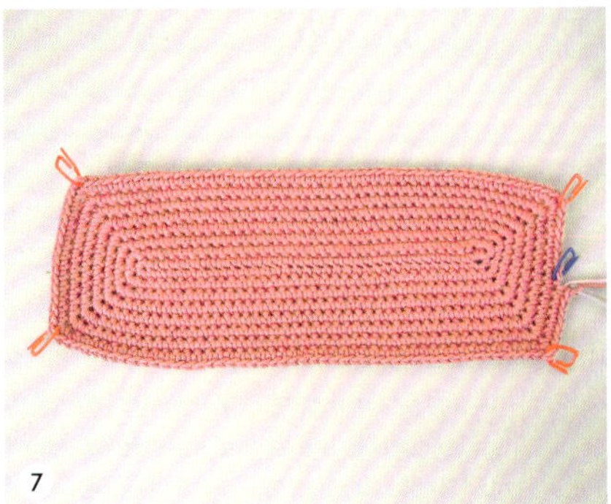
7

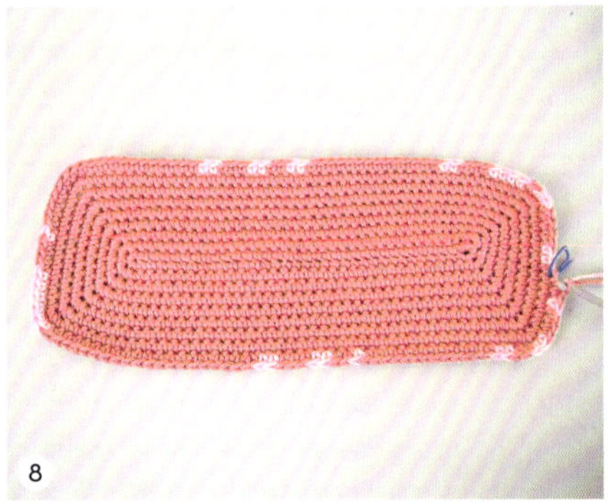
8

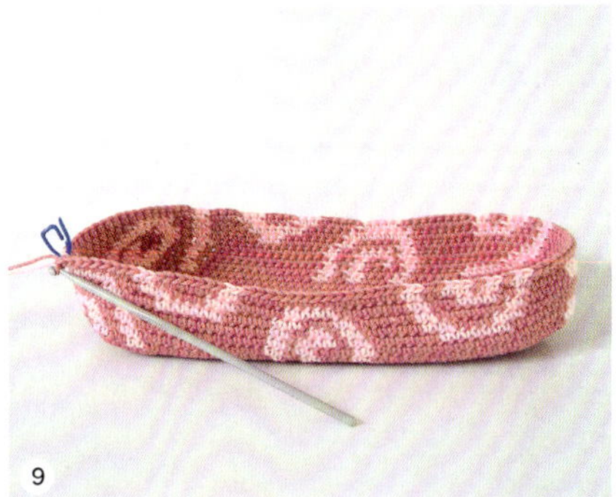
9

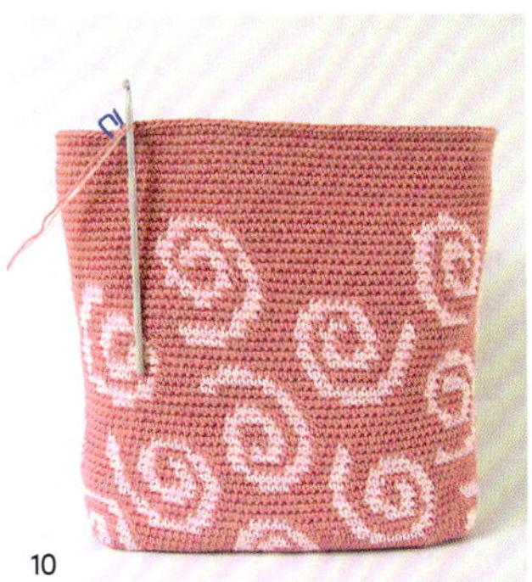
10

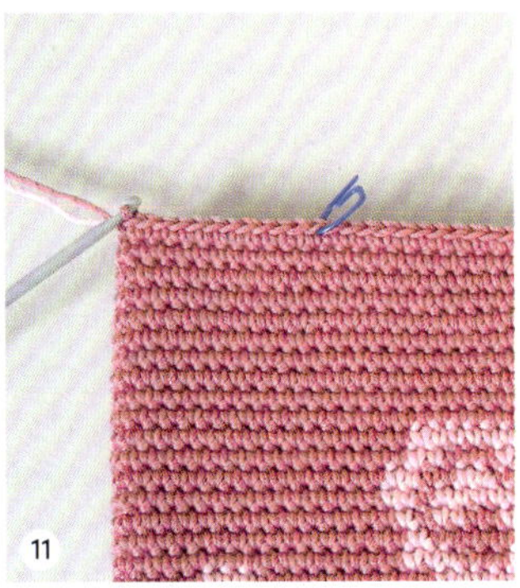
11

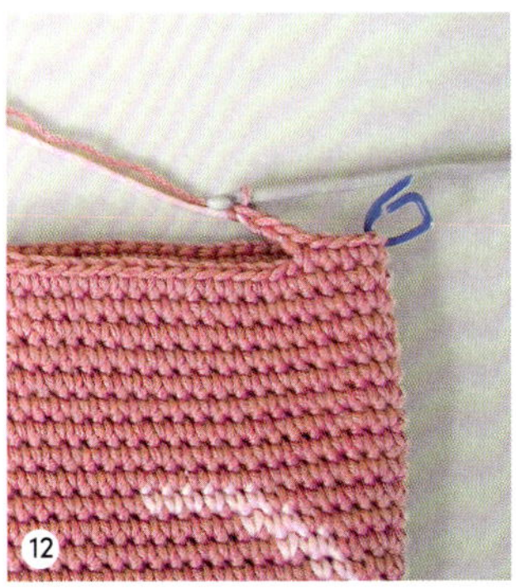
12

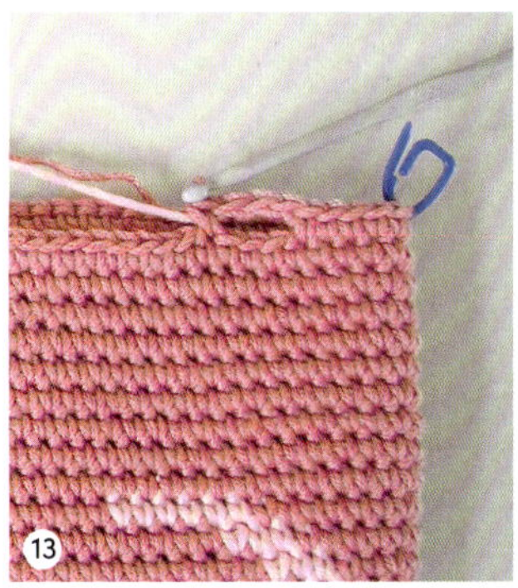
13

Ab der 2. Runde: Faden in ZF für mehr Festigkeit mitführen. Die Riemen sind durch den mitgeführten Faden fester und strapazierfähiger. Die 1. fM der Runde arbeiten. Vor dem letzten Umschlag die ZF aufnehmen und dabei einen 10 cm langen Faden hängen lassen. Zwischen die Nadel und die HF legen und die 1. fM fertigstellen. Weiter mit der HF häkeln, dabei jedoch jetzt die ZF mitführen. Den Maschenmarkierer in Farbe A in die 1. M jeder Runde umsetzen und die Maschenmarkierer in Farbe B immer in die mittlere M setzen, wenn du 3 fM in eine M arbeitest.

2. Rd: 3 fM in 1. M, fM in nächste {96, 103, 110, 117} M, 3 fM in nächste 2 M, fM in nächste {96, 103, 110, 117} M, 3 fM in nächste M [204, 218, 232, 246].

3. Rd: fM in 1. M, 3 fM in nächste M, fM in nächste {98, 105, 112, 119} M, 3 fM in nächste M, fM in nächste 2 M, 3 fM in nächste M, fM in nächste {98, 105, 112, 119} M, 3 fM in nächste M, fM in nächste M [212, 226, 240, 254].

Kett-M in nächste M. Arbeit beenden, langen Faden zum Annähen hängen lassen.

KOPF (in ZF) (optional Maschenmarkierer)

7 LM. Die M werden auf beiden Seiten der Luftmaschenkette gearbeitet.

1. Rd: In 2. LM ab Nadel beginnen, in 1. M zun (Maschenmarkierer in Farbe A und Farbe B in der 1. M anbringen 14), fM in nächste 4 M, 4 fM in nächste M (Maschenmarkierer in Farbe B in der 2. und 3. M anbringen).

Auf der anderen Seite der Luftmaschenkette fortfahren, fM in nächste 4 M, in nächster M zun (Maschenmarkierer in Farbe B in der 2. M anbringen) [16] 15.

Den Maschenmarkierer in Farbe A in die 1. M jeder Runde umsetzen und die Maschenmarkierer in Farbe B immer in der mittleren M anbringen, wenn du 3 fM in eine M arbeitest.

2. Rd: 3 fM in 1. M, fM in nächste 6 M, 3 fM in nächste 2 M, fM in nächste 6 M, 3 fM in nächste M [24] 16.

3. Rd: fM in 1. M, 3 fM in nächste M, fM in nächste 8 M, 3 fM in nächste M, fM in nächste 2 M, 3 fM in nächste M, fM in nächste 8 M, 3 fM in nächste M, fM in nächste M [32] 17.

4. Rd: fM in nächste 2 M, 3 fM in nächste M, fM in nächste 10 M, 3 fM in nächste M, fM in nächste 4 M, 3 fM in nächste M, fM in nächste 10 M, 3 fM in nächste M, fM in nächste 2 M [40] 18

Die Maschenmarkierer in Farbe B entfernen 19.

5.–9. Rd: fM in alle 40 M [40].

10. Rd: fM in nächste 10 M, in nächster M zun, fM in nächste 19 M, in nächster M zun, fM in nächste 9 M [42] 20.

11. Rd: (fM in nächste 6 M, in nächster M zun) 6x wdh [48].

12. Rd: (fM in nächste 7 M, in nächster M zun) 6x wdh [54].

13. Rd: (fM in nächste 8 M, in nächster M zun) 6x wdh [60].

14. Rd: (fM in nächste 9 M, in nächster M zun) 6x wdh [66].

15. Rd: (fM in nächste 10 M, in nächster M zun) 6x wdh [72].

16.–27. Rd: fM in alle 72 M [72].

28. Rd: (fM in nächste 10 M, abn) 6x wdh [66].

29. Rd: (fM in nächste 9 M, abn) 6x wdh [60].

30. Rd: (fM in nächste 8 M, abn) 6x wdh [54].

31. Rd: (fM in nächste 7 M, abn) 6x wdh [48].

32. Rd: (fM in nächste 6 M, abn) 6x wdh [42].

33. Rd: (fM in nächste 5 M, abn) 6x wdh [36].

Sicherheitsaugen zwischen der 10. und 11. Runde mit einem Abstand von 8 M einführen. Sie sollten an der Luftmaschenkette ausgerichtet sein 21.

Mit Füllwatte ausstopfen und beim Weiterhäkeln weiter ausstopfen 22.

34. Rd: (fM in nächste 4 M, abn) 6x wdh [30].

35. Rd: (fM in nächste 3 M, abn) 6x wdh [24].

36. Rd: (fM in nächste 2 M, abn) 6x wdh [18].

37. Rd: (fM in nächste M, abn) 6x wdh [12].

38. Rd: 6x abn [6].

39. Rd: (fM in nächste M, 1 M überspringen) 3x wdh [3].

Kett-M in nächste M. Arbeit beenden, langen Faden zum Annähen hängen lassen.

OHR (2x arbeiten, in der ZF)

1. Rd: Mit 6 fM in Magischem Ring beginnen [6].

2. Rd: 6x zun [12].

3. Rd: fM in alle 12 M [12].

4. Rd: (fM in nächste 2 M, in nächster M zun) 4x wdh [16].

5. Rd: fM in alle 16 M [16].

6. Rd: (fM in nächste 3 M, in nächster M zun) 4x wdh [20].

7. Rd: fM in alle 20 M [20].

8. Rd: (fM in nächste 4 M, in nächster M zun) 4x wdh [24].

9.–12. Rd: fM in alle 24 M [24].

Kett-M in nächste M. Arbeit beenden, langen Faden zum Annähen hängen lassen. Die Ohren 10 Runden über den Augen mit einem Abstand von 12 M annähen 23. Nach vorne legen 24.

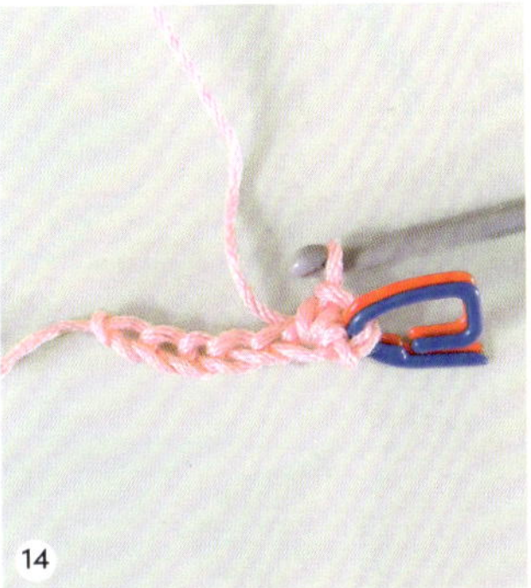
14

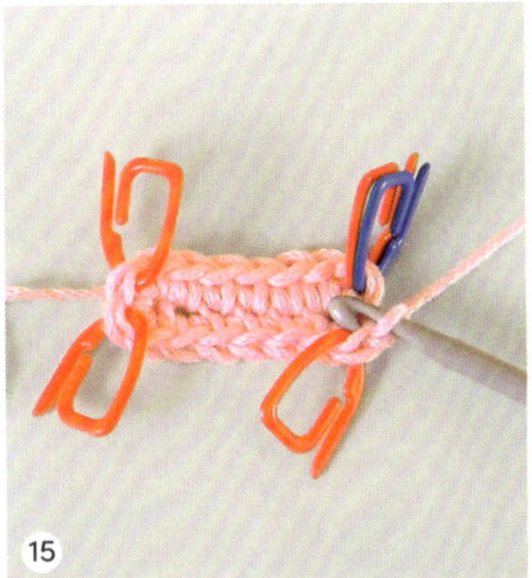
15

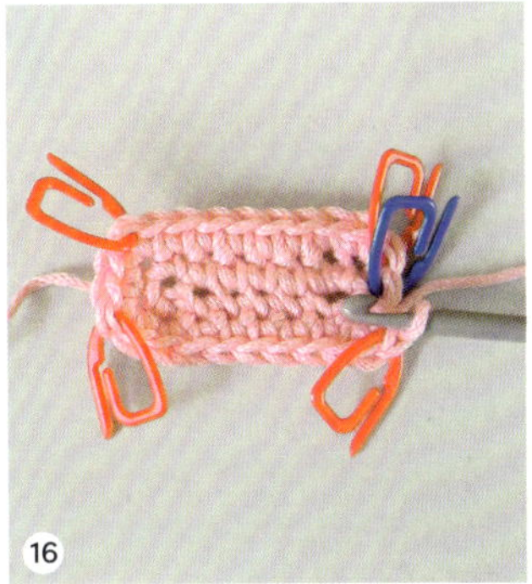
16

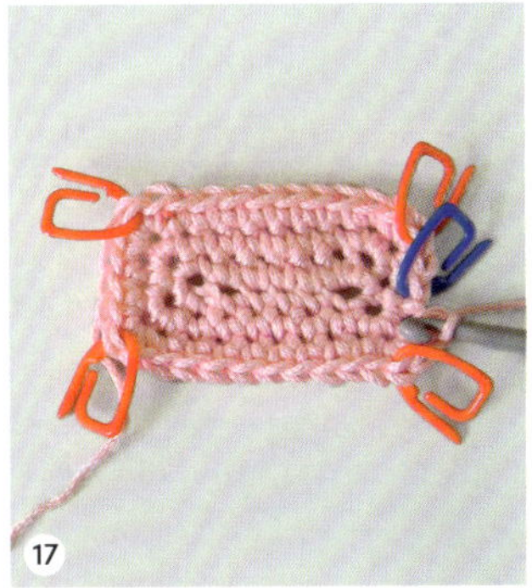
17

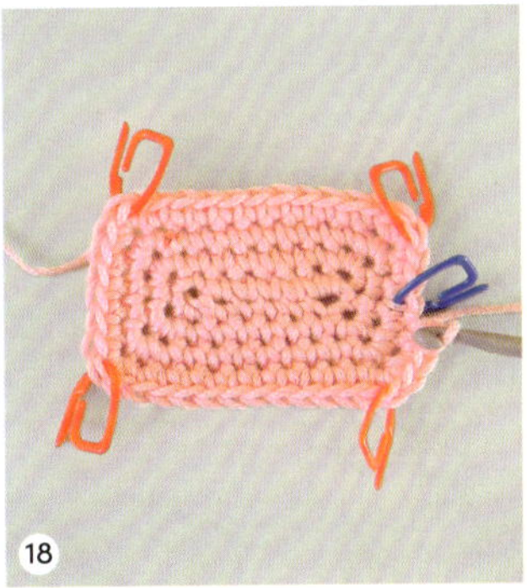
18

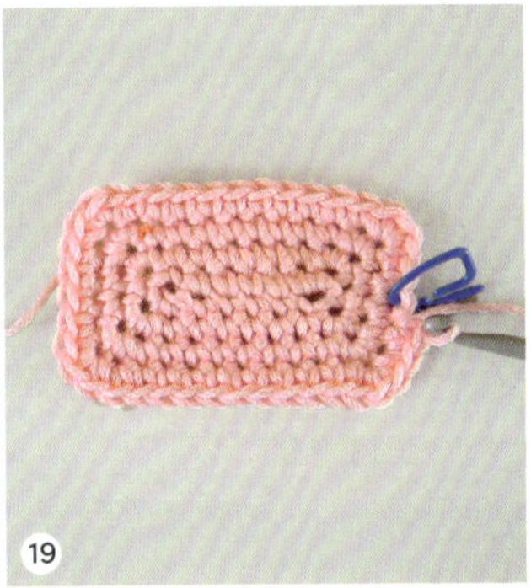
19

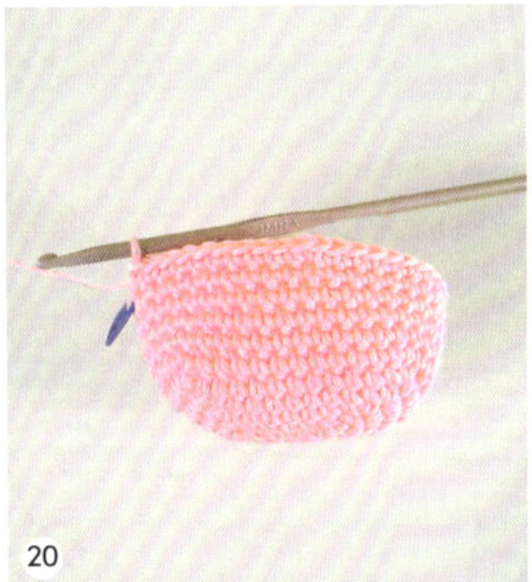
20

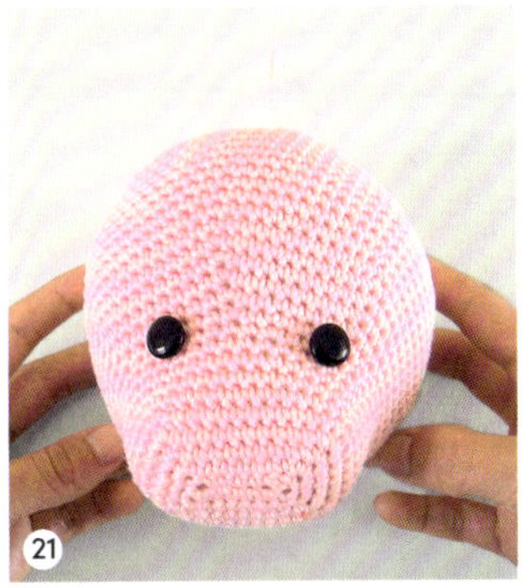
21

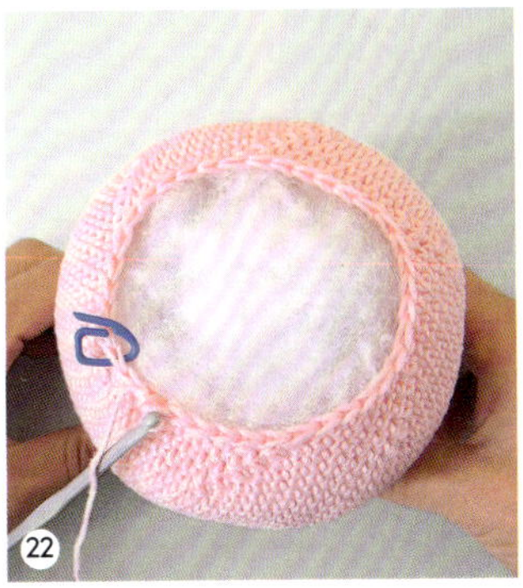
22

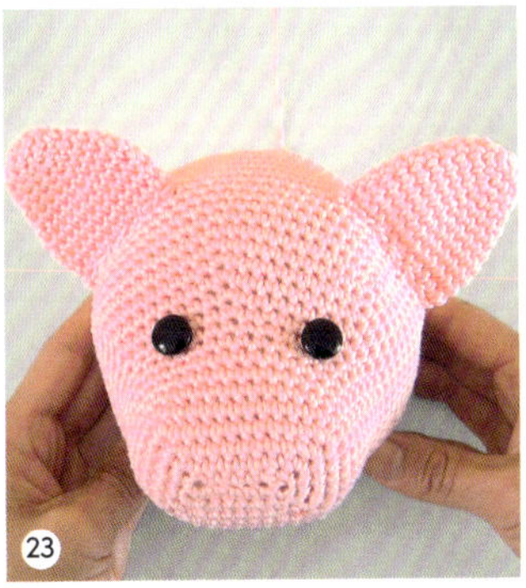
23

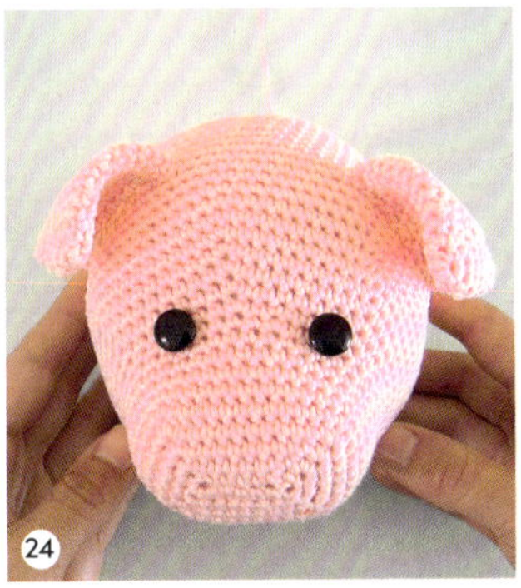
24

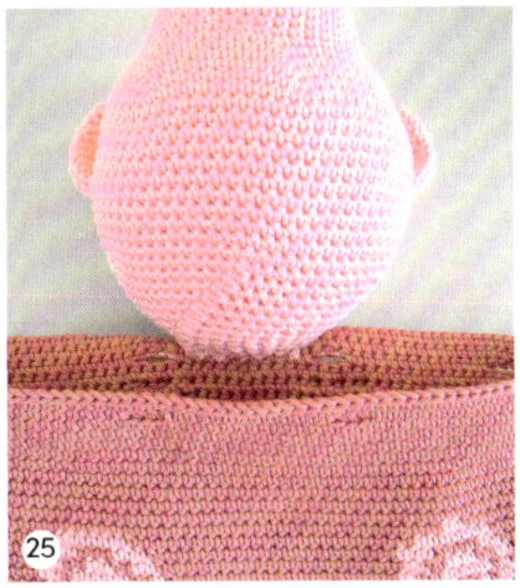
25

RUCKSACK FERTIGSTELLEN

- Die Vorderseite der Tasche festlegen, dabei sicherstellen, dass die Öffnungen an der Vorder- und Rückseite symmetrisch sind.
- Die Riemen jeweils 2 cm von einem Ende 1 Rd unter den beiden mittleren Öffnungen hinten annähen (Abb. 31–32, S. 49).
- Dann 2 cm von den anderen Enden an der 9. Rd der Tasche annähen, wo die Musterung beginnt. Einen Abstand von etwa 30 M zwischen den beiden Riemen lassen (Abb. 33, S. 49).
- Den Kopf an den Rucksack nähen. Die Kopfrückseite auf Höhe der 56. Rd an die Innenseite der Tasche nähen. Der Kopf sollte zwischen den beiden mittleren Öffnungen hinten sitzen (25).
- Die Kordel durch eine der vorderen mittleren Öffnungen führen. Rundherum durch die Öffnungen ziehen, bis du die zweite mittlere Öffnung vorne erreicht hast. Die Kordelenden durch den Stopper fädeln (Abb. 37–39, S. 49). In beide Enden jeweils einen Knoten machen und festziehen.

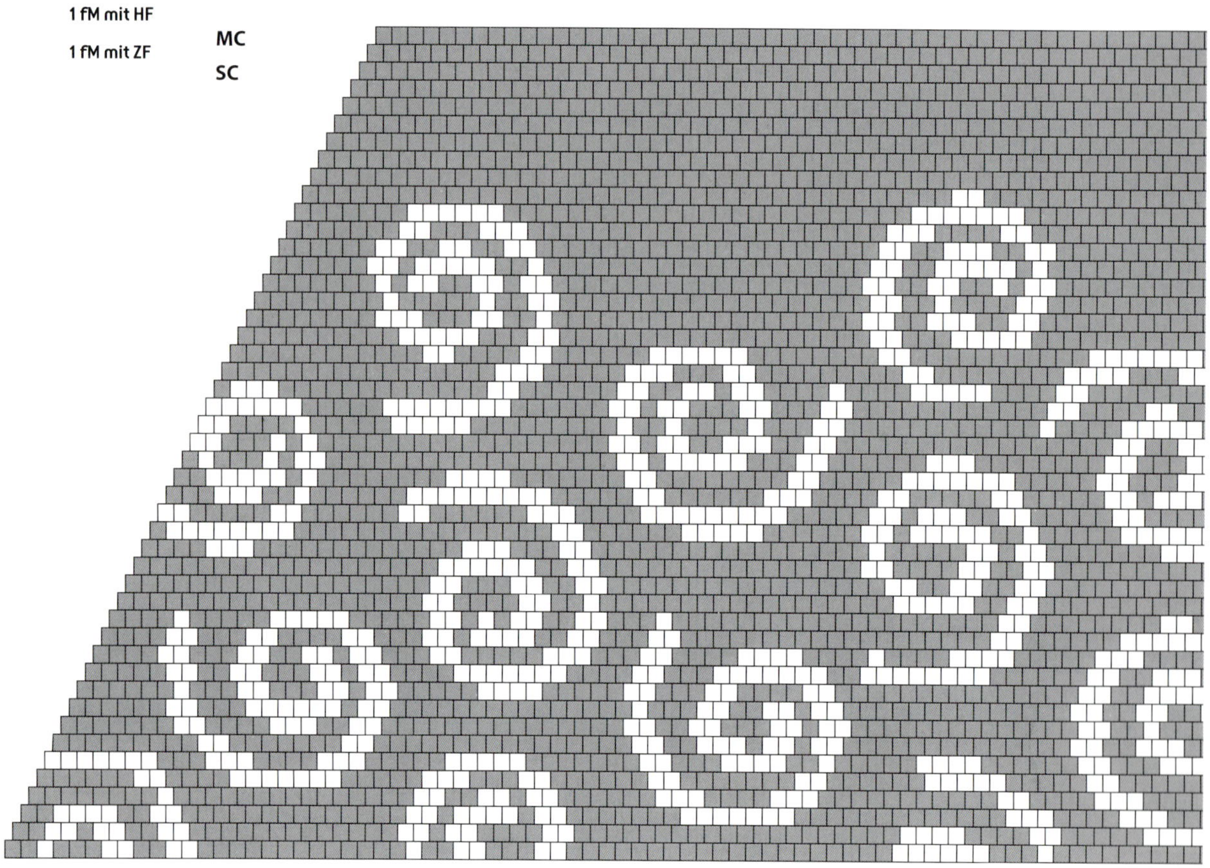

^
HÄKELSCHRIFT FÜR SCHWEINCHEN-RUCKSACK FÜR 9.–56. RD DER TASCHE

Der Schweinchen-Rucksack wird in Tapestry-Technik gehäkelt. Da man in diesen Abschnitten oft die Farbe wechselt, um die Musterung zu erhalten, ist eine Häkelschrift sehr nützlich, in der man die Farbe ablesen kann, mit der man gerade arbeitet.
Die Häkelschrift ist zwar in Zeilen angeordnet, aber es wird in Spiralrunden gehäkelt. Die Häkelschrift wird von rechts nach links gelesen. Die Rundennummer ist vorne angegeben. Am Ende einer Runde direkt mit dem Anfang der nächsten Zeile rechts fortfahren. Jede M wird als kleines Quadrat dargestellt. Für einen Farbwechsel die Anzahl der Quadrate zählen und bei Bedarf mit einem Bleistift abhaken.
Um es noch einfacher zu machen, habe ich auf der linken Seite eine Tabelle eingefügt, in der ich bereits gezählt habe, wie viele M vor einem Farbwechsel gearbeitet werden.

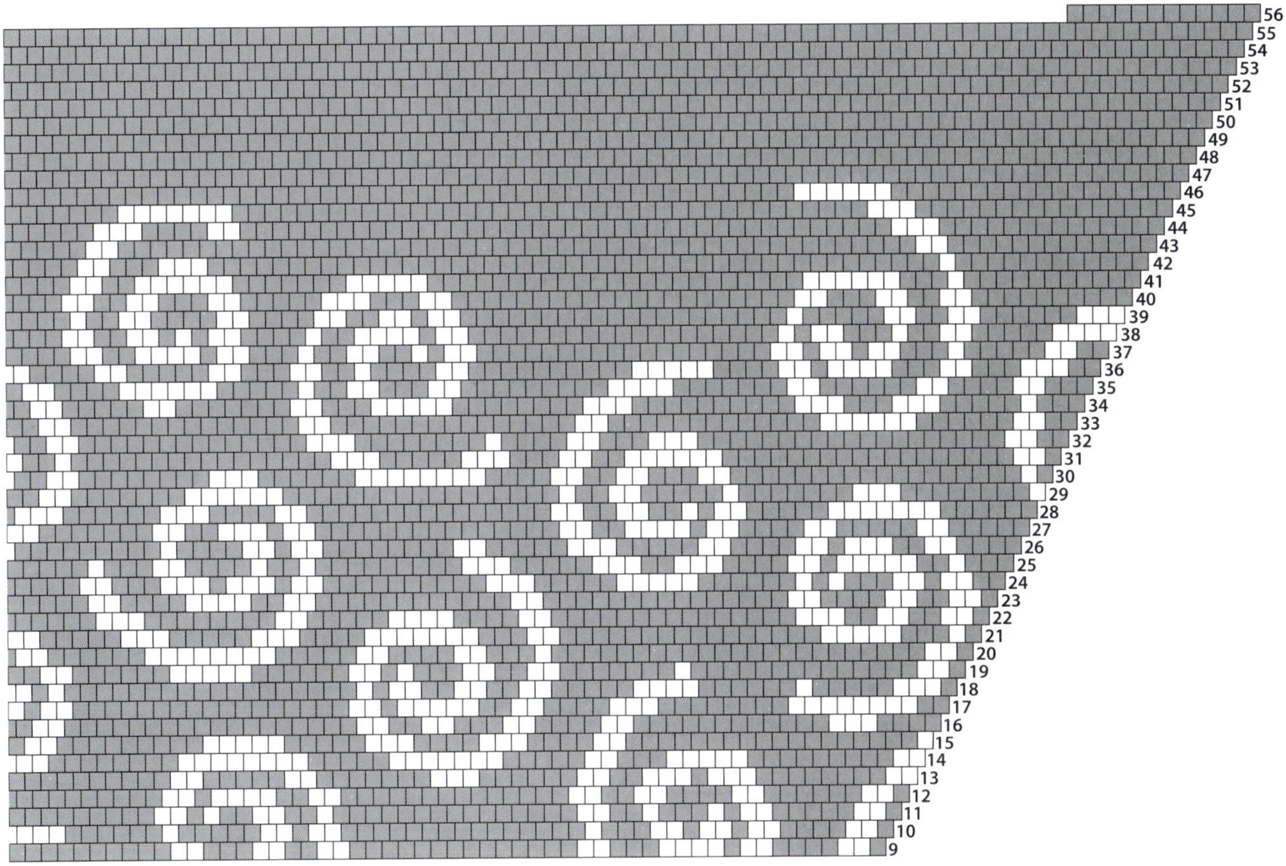

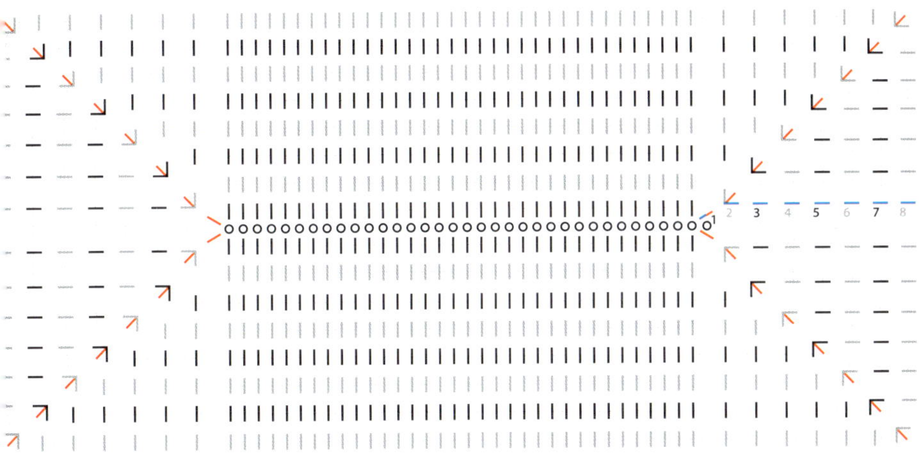

< SCHWEINCHEN-RUCKSACK, HÄKELSCHRIFT FÜR 1.–8. RD, UNTERSEITE DER TASCHE

Dieser Teil wird in Spiralrunden gearbeitet. Die Häkelschrift gegen den Uhrzeigersinn lesen und dabei von der Mitte aus der der gepunkteten Linie folgen.

- o Luftmasche
- | feste Masche
- ↓ 3 fM in eine Masche

RD	ZF	ME	ZF	ME	ZF	ME	ZF	ME	ZF	ME	ZF	ME	ZF	ME	ZF	ME	ZF	ME	ZF	ME	ZF	ME	ZF	ME	ZF	ME	ZF	ME	ZF	ME	ZF	ME	ZF	ME	ZF	ME	ZF	ME	MTS
R9	-	1	2	4	2	1	4	3	2	14	2	2	2	3	2	19	1	3	6	20	2	3	2	2	1	13	2	2	2	3	1	2	-	-	-	-	-	-	128
R10	-	1	2	4	2	1	2	1	2	3	1	15	2	1	2	5	1	6	7	5	2	4	4	20	2	4	2	1	2	13	2	2	2	1	2	2	-	-	128
R11	-	1	2	5	2	1	1	3	1	2	2	15	1	2	2	2	1	1	2	11	3	4	3	13	7	7	2	1	4	1	2	14	2	2	4	2	-	-	128
R12	-	1	2	6	2	4	2	2	2	14	2	2	4	1	2	13	3	4	2	11	3	4	3	6	2	1	2	2	2	15	1	8	-	-	-	-	-	-	128
R13	2	8	3	1	3	2	2	6	3	7	2	5	2	15	2	5	5	6	2	7	2	6	2	3	3	5	7	4	2	6	-	-	-	-	-	-	-	-	128
R14	2	9	5	3	2	5	7	5	8	8	5	3	2	6	4	5	1	2	4	3	2	7	5	5	3	4	3	3	7	-	-	-	-	-	-	-	-	-	128
R15	1	18	2	4	3	4	3	5	5	9	2	2	3	2	2	14	2	1	2	1	3	2	2	16	2	7	2	9	-	-	-	-	-	-	-	-	-	-	128
R16	-	4	3	12	2	4	2	3	2	2	2	18	2	4	1	2	2	14	2	1	2	3	2	2	2	15	2	2	3	4	2	7	-	-	-	-	-	-	128
R17	-	2	8	8	3	4	2	2	5	1	2	17	2	1	1	2	2	2	2	14	2	1	2	2	2	3	1	15	2	1	6	3	2	6	-	-	-	-	128
R18	-	1	3	5	1	6	4	5	2	2	2	2	2	1	1	18	1	1	5	2	2	15	2	4	2	3	2	5	4	5	2	1	2	3	2	3	1	6	128
R19	-	1	2	14	1	7	2	2	2	3	1	1	2	6	5	6	2	2	3	2	2	6	8	2	7	3	2	4	7	4	2	1	2	3	2	2	2	5	128
R20	-	1	2	23	1	3	2	4	2	5	8	6	2	4	3	5	4	4	1	4	4	4	2	3	3	5	2	3	2	1	2	2	2	3	2	4	-	-	128
R21	-	1	1	3	5	16	2	3	7	4	3	5	3	5	7	6	2	19	2	3	2	2	4	1	2	3	2	4	2	3	2	4	-	-	-	-	-	-	128
R22	-	1	2	2	2	2	3	15	2	4	4	5	2	8	3	6	2	8	2	20	1	3	2	2	2	1	1	1	2	5	5	5	1	4	-	-	-	-	128
R23	-	1	2	2	2	4	2	15	2	12	2	2	4	4	2	15	2	2	5	18	1	2	2	4	2	19	-	-	-	-	-	-	-	-	-	-	-	-	128
R24	-	2	2	1	2	3	1	1	1	6	5	5	3	10	2	1	3	1	3	3	2	14	2	2	2	2	2	17	2	2	2	3	2	19	-	-	-	-	128
R25	-	3	1	2	5	1	2	4	3	2	3	5	3	9	1	2	1	4	2	3	1	14	2	2	2	4	2	16	2	2	6	19	-	-	-	-	-	-	128
R26	-	4	2	2	3	1	2	4	2	5	3	5	2	8	2	1	2	4	1	9	3	7	2	1	2	5	1	17	2	3	3	13	3	4	-	-	-	-	128
R27	-	5	2	5	2	4	2	1	4	2	2	15	2	1	3	2	2	7	7	5	1	2	5	1	2	6	5	6	2	16	8	1	-	-	-	-	-	-	128
R28	-	6	7	5	2	1	1	2	2	2	2	15	2	4	3	6	3	4	2	5	2	2	3	1	2	5	9	4	3	6	2	6	2	5	2	-	-	-	128
R29	1	8	3	7	1	5	2	2	1	17	6	7	2	2	3	1	2	5	2	5	2	4	3	6	2	5	9	6	1	2	3	3	-	-	-	-	-	-	128
R30	-	1	1	18	2	3	2	2	2	4	8	6	3	8	2	2	2	3	2	5	7	5	2	8	2	7	4	8	1	1	5	2	-	-	-	-	-	-	128
R31	-	1	2	18	6	2	2	3	3	5	3	16	1	2	2	3	2	8	3	6	2	3	5	1	2	18	2	1	1	3	1	1	-	-	-	-	-	-	128
R32	-	2	2	19	3	3	2	4	1	8	3	14	2	2	2	2	2	17	2	2	3	2	2	1	2	18	1	1	1	3	2	-	-	-	-	-	-	-	128
R33	-	2	2	6	6	13	2	15	2	14	2	2	5	4	1	12	2	3	1	4	1	2	1	9	5	5	1	4	2	-	-	-	-	-	-	-	-	-	128
R34	-	3	1	5	3	3	3	10	3	8	5	3	2	7	2	5	2	3	2	4	2	12	2	3	2	3	2	1	2	6	8	5	6	-	-	-	-	-	128
R35	-	3	2	4	2	6	2	7	4	9	2	3	2	2	1	5	6	4	2	8	2	4	5	4	1	4	2	1	2	2	2	6	2	13	3	1	-	-	128
R36	-	2	3	3	2	3	4	1	2	4	5	10	2	4	1	2	2	3	2	5	2	4	3	3	4	8	2	9	2	3	3	5	3	17	-	-	-	-	128
R37	-	2	2	5	1	3	2	1	2	1	2	18	2	1	1	2	2	2	1	3	2	1	4	2	2	4	7	11	2	8	6	6	2	4	2	12	-	-	128
R38	4	5	2	2	1	3	2	1	1	19	2	1	4	2	1	4	2	1	1	1	2	2	2	14	5	3	2	19	2	3	5	10	-	-	-	-	-	-	128
R39	3	6	2	2	2	5	1	20	2	1	2	2	2	4	2	4	2	2	1	14	2	2	3	2	2	19	1	2	2	3	3	8	-	-	-	-	-	-	128
R40	-	10	2	2	2	3	2	21	2	3	3	5	2	3	2	2	2	13	2	4	1	2	2	19	2	2	1	5	1	8	-	-	-	-	-	-	-	-	128
R41	-	11	1	3	6	23	5	7	6	2	2	13	2	1	1	2	2	2	2	19	2	1	2	2	2	1	1	7	-	-	-	-	-	-	-	-	-	-	128
R42	-	12	1	45	3	3	2	14	1	1	5	2	2	20	1	2	5	1	2	6	-	-	-	-	-	-	-	-	-	-	-	-	-	-	-	-	-	-	128
R43	-	13	2	49	2	14	2	2	3	2	2	21	2	2	2	2	2	6	-	-	-	-	-	-	-	-	-	-	-	-	-	-	-	-	-	-	-	-	128
R44	-	14	3	40	2	4	3	16	2	4	3	22	3	3	2	7	-	-	-	-	-	-	-	-	-	-	-	-	-	-	-	-	-	-	-	-	-	-	128
R45	-	16	3	39	7	18	7	25	6	7	-	-	-	-	-	-	-	-	-	-	-	-	-	-	-	-	-	-	-	-	-	-	-	-	-	-	-	-	128
R46	-	18	6	62	2	40	-	-	-	-	-	-	-	-	-	-	-	-	-	-	-	-	-	-	-	-	-	-	-	-	-	-	-	-	-	-	-	-	128
R47	-	128	-	-	-	-	-	-	-	-	-	-	-	-	-	-	-	-	-	-	-	-	-	-	-	-	-	-	-	-	-	-	-	-	-	-	-	-	128
R48	-	128	-	-	-	-	-	-	-	-	-	-	-	-	-	-	-	-	-	-	-	-	-	-	-	-	-	-	-	-	-	-	-	-	-	-	-	-	128
R49	-	128	-	-	-	-	-	-	-	-	-	-	-	-	-	-	-	-	-	-	-	-	-	-	-	-	-	-	-	-	-	-	-	-	-	-	-	-	128
R50	-	128	-	-	-	-	-	-	-	-	-	-	-	-	-	-	-	-	-	-	-	-	-	-	-	-	-	-	-	-	-	-	-	-	-	-	-	-	128
R51	-	128	-	-	-	-	-	-	-	-	-	-	-	-	-	-	-	-	-	-	-	-	-	-	-	-	-	-	-	-	-	-	-	-	-	-	-	-	128
R52	-	128	-	-	-	-	-	-	-	-	-	-	-	-	-	-	-	-	-	-	-	-	-	-	-	-	-	-	-	-	-	-	-	-	-	-	-	-	128
R53	-	128	-	-	-	-	-	-	-	-	-	-	-	-	-	-	-	-	-	-	-	-	-	-	-	-	-	-	-	-	-	-	-	-	-	-	-	-	128
R54	-	128	-	-	-	-	-	-	-	-	-	-	-	-	-	-	-	-	-	-	-	-	-	-	-	-	-	-	-	-	-	-	-	-	-	-	-	-	128
R55	-	128	-	-	-	-	-	-	-	-	-	-	-	-	-	-	-	-	-	-	-	-	-	-	-	-	-	-	-	-	-	-	-	-	-	-	-	-	128
R56	-	12	-	-	-	-	-	-	-	-	-	-	-	-	-	-	-	-	-	-	-	-	-	-	-	-	-	-	-	-	-	-	-	-	-	-	-	-	12

^

SCHWEINCHEN-RUCKSACK, MASCHENZAHL FÜR 9.–56. RD DER TASCHE

Jede Zeile zeigt die Maschenzahl für die Farben in jeder Runde (HF oder ZF entsprechend Schweinchen-Häkelschrift). Jede Runde enthält 128 M, außer der kürzeren 56. Runde.

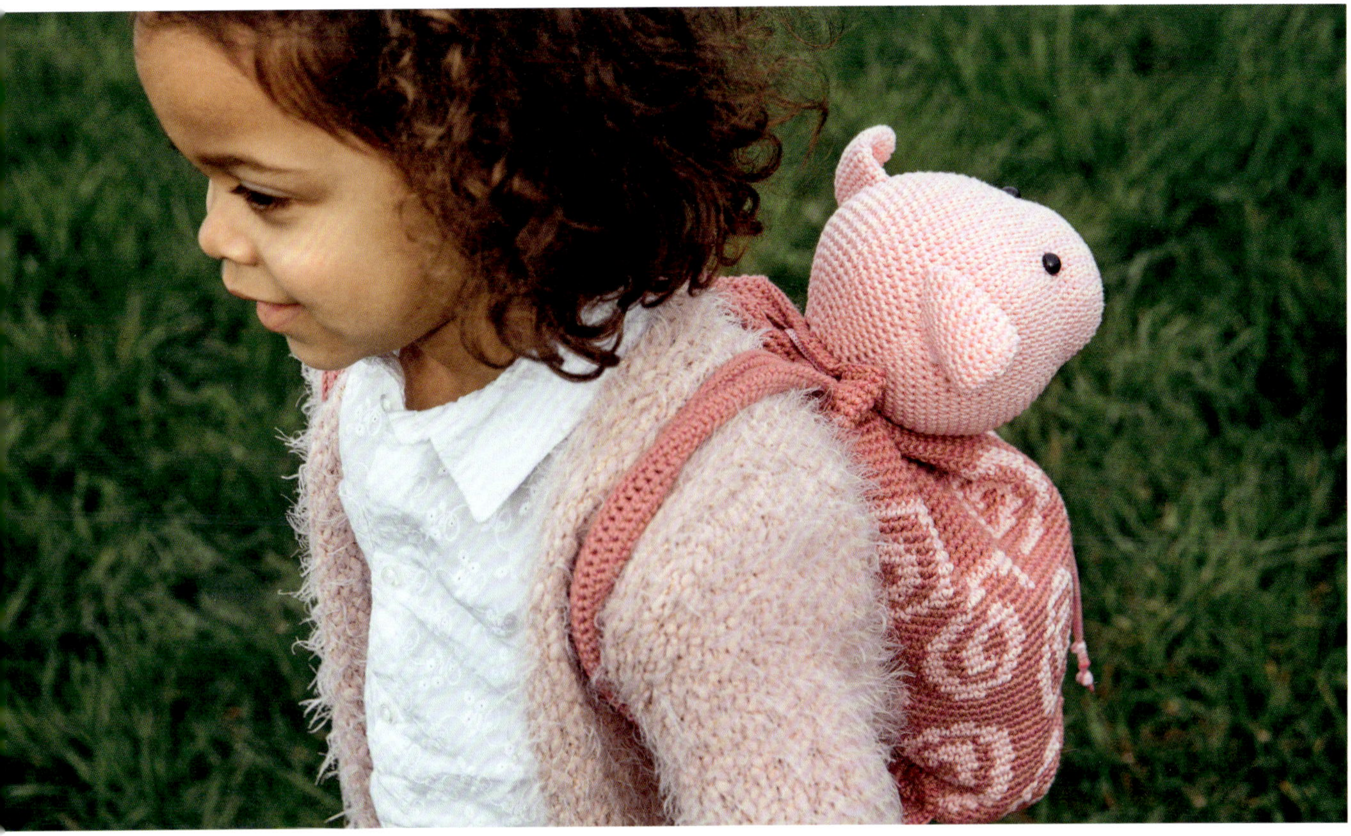

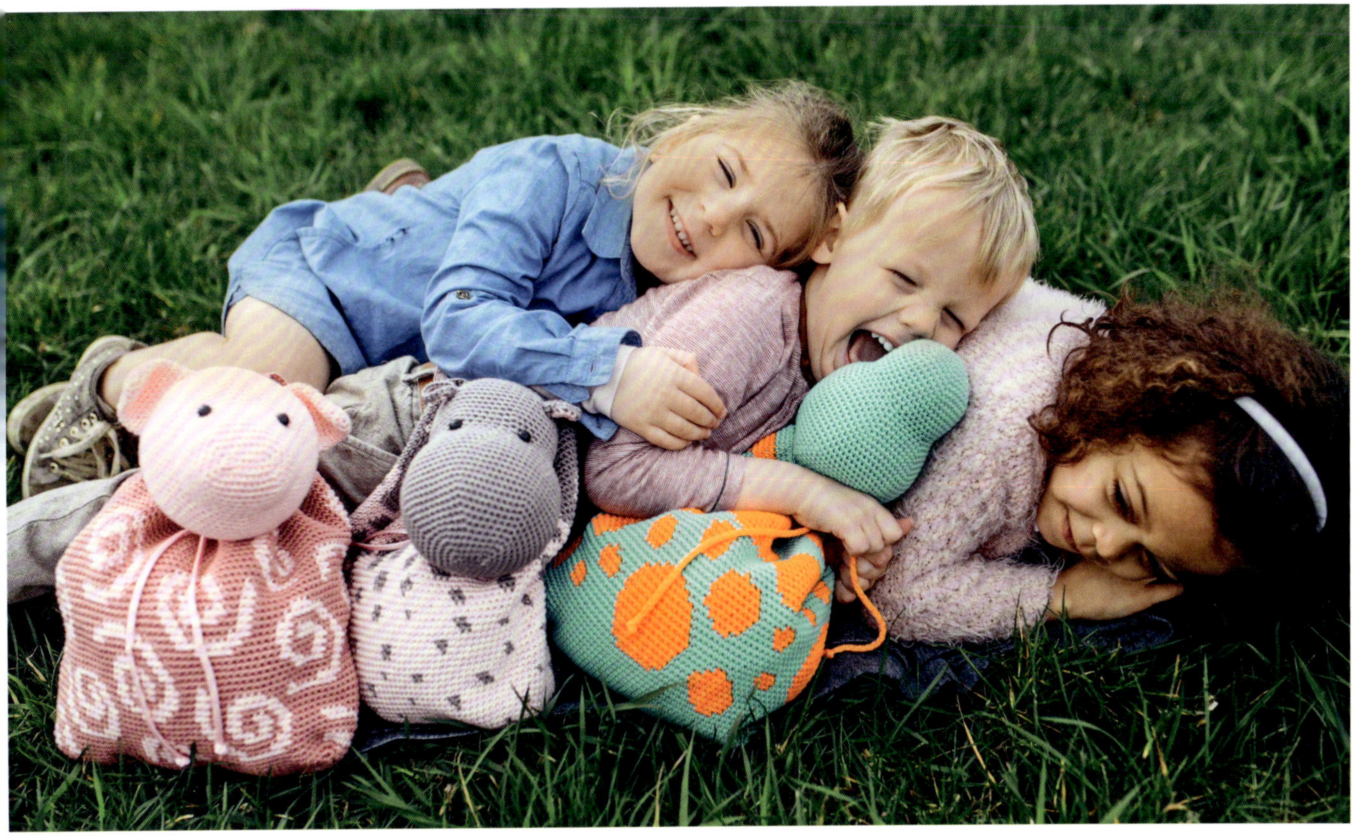

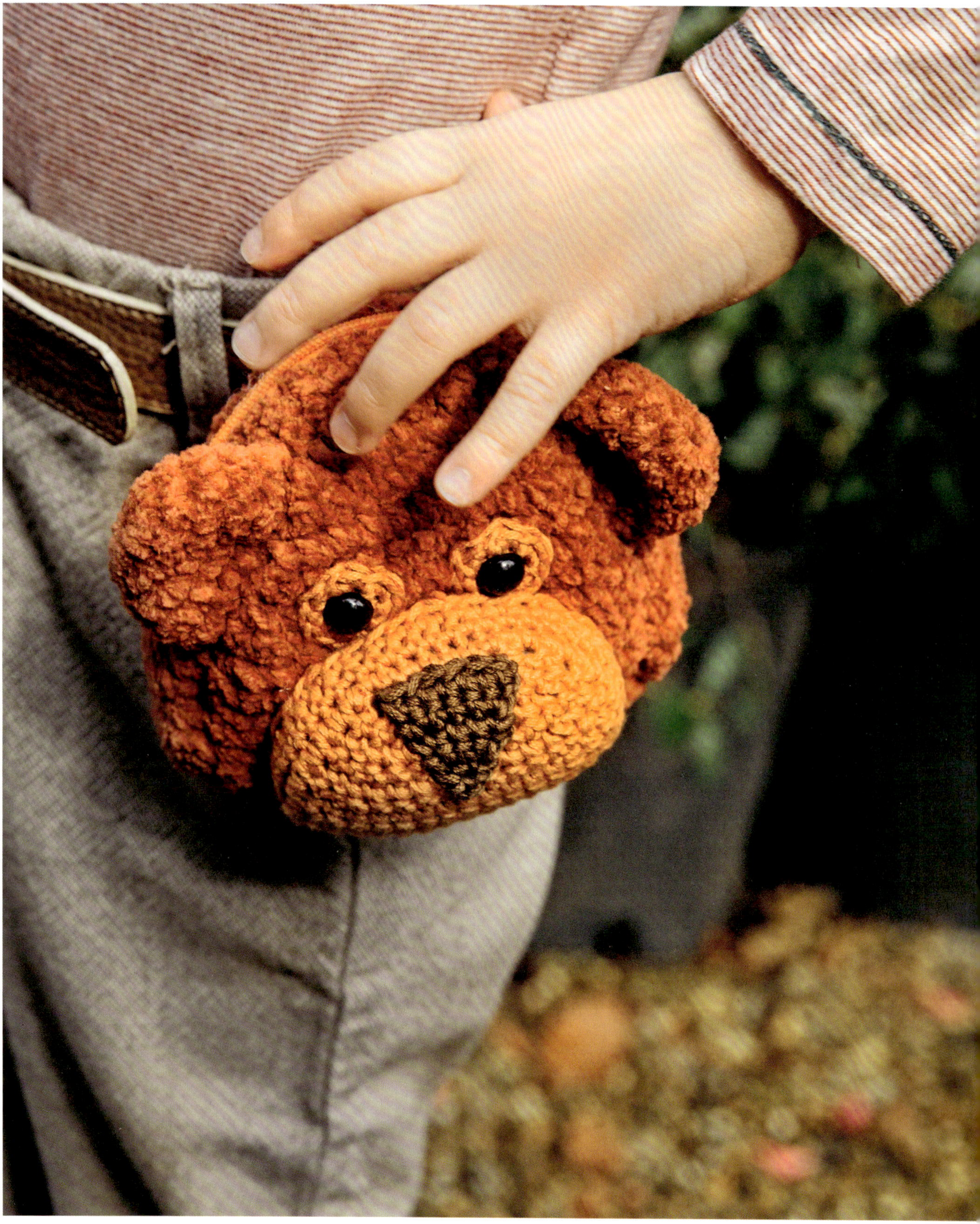

GÜRTELTASCHE BÄR

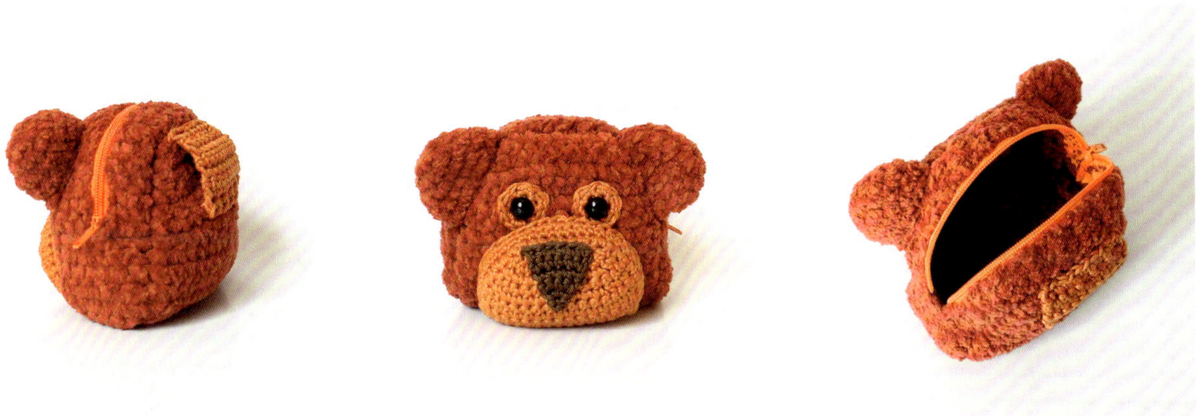

LEVEL ●●○
GRÖSSE 11 x 8 cm
MASCHENPROBE (fM)
Mitteldickes Garn: 17 M x 15 R = 10 cm
Feines Garn: 23 M x 25 R = 10 cm
MATERIAL
- Feines Garn in Orange (LL 50 m/25 g) und Braun (Wollrest)
- Mitteldickes Garn, Chenille- oder Flauschgarn in Dunkelrot (LL 75 m/50 g)
- Häkelnadel in Nadelstärke 3,5 mm
- 15 cm langer Reißverschluss in Dunkelrot (sofern du mit einer ähnlichen Garnstärke wie im Original arbeitest)
- Sicherheitsaugen (10 mm ∅)
- Füllwatte zum Ausstopfen
- Stopfnadel
- Nähgarn in Dunkelrot
- Maschenmarkierer

HAUPTTEIL (in dunkelrotem Garn)
11 LM. In Reihen häkeln.
1. R: In 2. LM ab Nadel beginnen, fM in alle 10 M, wenden [10].
2. R: 1 LM, fM in nächste M, in nächster M zun, fM in nächste 6 M, in nächster M zun, fM in nächste M, wenden [12].
3. R: 1 LM, fM in alle 12 M, wenden [12].
4. R: 1 LM, fM in nächste M, in nächster M zun, fM in nächste 8 M, in nächster M zun, fM in nächste M, wenden [14].
5. R: 1 LM, fM in alle 14 M, wenden [14].
6. R: 1 LM, fM in nächste M, in nächster M zun, fM in nächste 10 M, in nächster M zun, fM in nächste M, wenden [16].
7. R: 1 LM, fM in alle 16 M, wenden [16].
8. R: 1 LM, fM in nächste M, in nächster M zun, fM in nächste 12 M, in nächster M zun, fM in nächste M, wenden [18].
9.–23. R: 1 LM, fM in alle 18 M, wenden [18] (Maschenmarkierer in der 1. und letzten M der 12. und 18. Reihe anbringen).
24. R: 1 LM, fM in nächste M, abn, fM in nächste 12 M, abn, fM in nächste M, wenden [16].
25. R: 1 LM, fM in alle 16 M, wenden [16].
26. R: 1 LM, fM in nächste M, abn, fM in nächste 10 M, abn, fM in nächste M, wenden [14].
27. R: 1 LM, fM in alle 14 M, wenden [14].
28. R: 1 LM, fM in nächste M, abn, fM in nächste 8 M, abn, fM in nächste M, wenden [12].

29. R: 1 LM, fM in alle 12 M, wenden [12].
30. R: 1 LM, fM in nächste M, abn, fM in nächste 6 M, abn, fM in nächste M [10].
Arbeit beenden ❶.

REISSVERSCHLUSSLEISTE (in dunkelrotem Garn)
HINWEIS: Wenn mit mitteldickem Garn gehäkelt wird, am besten die Anleitung für die Reißverschlussleiste S. 25 befolgen. Folgende Anleitung für die Reißverschlussleiste ist für Chenille- oder Flauschgarn geeignet.
8 LM. In Reihen häkeln.
1. R: In 2. LM ab Nadel beginnen, fM in alle 7 M, wenden [7].
2.–6. R: 1 LM, fM in alle 7 M, wenden [7].
7.–28. R, Teil 1: 1 LM, fM in nächste 3 M, wenden [3] ❷.
29. R, Teil 1: 1 LM, fM in nächste 3 M [3].
Arbeit beenden. Nicht wenden. Auf derselben Seite fortfahren, dabei 1 M nach dem ersten Teil der 7. Reihe überspringen. Eine Schlaufe dunkelrotes Garn hindurchziehen.
7.–29. R, Teil 2: 1 LM, fM in nächste 3 M, wenden [3] ❸.
30. R: 1 LM, fM in nächste 3 M, 1 LM, fM in nächste 3 M (über den ersten Teil der 29. R), wenden [7] ❹❺.
31. R: 1 LM, fM in nächste 3 M, fM in nächste LM, fM in nächste 3 M, wenden [7] ❻.
32.–35. R: 1 LM, fM in alle 7 M, wenden [7].
36. R: 1 LM, fM in alle 7 M [7].
Arbeit beenden.

SCHNAUZE (in orangefarbenem Garn)
17 LM, dabei am Anfang einen langen Faden hängen lassen.
In Reihen häkeln.
1. R: In 2. LM ab Nadel beginnen, fM in alle 16 M, wenden [16].
2.–9. R: 1 LM, fM in alle 16 M, wenden [16] (Maschenmarkierer in der 1. und letzten M der 4. R anbringen).
10. R: 1 LM, fM in nächste M, abn, fM in nächste 10 M, abn, fM in nächste M, wenden [14].
11. R: 1 LM, fM in alle 14 M, wenden [14].
12. R: 1 LM, fM in nächste M, abn, fM in nächste 8 M, abn, fM in nächste M, wenden [12].
13. R: 1 LM, fM in alle 12 M, wenden [12].
14. R: 1 LM, fM in nächste M, 3 fM zus, fM in nächste 4 M, 3 fM zus, fM in nächste M [8].

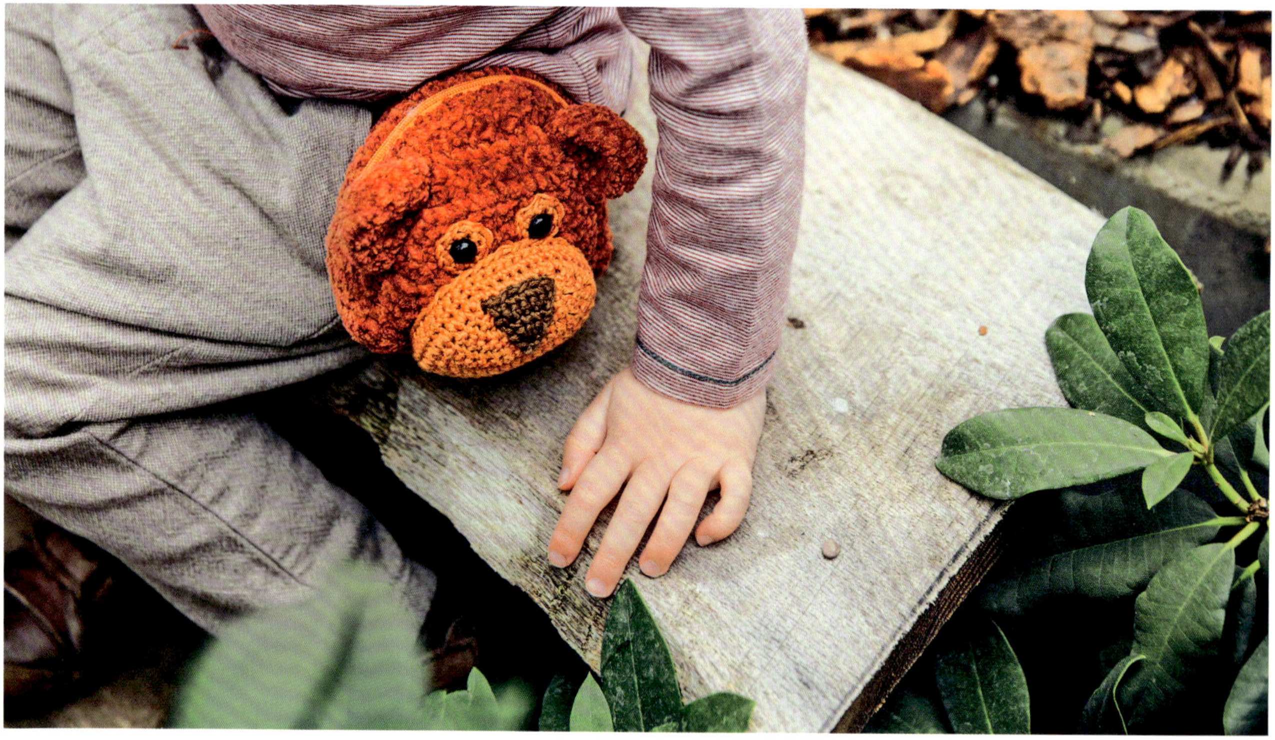

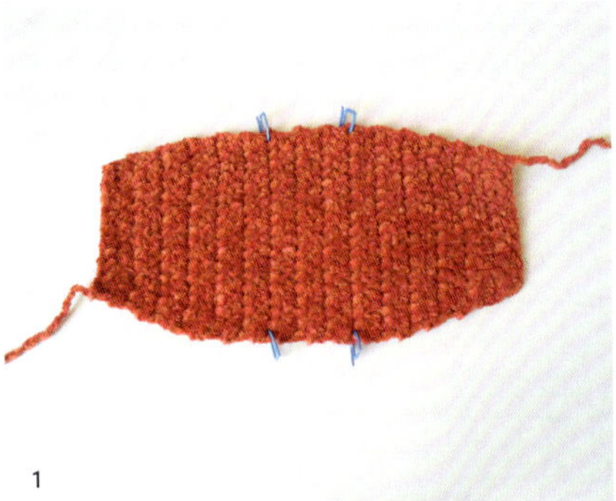
1

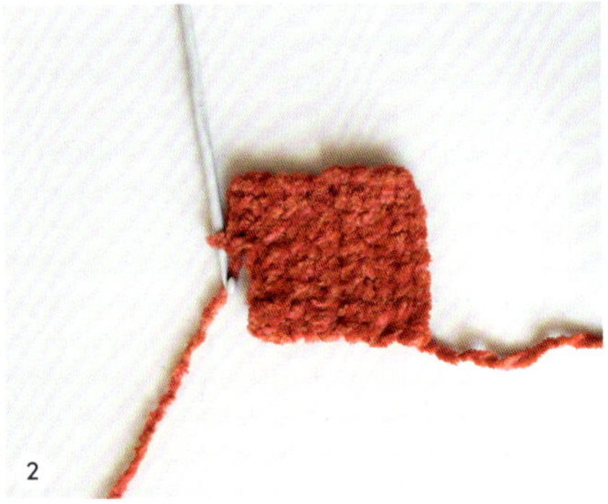
2

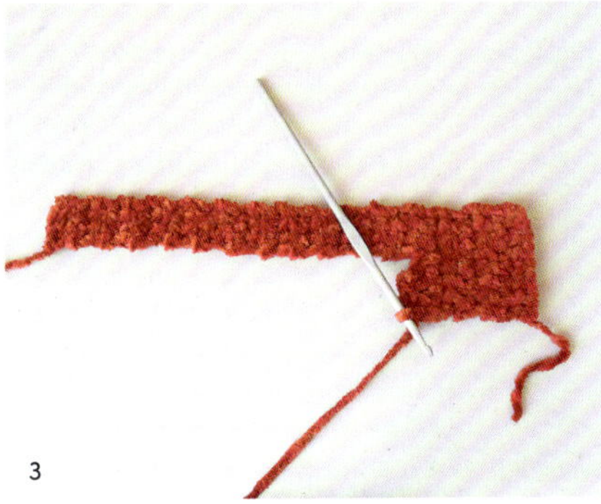
3

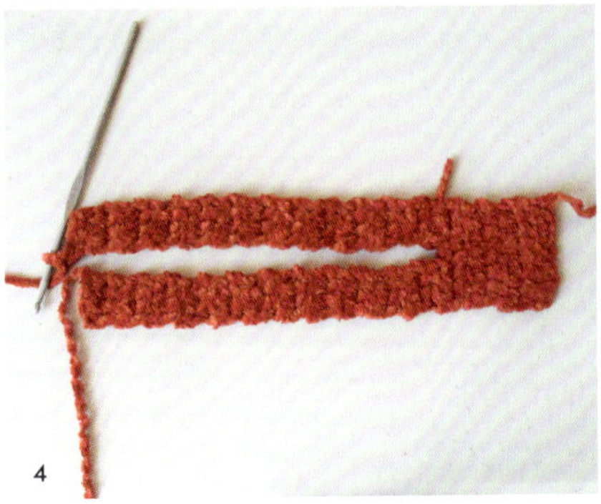
4

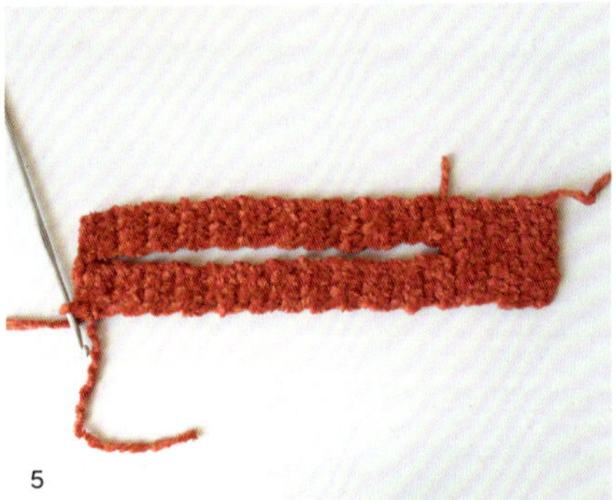
5

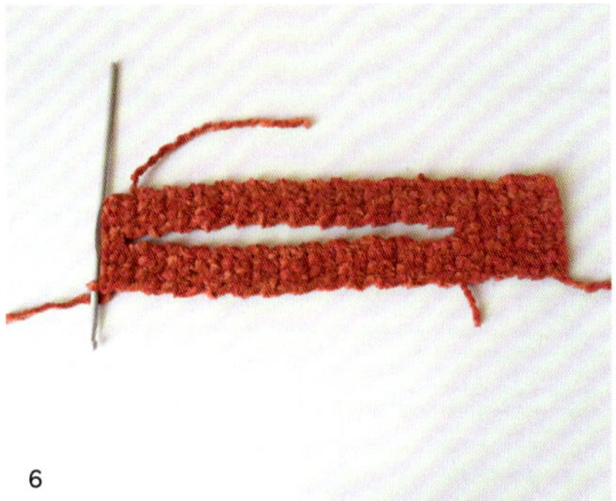
6

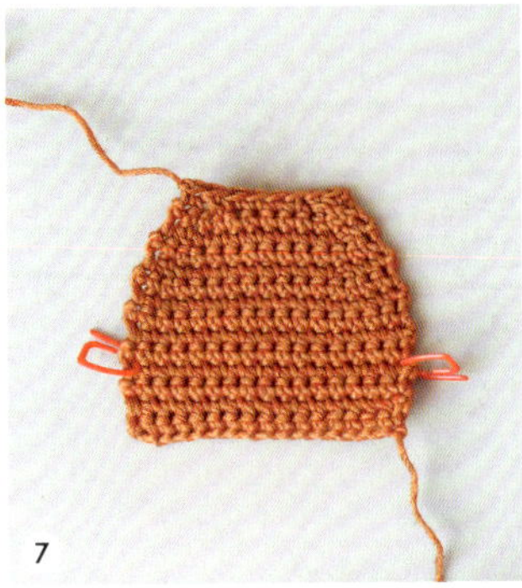
7

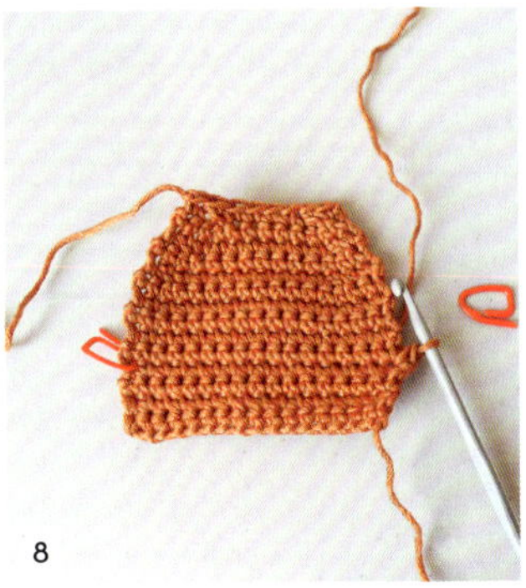
8

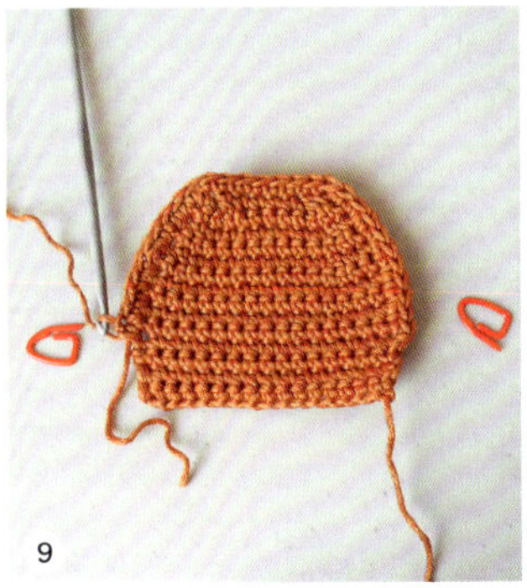
9

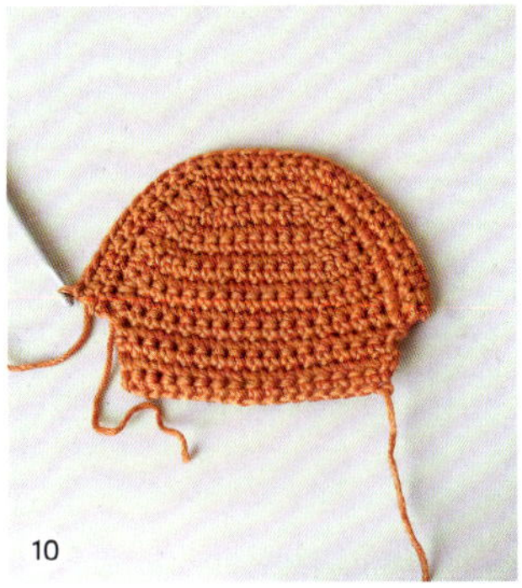
10

Arbeit beenden (7). Mit dem oberen Teil der Schnauze fortfahren. Dafür in der M mit dem Maschenmarkierer rechts beginnen. Weiter in Reihen häkeln.

1. R: 1 LM, fM in nächste 10 Reihenenden, fM in nächste 8 M oben, fM in nächste 10 Reihenenden auf der anderen Seite, wenden [28] (8) (9).

2. R: 1 LM, fM in alle 28 M, wenden [28].

3. R: 1 LM, fM in alle 28 M [28] (10).

Arbeit beenden, dabei einen langen Faden zum Annähen hängen lassen.

OHR (2x arbeiten, in dunkelrotem Garn)

2 LM. In Runden häkeln.

1. Rd: In der 2. M ab der Häkelnadel beginnen, 6 fM in die 1. M [6].

2. Rd: 6x zun [12].

3. Rd: (fM in nächste M, in nächster M zun) 6x wdh [18].

4.–5. Rd: fM in alle 18 M [18].

Kett-M in nächste M. Arbeit beenden (11).

AUGE (2x arbeiten, in orangefarbenem Garn)

1. Rd: Mit 6 fM in Magischem Ring beginnen [6] (beim Zusammenziehen des Rings ein Loch in der Mitte lassen).

2. Rd: 6x zun [12].

Kett-M in nächste M. Arbeit beenden, Faden hängen lassen 12.

GÜRTELSCHLAUFE (in orangefarbenem Garn)

11 LM, dabei am Anfang einen langen Faden hängen lassen.
In Reihen häkeln.

1. R: In 2. LM ab Nadel beginnen, fM in alle 10 M, wenden [10].

2.–7. R: 1 LM, fM in alle 10 M, wenden [10].

8. R: 1 LM, fM in alle 10 M [10].

Arbeit beenden, langen Faden hängen lassen.

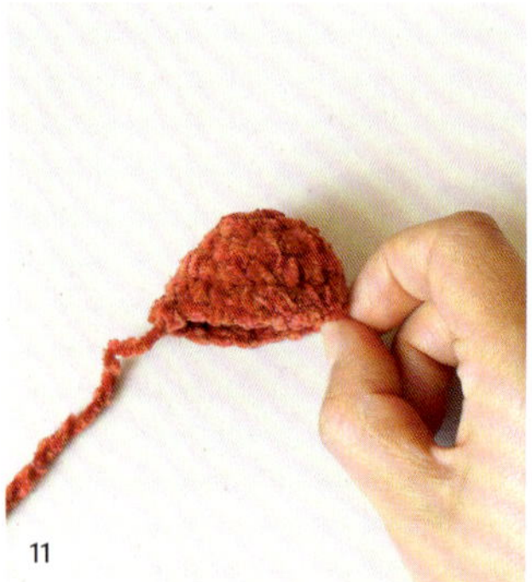
11

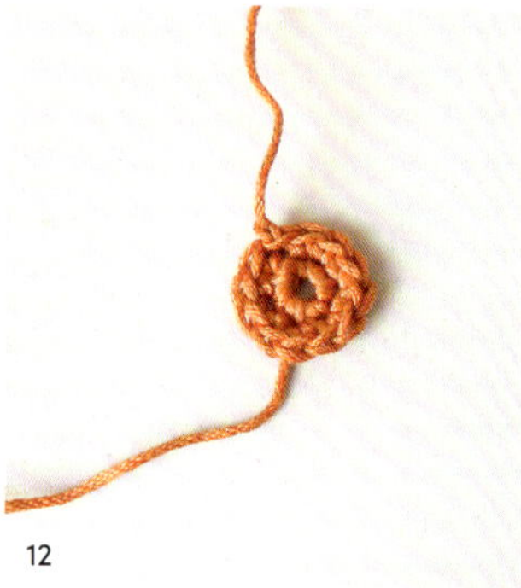
12

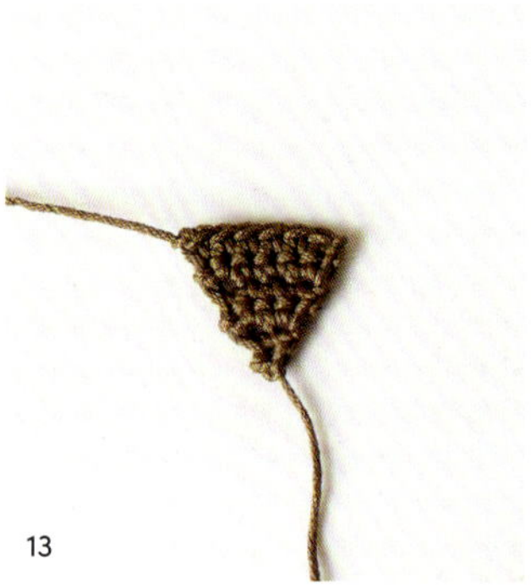
13

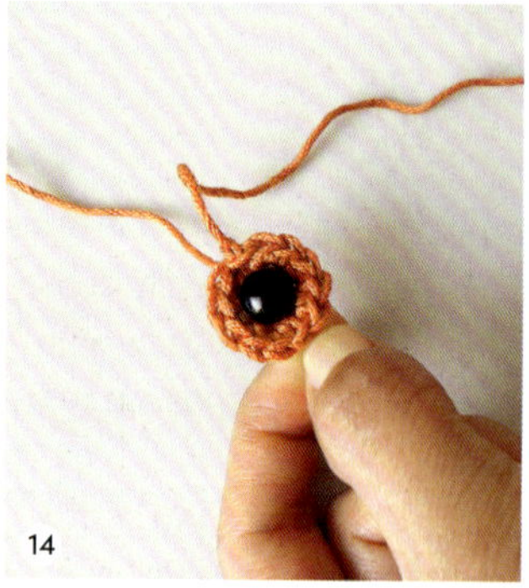
14

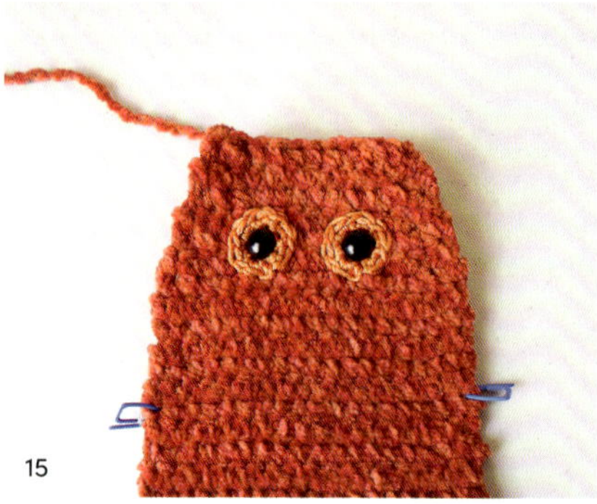
15

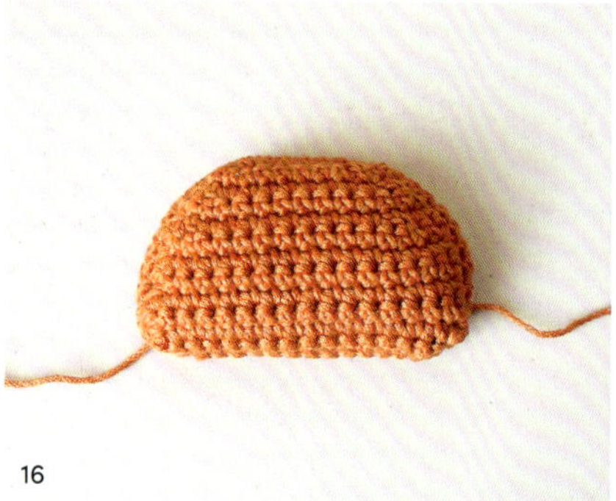
16

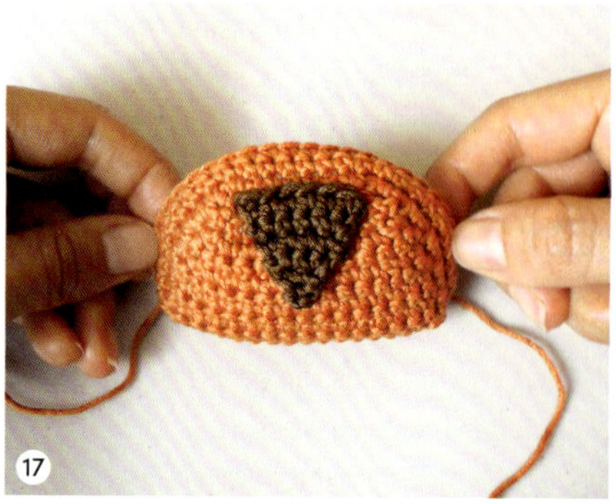
17

18

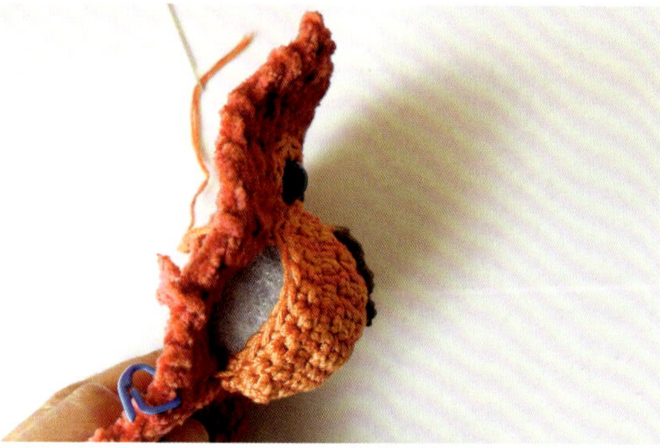

19

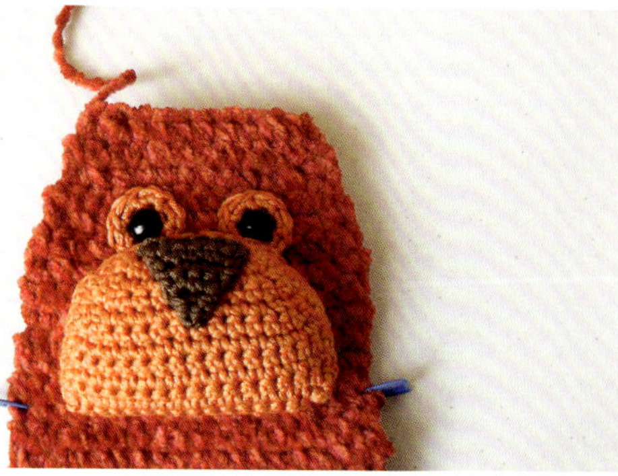

NASE (in braunem Garn)
2 LM. In Reihen häkeln.
1. R: In 2. LM ab Nadel beginnen, fM in die 1. M, wenden [1].
2. R: 1 LM, in 1. M zun, wenden [2].
3. R: 1 LM, in nächsten 2 M zun, wenden [4].
4. R: 1 LM, fM in alle 4 M, wenden [4].
5. R: 1 LM, in 1. M zun, fM in nächste 2 M, in nächster M zun, wenden [6].
6. R: 1 LM, fM in alle 6 M [6].
Arbeit beenden, langen Faden zum Annähen hängen lassen ⑬.

GESICHT FERTIGSTELLEN

- Die Sicherheitsaugen mittig in die orangefarbenen Augen einsetzen und jeweils den Magischen Ring zusammenziehen. Die Verschlüsse noch nicht anbringen ⑭.
- Die Augen 6 Reihen über den Maschenmarkierern und mit 1 cm Abstand voneinander an das Hauptteil annähen. Die Verschlüsse anbringen ⑮.
- Die Schnauze in Form bringen. Dazu die äußeren Ecken des oberen Teils an die Reihenenden des ersten Teils nähen (⑯ Abb. 16–18, S. 27). Die Nase an die Schnauze nähen ⑰. Die Schnauze so auf das Hauptteil setzen, dass die Unterseite an den Maschenmarkierern ausgerichtet ist und auf den unteren Kanten der Augen liegt. Mit Füllwatte ausstopfen und annähen ⑱ ⑲.

GÜRTELTASCHE FERTIGSTELLEN

- Den Reißverschluss an der Reißverschlussleiste feststecken und mit einem Heftstich in Kontrastfarbe fixieren. Dann mit einem Steppstich mit dem Nähgarn festnähen. Faden vernähen. Den Heftstich entfernen (Abb. 22–25, S. 27).
- Die Leiste am Hauptteil feststecken. Die kurzen Enden der Leiste auf beiden Seiten zwischen den Maschenmarkierern des Hauptteils positionieren. Darauf achten, dass die Vorder- und Rückseite sowie der Boden der Tasche schön geformt sind, bevor die Tasche zusammengenäht wird. Die Teile mit der Stopfnadel und dunkelrotem Garn zusammennähen.

LETZTE SCHRITTE

- Die Ohren über der Taschennaht annähen.
- Die Gürtelschlaufe auf der Rückseite der Tasche mittig von der oberen Naht nach unten annähen. Darauf achten, nur die Ober- und Unterseite der Schlaufe anzunähen und die Seiten offen zu lassen, damit der Gürtel hindurchgeführt werden kann.

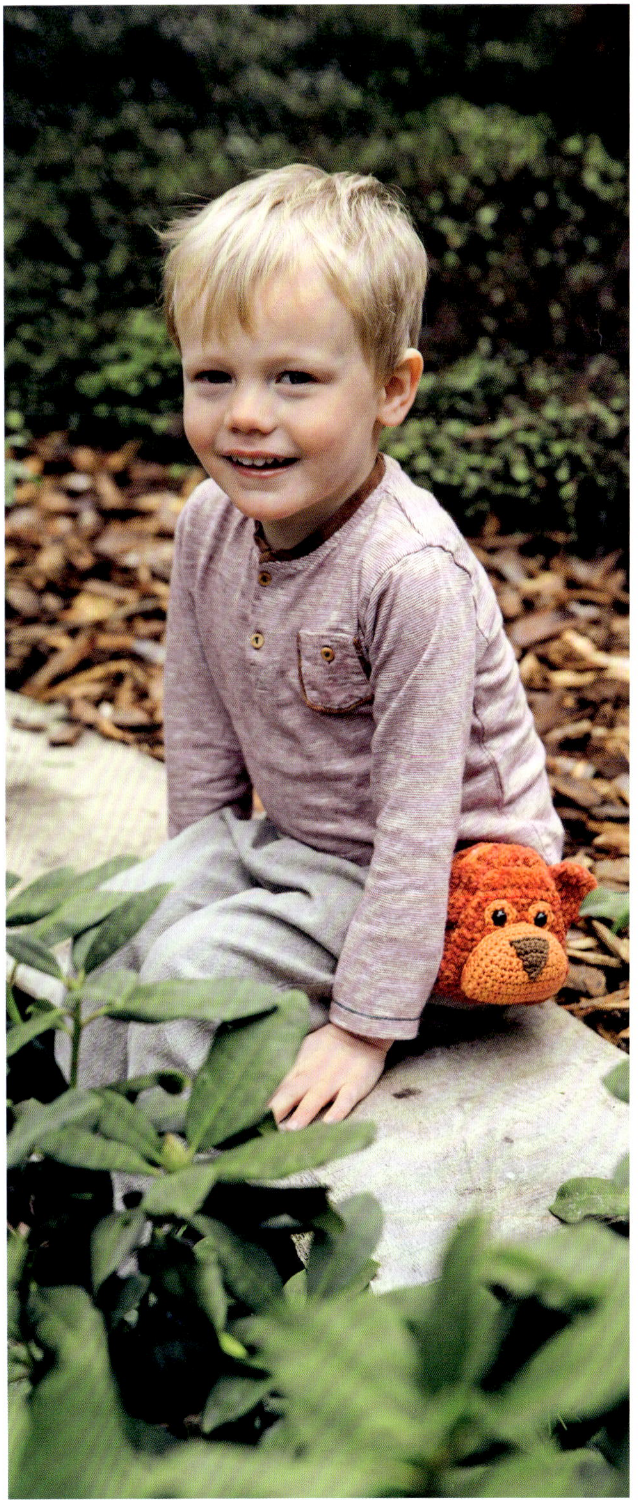

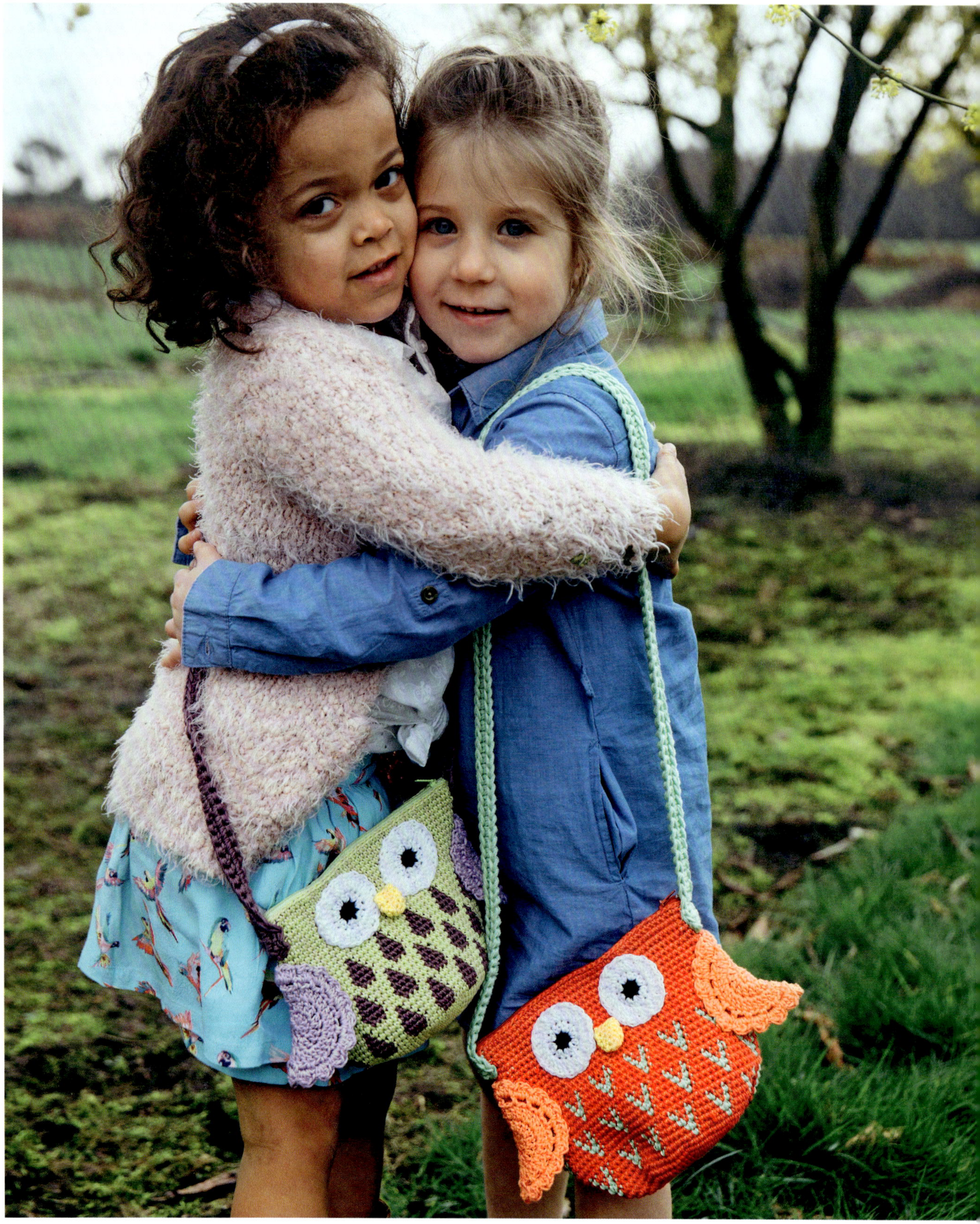

UMHÄNGETASCHE EULE

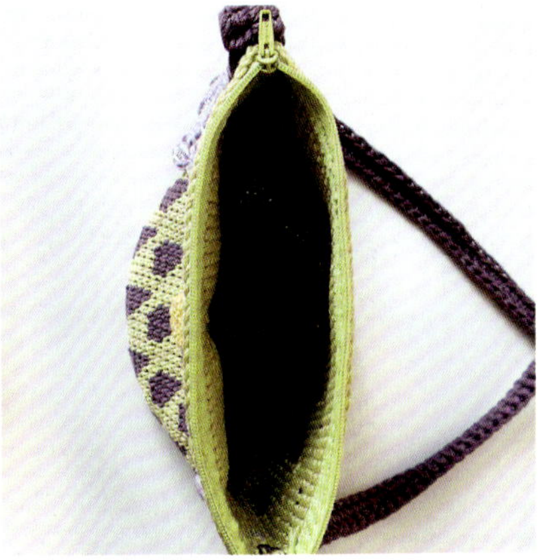

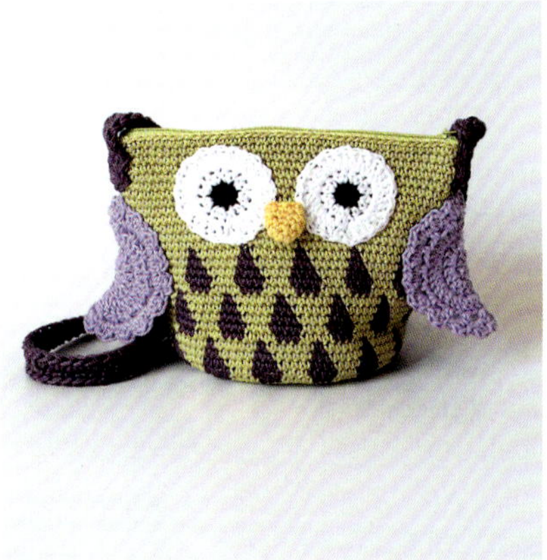

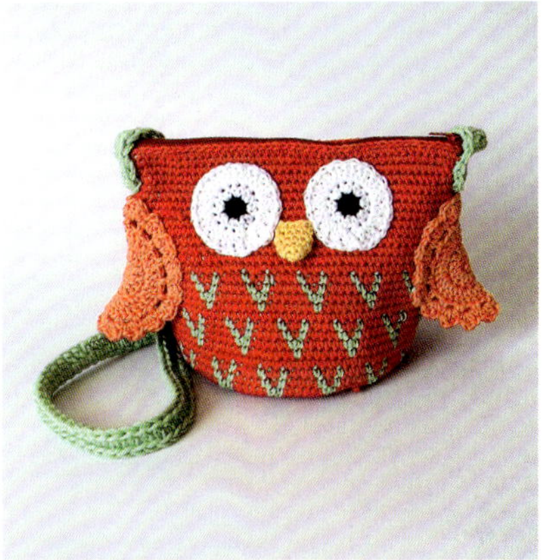

LEVEL ●●○
GRÖSSE 19 x 13 cm
MASCHENPROBE (fM mit Tapestry-Häkeln)
23 M x 20 R = 10 cm
WEITERE ABKÜRZUNGEN
HF: Hauptfarbe
ZF: Zweitfarbe
DF: Drittfarbe

MATERIAL FÜR DIE BEIDEN TASCHEN
- Häkelnadel in Nadelstärke 3,5 mm
- Häkelnadel in Nadelstärke 5 mm
- 18 cm langer Reißverschluss in HF (sofern du mit einer ähnlichen Garnstärke wie im Original arbeitest)
- Maschenmarkierer
- Nähgarn in der HF

MATERIAL FÜR DIE EULE MIT TROPFENMUSTER
- Feines Garn in Limette = HF: (LL 200 m/100 g)
- Feines Garn in Lila = ZF: (LL 200 m/100 g)
- Feines Garn in Flieder = DF: (LL 200 m/100 g)
- Wollreste gleicher Qualität in Weiß, Schwarz und Gelb

MATERIAL FÜR DIE EULE MIT V-MUSTER
- Feines Garn in Rot = HF: (LL 200 m/100 g)
- Feines Garn in Grün = ZF: (LL 200 m/100 g)
- Feines Garn in Lachs = DF: (LL 200 m/100 g)
- Wollreste gleicher Qualität in Weiß, Schwarz und Gelb

EINFÜHRUNG INS TAPESTRY-HÄKELN (Seite 10)
Garnschalen verwenden, damit sich die Fäden nicht verknoten. Alternativ wie folgt von der HF zur ZF und von der ZF zur HF wechseln:
- Von HF zu ZF: Lege die ZF vor die HF ❶❷, Umschlag mit der ZF ❸ und die M beenden ❹. Die erforderlichen M mit der ZF arbeiten und die HF dabei mitführen.
- Von ZF zu HF: Lege die HF hinter die ZF ❺❻, Umschlag mit der HF ❼ und die M beenden ❽. Die erforderlichen M mit der HF arbeiten und die ZF dabei mitführen.

TASCHE (mit Garn in HF beginnen, mit 3,5-mm-Häkelnadel)
1. Rd: Mit 9 fM in einem Magischen Ring beginnen [9] ❾
Ab der 2. Runde die ZF mitführen. Die 1. fM der Runde häkeln und vor dem letzten Umschlag die ZF aufnehmen und einen 10 cm langen Faden hängen lassen. ZF zwischen die Nadel und die HF legen und die 1. fM fertigstellen ❿⓫.
2. Rd: 9x zun [18] ⓬.

3. Rd: (fM in nächste M, in nächster M zun) 9x wdh [27] ⓭.
4. Rd: (fM in nächste 2 M, in nächster M zun) 9x wdh [36].
5. Rd: (fM in nächste 3 M, in nächster M zun) 9x wdh [45].
6. Rd: (fM in nächste 4 M, in nächster M zun) 9x wdh [54].
7. Rd: (fM in nächste 5 M, in nächster M zun) 9x wdh [63].
8. Rd: (fM in nächste 6 M, in nächster M zun) 9x wdh [72].
9. Rd: (fM in nächste 7 M, in nächster M zun) 9x wdh [81].
10. Rd: (fM in nächste 8 M, in nächster M zun) 9x wdh [90] ⓮.
11. Rd: fM in nächste 44 M, in nächster M zun, fM in nächste 45 M (letzte M für TROPFEN-Muster mit ZF schließen ⓯) [91].
12.–27. Rd: fM in alle 91 M, dabei Häkelschrift für TROPFEN- oder V-Muster befolgen und die Farben entsprechend der Zeichnung abwechseln [91] ⓰ ⓱ ⓲ (Häkelschrift, S. 114).
28.–39. Rd (in HF, ZF wird mitgeführt)**:** fM in alle 91 M [91] ⓳ ⓴.
Kett-M in nächste M. Arbeit beenden, alle Fadenenden vernähen.

AUGE (2x arbeiten, mit schwarzem Garn beginnen, mit 3,5-mm-Häkelnadel)
Die Augen werden in geschlossenen Runden gearbeitet, die jeweils mit einer Kett-M geschlossen werden.
1. Rd: Mit 8 fM in einem Magischen Ring beginnen, die Runde mit einer Kett-M beenden [8].
Zu weißem Garn wechseln.
2. Rd: 2 LM, Halb-Stb in die gleiche M, 2 Halb-Stb in nächste 7 M, die Runde mit einer Kett-M abschließen [16].
3. Rd: 3 LM, Stb in die gleiche M, 2 Stb in nächste 15 M, die Runde mit einer Kett-M abschließen [32].
Arbeit beenden, dabei einen langen Faden zum Annähen hängen lassen ㉑.

SCHNABEL (in gelbem Garn, mit 3,5-mm-Häkelnadel)
1. Rd: Mit 6 fM in Magischem Ring beginnen [6].
2. Rd: (fM in nächste M, in nächster M zun) 3x wdh [9].
3.–5. Rd: fM in alle 9 M [9].
Kett-M in nächste M. Arbeit beenden, langen Faden hängen lassen ㉒.

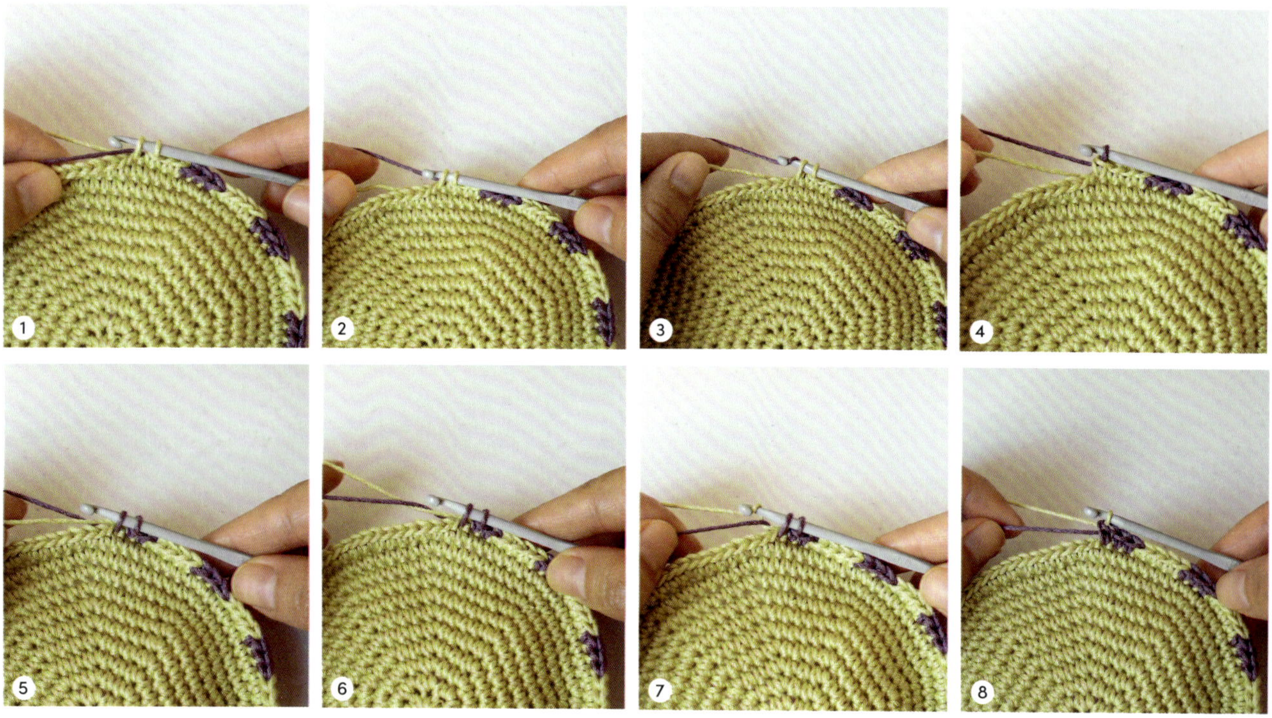

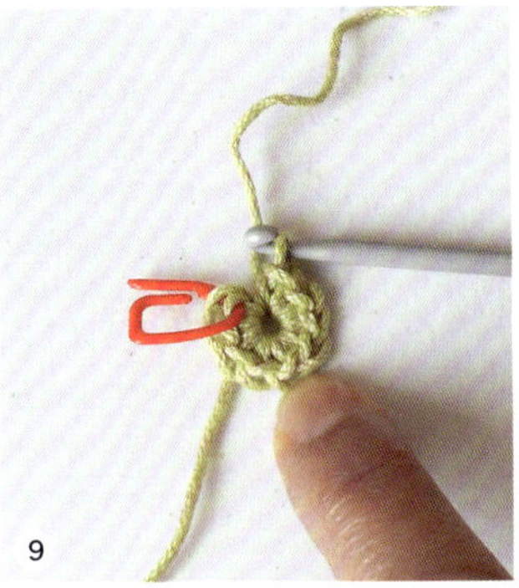
9

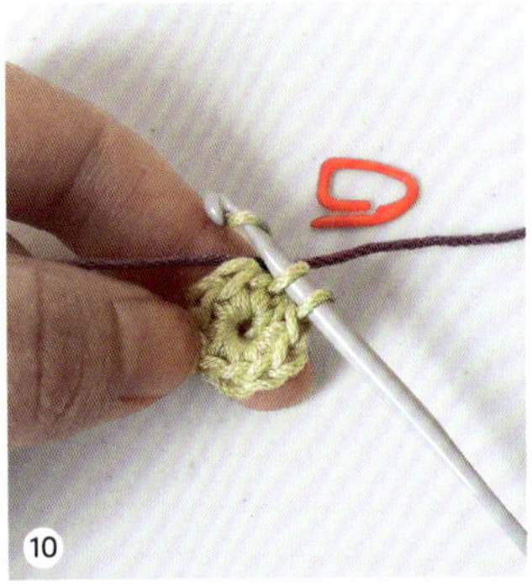
10

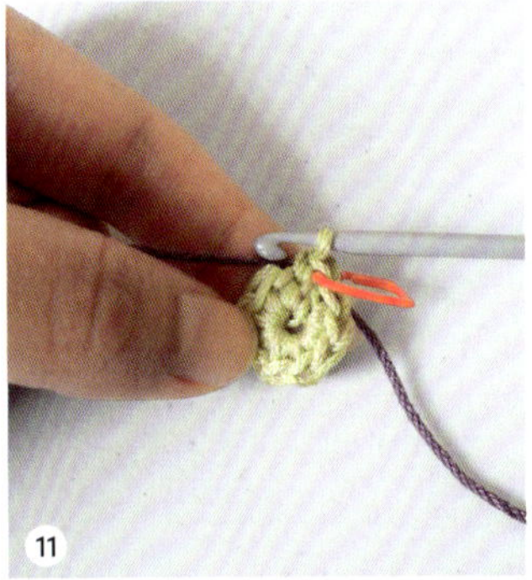
11

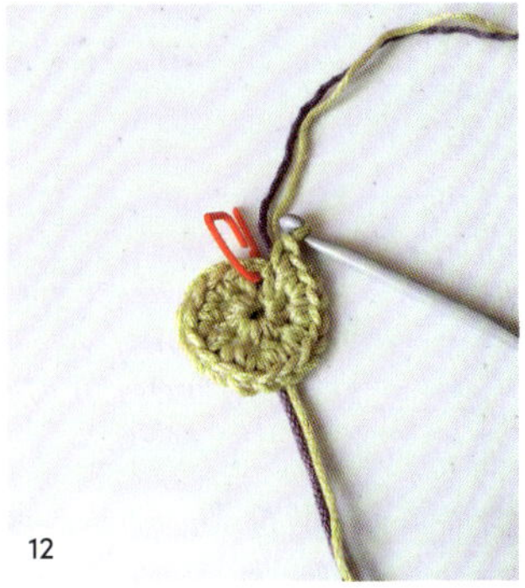
12

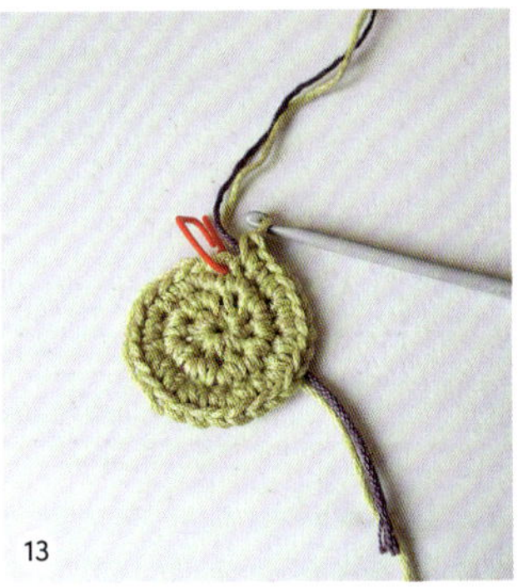
13

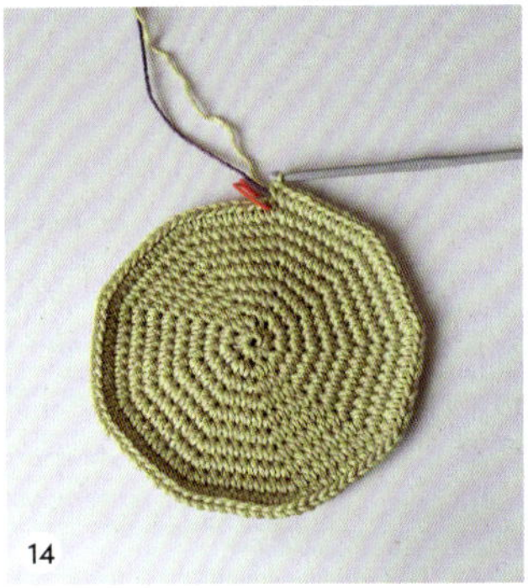
14

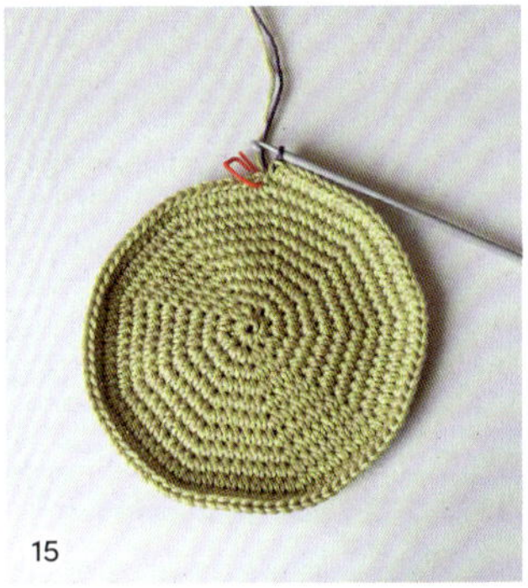
15

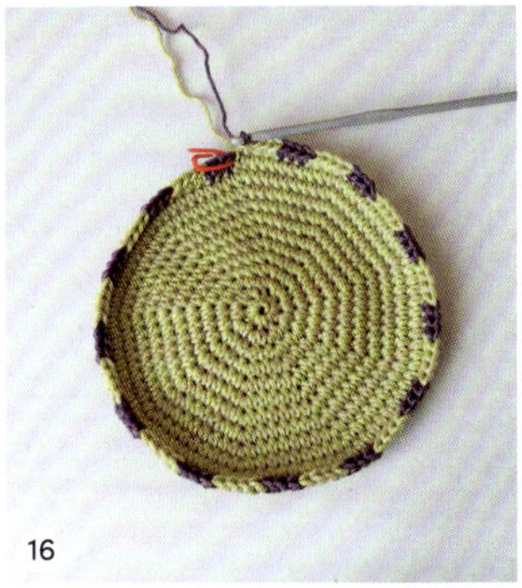
16

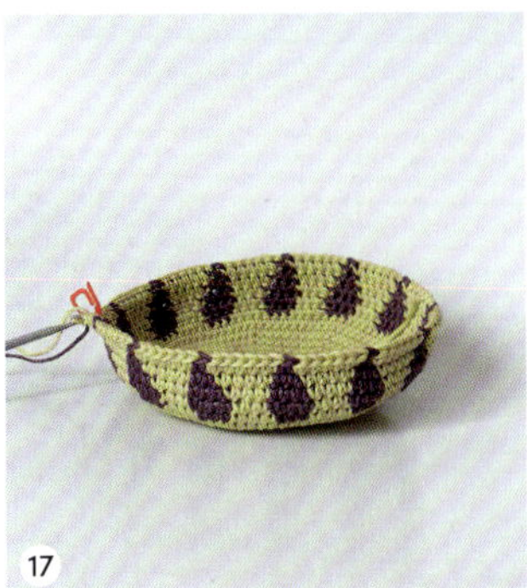
17

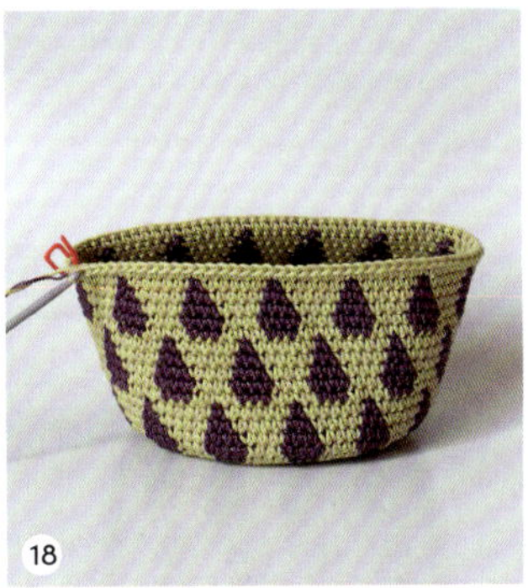
18

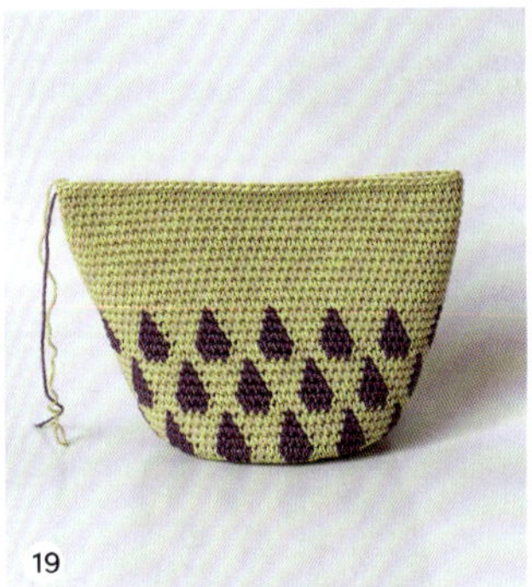
19

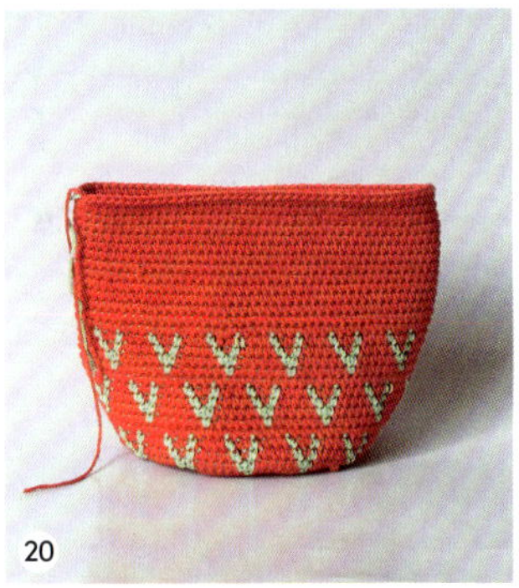
20

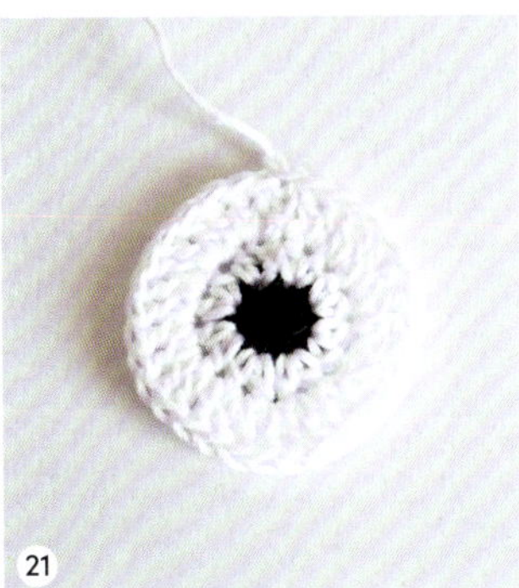
21

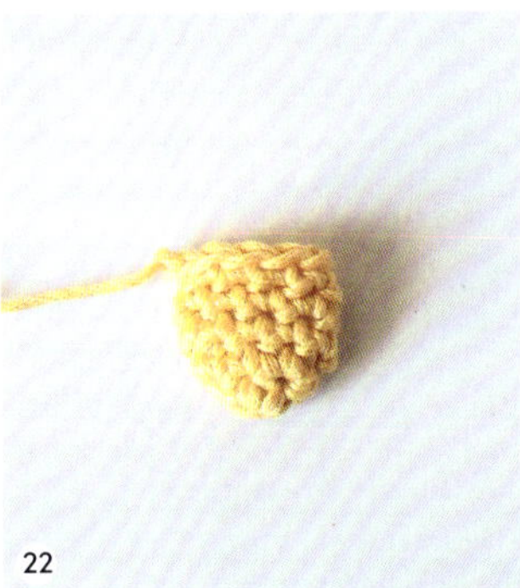
22

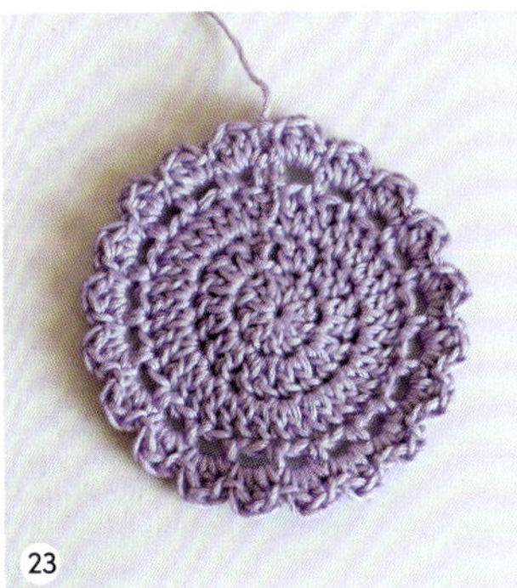
23

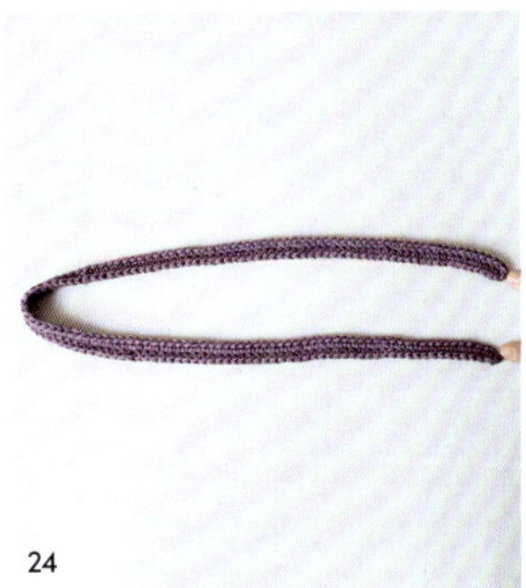
24

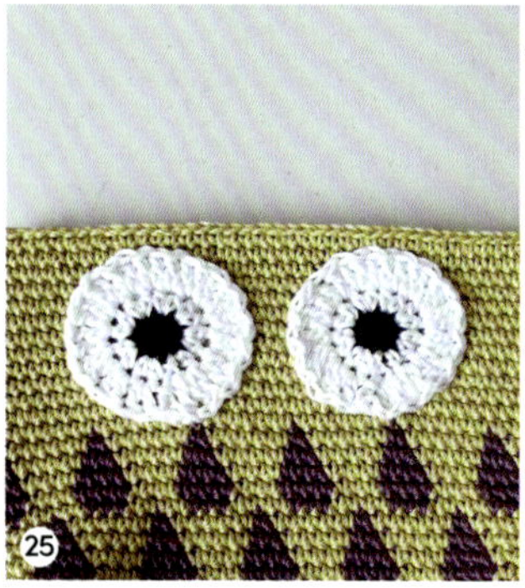

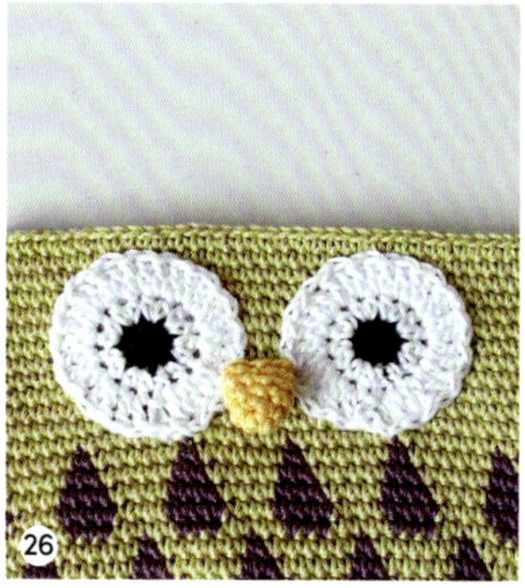

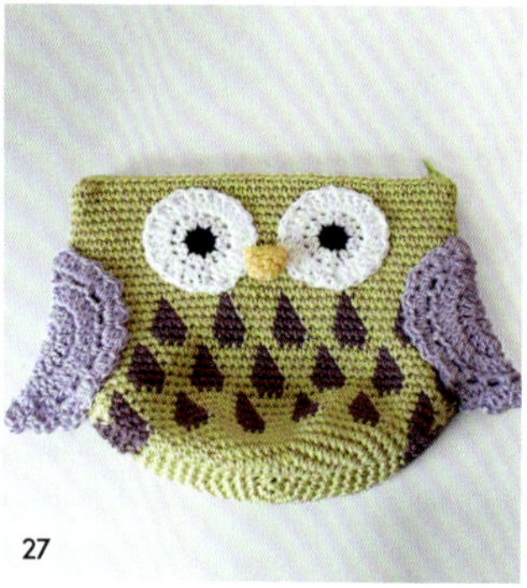

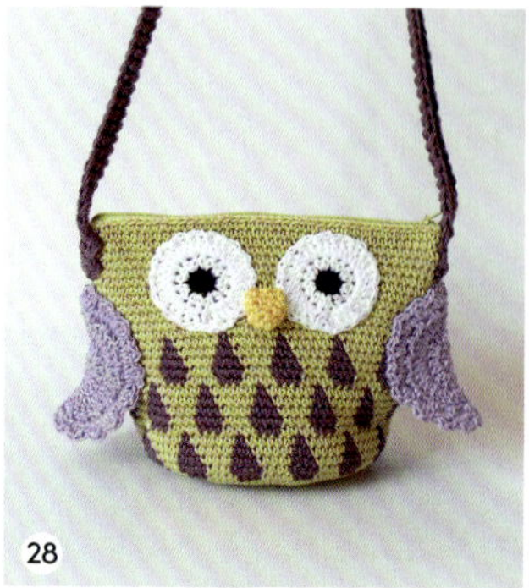

FLÜGEL (2x arbeiten, in DF, mit 3,5-mm-Häkelnadel)

Die Flügel werden in geschlossenen Runden gearbeitet, die jeweils mit einer Kett-M geschlossen werden.

1. Rd: Mit 10 Stb in einem Magischen Ring beginnen, die Runde mit einer Kett-M beenden [10].

2. Rd: 3 LM, Stb in dieselbe M, 2 Stb in nächste 9 M, die Runde mit einer Kett-M beenden [20].

3. Rd: 3 LM, Stb in dieselbe M, 2 Stb in nächste 19 M, die Runde mit einer Kett-M beenden [40].

4. Rd: 1 LM, fM in dieselbe M, 2 LM, nächste M überspringen, (fM in nächste M, 2 LM, nächste M überspringen) 19x wdh, die Runde mit einer Kett-M beenden [20 Bögen].

5. Rd: 1 LM, fM + 2 Stb + fM in jeden 2-LM-Bogen, die Runde mit einer Kett-M beenden [20 Blütenblätter].

Arbeit beenden, dabei einen langen Faden zum Annähen hängen lassen ㉓.

RIEMEN (in ZF, zweifädig, mit 5-mm-Häkelnadel)

Am Anfang einen langen Faden zum Annähen hängen lassen. 127 LM. Die M werden auf beiden Seiten der Luftmaschenkette gearbeitet.

1. Rd: In 2. LM ab Nadel beginnen, in 1. M zun, fM in nächste 124 M, 3 fM in letzte M. Auf der anderen Seite der Luftmaschenkette fortfahren, fM in nächste 125 M [254].

Kett-M in nächste M. Arbeit beenden, langen Faden zum Annähen hängen lassen ㉔.

FERTIGSTELLEN

– Die Tasche nach außen wenden. Den Reißverschluss mit der linken Seite an den Rand der Tasche feststecken. Mit einem Heftstich in Kontrastfarbe fixieren. Den Reißverschluss öffnen und auf der anderen Seite der Tasche mit dem anderen Reißverschlussrand wiederholen. Anschließend mit dem Nähgarn mit Steppstich festnähen. Den Faden vernähen und die Heftnaht entfernen. Die Tasche wieder auf rechts wenden (Abb. 16–24, S. 65).
– Die Augen eine Runde unter die Oberkante und 8 M neben den Seiten annähen ㉕.
– Den Schnabel mittig zwischen den Augen annähen ㉖.
– Die Flügel auf die Hälfte falten. Die oberen 10 Bögen zusammennähen, die unteren lose lassen (5 von jeder Hälfte des Flügels). Die Flügel 7 Runden unter dem oberen Rand an die Seiten der Tasche nähen ㉗.
– Den Riemen 5 Runden unter dem oberen Rand an beide Seiten der Tasche nähen ㉘.

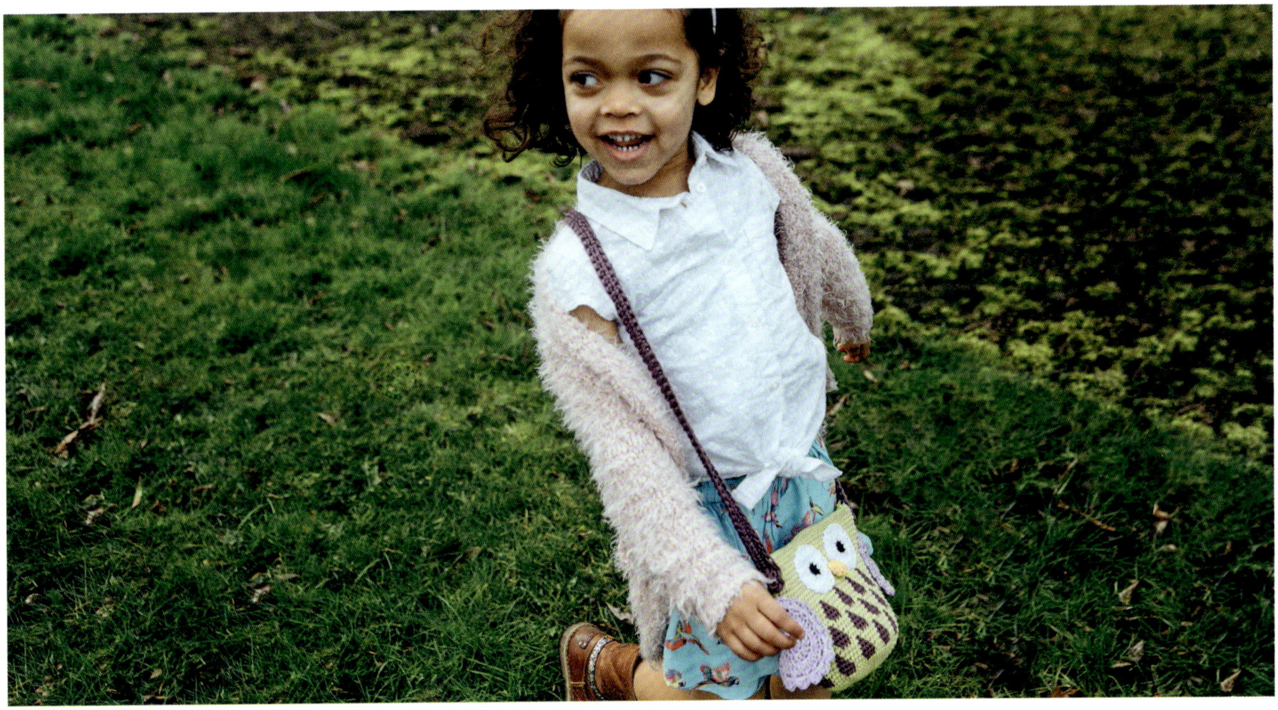

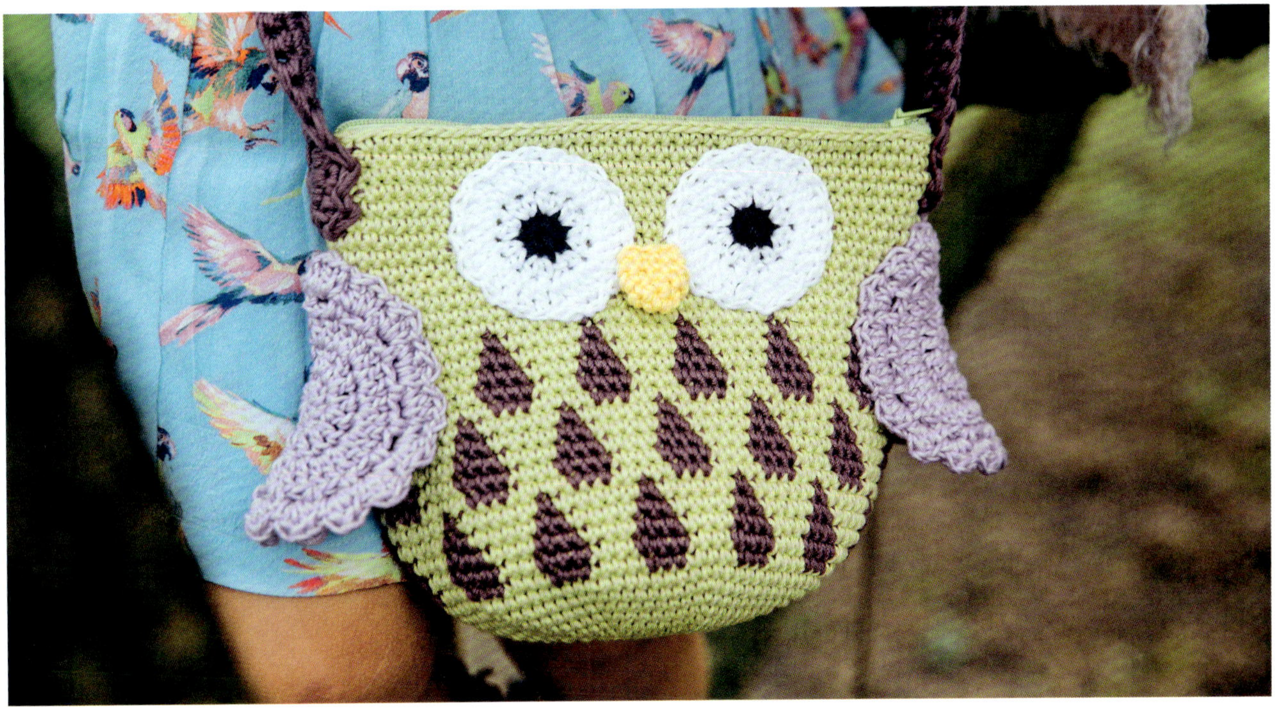

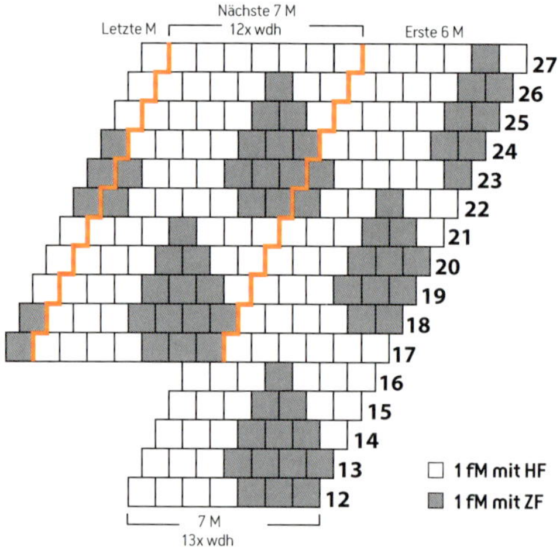

^

HÄKELSCHRIFT FÜR EULEN-UMHÄNGETASCHE 12.–27. RD, TROPFENMUSTER

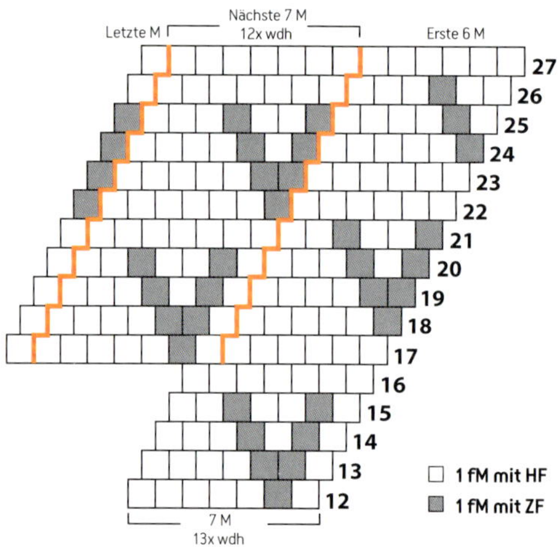

^

HÄKELSCHRIFT FÜR EULEN-UMHÄNGETASCHE 12.–27. RD, V-MUSTER

Die Eulen-Umhängetasche wird in Tapestry-Technik gehäkelt. Da man in diesen Abschnitten oft die Farbe wechselt, um die Musterung zu erhalten, ist eine Häkelschrift sehr nützlich, in der man die Farbe ablesen kann, mit der man gerade arbeitet.

Die Häkelschrift ist zwar in Zeilen angeordnet, aber es wird in Spiralrunden gehäkelt. Die Häkelschrift wird von rechts nach links gelesen. Die Rundennummer ist vorne angegeben. Am Ende einer Runde direkt mit dem Anfang der nächsten Zeile rechts fortfahren, ohne die jeweilige Runde zu schließen. Jede M wird als kleines Quadrat dargestellt. Für einen Farbwechsel die Anzahl der Quadrate zählen.

Ab der 12.–16. Runde den Block aus 7 M 13x wiederholen. Ab der 17.– 27. Runde die ersten 6 M häkeln, dann den nächsten Block aus 7 M 12x wiederholen und dann mit der letzten fM abschließen.

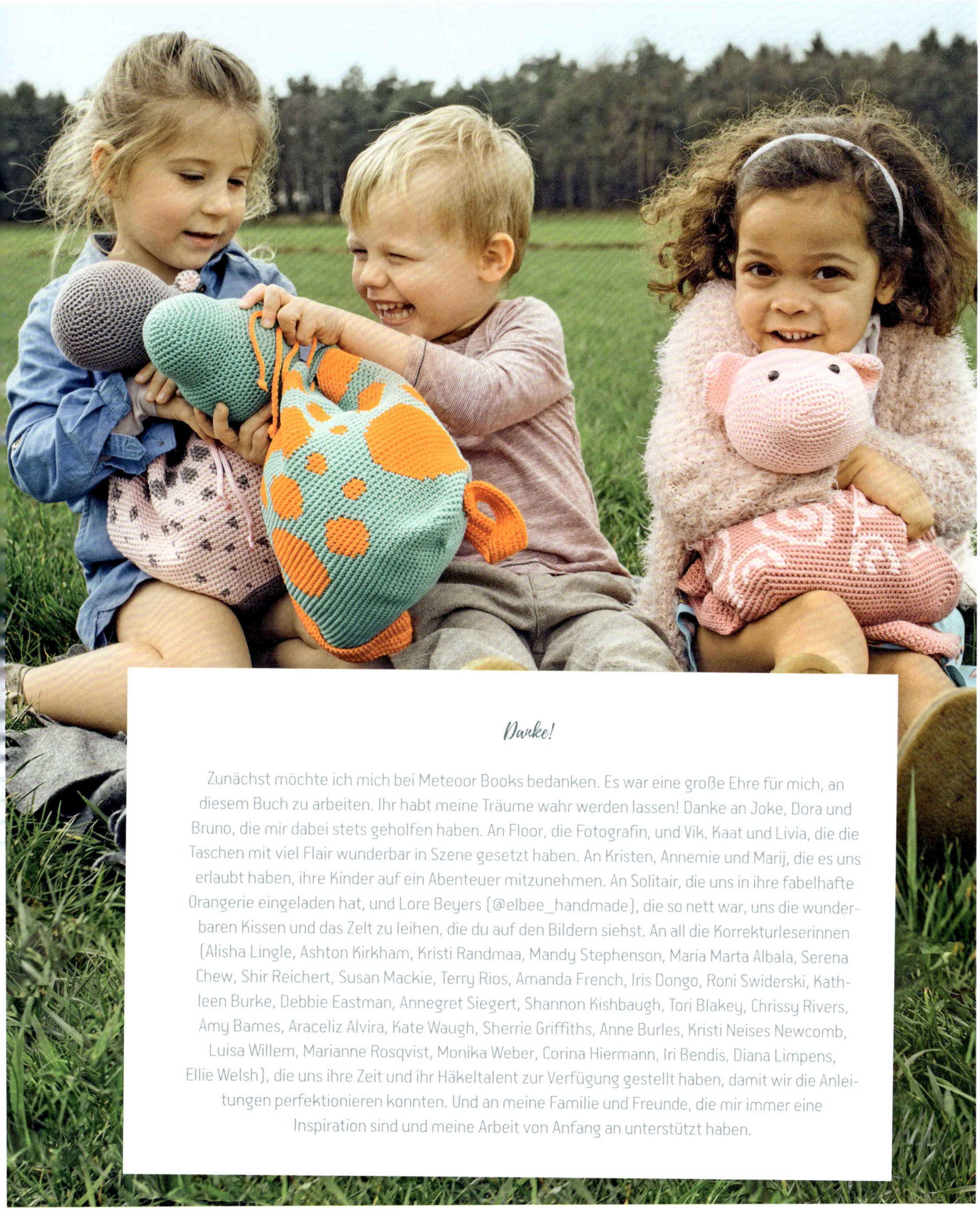

Danke!

Zunächst möchte ich mich bei Meteoor Books bedanken. Es war eine große Ehre für mich, an diesem Buch zu arbeiten. Ihr habt meine Träume wahr werden lassen! Danke an Joke, Dora und Bruno, die mir dabei stets geholfen haben. An Floor, die Fotografin, und Vik, Kaat und Livia, die die Taschen mit viel Flair wunderbar in Szene gesetzt haben. An Kristen, Annemie und Marij, die es uns erlaubt haben, ihre Kinder auf ein Abenteuer mitzunehmen. An Solitair, die uns in ihre fabelhafte Orangerie eingeladen hat, und Lore Beyers (@elbee_handmade), die so nett war, uns die wunderbaren Kissen und das Zelt zu leihen, die du auf den Bildern siehst. An all die Korrekturleserinnen (Alisha Lingle, Ashton Kirkham, Kristi Randmaa, Mandy Stephenson, Maria Marta Albala, Serena Chew, Shir Reichert, Susan Mackie, Terry Rios, Amanda French, Iris Dongo, Roni Swiderski, Kathleen Burke, Debbie Eastman, Annegret Siegert, Shannon Kishbaugh, Tori Blakey, Chrissy Rivers, Amy Bames, Araceliz Alvira, Kate Waugh, Sherrie Griffiths, Anne Burles, Kristi Neises Newcomb, Luisa Willem, Marianne Rosqvist, Monika Weber, Corina Hiermann, Iri Bendis, Diana Limpens, Ellie Welsh), die uns ihre Zeit und ihr Häkeltalent zur Verfügung gestellt haben, damit wir die Anleitungen perfektionieren konnten. Und an meine Familie und Freunde, die mir immer eine Inspiration sind und meine Arbeit von Anfang an unterstützt haben.

Persönliche Notizen

11 Umhängetasche Hund

16 Schlafanzugtasche Rudolph

22 Gürteltasche Affe

28 Korb Frosch

32 Umhängetasche Tiger

38 Schlafanzugtasche Pinguin

42 Rucksack Dinosaurier

54 Schlafanzugtasche Weihnachtsmann

60 Mäppchen Auto/Fahrrad

68 Mäppchen Stern/Herz

72 Rucksack Nilpferd

82 Gürteltasche Tiger

88 Korb Elefant

92 Rucksack Schweinchen

102 Gürteltasche Bär

108 Umhängetasche Eule

Originalausgabe unter dem Titel *Crochet Kids Bags* erschienen bei:

Original English Edition 2017 by Meteoor BV, Antwerp, Belgium
www.meteoorbooks.com
Fotos von Floor Bogaerts (www.floorbogaerts.be)
Studiofotos von Chabepatterns

Für die deutsche Ausgabe:
Produktmanagement: Lena Denu
Übersetzung: Karen Lühning
Lektorat: Katrin Korch
Satz und Korrektur: VerlagsService Dietmar Schmitz GmbH
Umschlaggestaltung: Regina Degenkolbe
Herstellung: Julia Hegele
Printed in Türkiye by Elma Basim

Hast du Taschen mit Anleitungen aus diesem Buch gehäkelt? Zeige deine Kreationen auf Facebook oder Instagram mit #crochetkidsbags

★★★★★

Sind Sie mit diesem Titel zufrieden? Dann würden wir uns über Ihre Weiterempfehlung freuen. Erzählen Sie es im Freundeskreis, berichten Sie Ihrem Buchhändler oder bewerten Sie beim Onlinekauf.
Und wenn Sie Kritik, Korrekturen oder Aktualisierungen haben, freuen wir uns über Ihre Nachricht an Christophorus Verlag, Postfach 40 02 09, D-80702 München oder per E-Mail an lektorat@verlagshaus.de.

Unser komplettes Programm finden Sie unter

www.christophorus-verlag.de

Die Deutsche Nationalbibliothek verzeichnet diese Publikation in der Deutschen Nationalbibliografie; detaillierte bibliografische Daten sind im Internet über www.dnb.de abrufbar.

Infanteriestraße 11a
80797 München

ISBN 978-3-8410-6746-3

Kreativ-Service

Sie haben Fragen zu unseren Büchern und Materialien? Wir beraten Sie gern rund um alle Kreativthemen.Rufen Sie uns einfach an. Wir interessieren uns auch für Ihre eigenen Ideen und Anregungen. Sie erreichen uns per E-Mail kreativ-service@c-verlag.de oder Telefon 0049-89-1306 99 577.

Besuchen Sie uns im Internet: www.christophorus-verlag.de und www.selbstgemacht.de

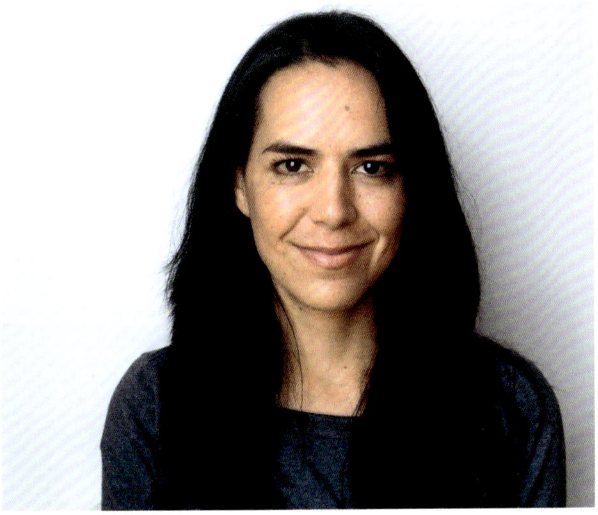

Über die Autorin

Seit ihrer Kindheit spielt das Selbermachen eine große Rolle in María Isabels Leben. Als sie häkeln lernte, entdeckte sie auch eine ganz neue Welt der Kreationen. Sie begann damit, Taschen und Schmuck zu häkeln und fuhr mit Entwürfen für ihren ersten Neffen fort, wobei sie sich von ihrer Familie und von der Farbenpracht der Natur inspirieren ließ. Ihre Idee war es, Häkeln mit Designs zu kombinieren, die einen praktischen Zweck erfüllen. Zu sehen, wie ihre Entwürfe zum Leben erwachen, ist eine ihrer größten Freuden.

www.chabepatterns.com